災害復興の経済分析

持続的な地域開発と社会的脆弱性

[著]
林 万平

目　次

序　章　阪神・淡路大震災からの復興における教訓　　1
　1　本書の背景と問題意識　1
　2　本書の構成　16

第 I 部

第 1 章　東日本大震災による直接経済被害の迅速な推計手法の提案　　23
　1.1　東日本大震災からの復興に向けて　23
　1.2　復興財源の基礎資料としての直接経済被害額　24
　1.3　災害による経済被害に関する先行研究　26
　1.4　東日本大震災の直接経済被害額の推計　32
　1.5　直接経済被害の迅速な推計手法に関する暫定的な結論　39
　1.6　東日本大震災における復興財政に関する考察　40

第 2 章　東日本大震災による間接経済被害の推計
　　　　　──都道府県別パネルデータを用いたアプローチ　　47
　2.1　大災害におけると経済的復興の重要性　47
　2.2　自然災害による間接経済被害の先行研究　51
　2.3　間接経済被害の推計対象　56
　2.4　東日本大震災による間接経済被害の計測手法　58
　2.5　東日本大震災の間接経済被害の分析結果　62
　2.6　東日本大震災発生後の被災三県における経済動向　71

2.7　結果と政策的含意　96

第3章　災害復興と経済発展
　　　　──2013年フィリピン台風「ハイアン」の復興支援における課題　99
3.1　災害管理サイクルにおける災害復興の重要性　99
3.2　超巨大台風ハイアンによる被害とその後の災害対応　102
3.3　大災害後の緊急対応や初期復興に関する先行研究　108
3.4　東ヴィサヤ地域におけるフィールド調査の目的と概要　111
3.5　東ヴィサヤ地域における復興支援の評価と長期復興に向けた課題　113
3.6　結　　論　140

第4章　2004年インド洋大津波からの経済的復興
　　　　──インドネシア・アチェ州の経済発展とその軌跡　145
4.1　国連における災害政策に関する議論の進展　145
4.2　自然災害と経済成長の関連性に関する先行研究　151
4.3　インド洋大津波の概要とインドネシア政府による災害対応　154
4.4　カウンターファクチュアル分析によるアチェ州の間接経済被害の推計　158
4.5　結　　論　171

第II部

第5章　自然災害による直接経済被害と経済・社会的要因との関連性
　　　　──都道府県別パネルデータを用いた実証分析　177
5.1　はじめに　177
5.2　自然災害多発国における被害状況　180
5.3　先行研究　182

5.4　UNDP 被害分析モデル　184
　5.5　データ　185
　5.6　実証分析　190
　5.7　推定結果　193
　5.8　推定結果とその含意　197

第6章　2011年タイ大洪水による被害と社会的脆弱性　199
　6.1　自然災害による被害と社会的脆弱性　199
　6.2　2011年のタイ洪水による被害の概要　201
　6.3　チャオプラヤ川流域の地理的特性とタイの防災政策　204
　6.4　2011年タイ大洪水の発生過程と被災状況　207
　6.5　タイ洪水後の復興政策と防災政策　236
　6.6　結　論　239

終　章　結　論　245
　1　第Ⅰ部の概要　245
　2　第Ⅱ部の概要　257
　3　本書の結論と今後の課題　263
　4　災害復興とは何か　265

後　記　275
参考文献　281
索　引　295

序　章　阪神・淡路大震災からの復興における教訓

1　本書の背景と問題意識

1.1　阪神・淡路大震災の記憶

　1995年1月17日午前5時46分，兵庫県南部地域を大規模な直下型地震が襲った[1]。当時，筆者が在住していた神戸市東灘区は，気象庁による導入以来初となる震度7の地震を経験した[2]。家屋全体を揺さぶる激しい地震は数分間にわたって続いた。屋内では大小の家具や割れた照明のガラス等が散乱し，鉄筋コンクリート製の床は頼りなく軋んだ。

　経験したことのないような地震よりも衝撃的だったことは変わり果てた街の

---

[1]　震災による被害は，死者・行方不明者が6,437人，住家における被害が全壊104,906棟，半壊144,274棟，一部破損390,506棟の他，火災による全焼7,036棟，半焼96棟，部分焼333棟，ぼや109棟，非住家における被害が公共建物1,579棟，その他40,917棟，公共施設における被害が文教施設1,875カ所，道路7,245カ所，橋りょう330カ所，河川774カ所，崖崩れ347カ所，ブロック塀等2,468カ所と報告されている。(出典：兵庫県「阪神・淡路大震災の被害確定について（平成18年5月19日消防庁確定）」)

[2]　神戸市内の死者数を区ごとに見ると，東灘区1,469人，灘区933人，中央区243人，兵庫区554人，長田区919人，須磨区399人，垂水区25人，西区9人，北区13人と，東灘区の人的被害が最も大きかった。(出典：神戸新聞「データで見る阪神・淡路大震災被害の概要」)

光景だった。通学路沿いの見慣れた家々の多くが倒壊し，2階建ての住宅が下部構造を失い1階建てになっている様子を少なからず見かけた。大通りに立ち並んでいた電柱は軒並みなぎ倒され，快晴の空がいつも以上に広く見えた。通勤や通学でせわしなく行き交う人々の「生活の音」は聞こえなくなっていた。

　幸い，筆者の自宅は倒壊を免れたものの，電気，ガス，水道といった住宅の基礎的機能が完全に停止したため，家族と共に県外への避難を余儀なくされた。ほどなく父の職場の近隣に転居することができた。行く先々で様々な人から受けた親切が大きな助けになった。

　避難生活が続く中，自宅の清掃や荷物の整理で神戸の自宅に戻るたび，住み慣れた地域が少しずつ活力を取り戻していく様子を目にした。震災前まではあまり目にすることのなかった住民同士の助け合いや，将来の見通しが不確実な中でも懸命に生活の再建を果たそうとする人々の姿がそこにはあった。

　明るいニュースが聞かれる一方で，被災地の厳しい状況に関する報道を目にすることも多くなった。中には，仮設住宅での暮らしぶりや住宅再建における二重ローン問題，伝統企業の倒産や地域コミュニティにおける人口の流出等，予期せぬ問題も少なくなかった。震災は，一過性の自然現象ではなく，すでに社会現象へと転化していた。

　その後，次第に復興に関する報道を目にする機会が減り，神戸に戻った筆者の生活も以前のような日常に戻っていった。被災者の中にも，震災が忘れられない体験であることは理解しながらも，いつまでも震災からの復興を叫んでいるよりも日常に回帰したいと考える人たちが出てきた。被災した街の姿も，以前とはどこか違うとはいえ，震災の爪痕を覆い隠せるまでになった。街の顔ぶれの中には，市外から転居してきた人たちや震災を知らない子供たちの姿が見られるようになっていた[3]。「阪神・淡路大震災からの復興」という言葉は，次第に聞かれなくなっていった。

　しかし，人々の間で「震災前，震災後」という言葉が自然と口をついて出て

---

[3] 2013年の段階で震災を経験していない市民の割合は4割を超える。（出典：神戸新聞「データで見る阪神・淡路大震災「震災を経験していない」2021年には5割に」）

きたように，自分たちの住む街が，以前のような活気，人々のつながり，生活文化のありようを取り戻すには至っていないことは，多くの人々の実感としてあったように感じられた。われわれは阪神・淡路大震災から復興することができたのか，本書の問題意識について説明する前に，ここで振り返ってみたい。

1.2 震災から25年――災害復興のあゆみ

　阪神・淡路大震災から25年が経とうとしている。その間，被災地は数多くの変化を経験してきたが，筆者なりにこれまでの震災復興のあゆみを振り返ってみたい。

　震災復興の過程で最も大きな問題となったものの一つは，被災者の暮らしの問題であった。震災後，生き残った人々を待っていたのは生活の再建という困難な課題だった[4]。特に，低所得者や高齢者といった経済・社会的弱者は厳しい状況に置かれることになった[5]。中小企業の中には震災前に比して収入が減ったとするものも少なくなかった[6]。また，震災から生き残ったとしても，人とのつながりを失って孤独死する人々がいることに社会は衝撃を受けた[7]。被災者のこころの問題も深刻であった[8]。

---

4) あるアンケート調査によれば，震災から10年が経過しても被災世帯の約20%が「生活再建は不可能」と回答しており，収入についても，約61%が回復不可能，また約46%が震災前から減少したと回答している。(出典：神戸新聞「被災世帯20%「生活再建不可能」市民団体調査」2005年1月15日)

5) 災害援護資金制度（全半壊世帯などに150～350万円を貸し出す制度）により貸付を受けた件数は，兵庫県で56,422件にも上り，計約1,308億7千万円が貸し付けられた。しかし，2014年9月時点で未返済の金額は計約155億4千万円，うち返済が不可能，困難なものは約35億円にも上る。(出典：神戸新聞「災害援護資金，滞る返済　阪神・淡路は155億円」2014年12月23日)

6) 神戸新聞社等によるアンケート調査によれば，中小企業の約40.8%が震災前の1994年に比べ減収となったと回答している。(出典：神戸新聞「震災前比，4割減収　県中小同友会と神戸新聞合同調査」2005年1月14日)

7) 震災後20年間の災害復興住宅や仮設住宅における独居死の数は，記録が残っているだけで1,097人にも上る。(出典：神戸新聞「阪神・淡路大震災　発生から20年　継承が課題」2015年1月16日)

住宅再建やコミュニティの再生も困難な問題であった。特に，二重ローン問題は多くの被災者にとって重荷となった[9]。仮設住宅や復興住宅に移ることができた人々もその多くが低収入であり[10]，復興住宅では高齢化といった問題にも直面することになった[11]。住民同士の対立を乗り越えて区画整理事業[12]を推進しても，被災地の人口回復は思うように進まなかった[13]。

企業経営も厳しい変化に晒された。市民に親しまれたダイエー[14]や星電社[15]といった企業の姿は，今はもうない。重厚長大企業の転出や事業再編に伴い，取引先となる中小製造企業の経営は厳しい状況が続いている[16]。長田

---

8) あるアンケート調査では，震災から20年が経過しても約43％もの人々が心の復興が進んでいないと回答している。（出典：神戸新聞「震災20年 遺族の4割，心理状態回復せず 本紙調査」2015年1月9日）
9) 住宅再建に際して二重ローン状態となった人々は2千人を超えるとされる。（出典：神戸新聞「二重ローン2000人超 兵庫県まとめ」2005年1月17日）
10) 神戸大学・神戸新聞のアンケート調査によれば，復興住宅に住む世帯の年収は，100〜200万円未満が最多で約4割，100万円未満という世帯も3分の1以上，300万円未満の世帯は約95％を占めていることが明らかになっている。（出典：神戸新聞「復興住宅の今（2）低所得」2004年12月18日）
11) 兵庫県内の復興住宅の高齢化率は年々上昇の一途をたどっている。集合住宅における高齢化は，居住者の孤立だけでなく，共同管理活動の停滞にもつながることが懸念される。（出典：神戸新聞「阪神・淡路大震災19年目 復興格差拡大に懸念」2013年1月17日）
12) 震災後に区画整理を実施する際，立場が異なる人々の利害調整は困難な作業だった。（出典：神戸新聞「問い直す 復興15年 第3部 住まう（3）住民主導」2010年1月14日）
13) 区画整理事業や市街地再整備の対象地域のうち，人口が回復したのは新長田駅南側・北側，六甲道駅南地域のみである。（出典：神戸新聞「8地区で人口回復せず 神戸市復興区画整理事業」2014年6月19日）
14) 震災後，ダイエーの経営状況は悪化の一途をたどり，最終的にはイオンの傘下となった。（出典：神戸新聞「経済復興 夢と現実（1）消えるダイエー 「国に絶望」あせた輝き」2014年11月13日）
15) その後ヤマダ電機の完全子会社となった。（出典：神戸新聞「経済復興 夢と現実（3）経営破綻 被災の傷 今も後遺症に」2014年11月15日）
16) 三菱重工業神戸造船所の商船建造撤退や神戸製鋼の神戸製鉄所高炉の停止等もあっ

区の地場産業であるケミカルシューズ産業[17]や伝統産業である灘五郷の酒造産業[18]では，企業の数が減少している。震災前の賑わいが失われて久しい新長田駅南側の大正筋商店街では今でも商店主たちの苦闘が続いている[19]。

地域経済の観点からは，日本経済の低迷だけでなく，アジア諸国の経済発展による影響も見られた。六甲アイランドに日本本社を構えていた米P&G社は，2009年以降アジア本部をシンガポールに移管し，自社ビルを売却した[20]。日本経済の低迷もあり，神戸市のオフィス空室率は最大で約17.8％（2004年）にも達した[21]。また，かつては世界的な貿易港であった神戸港は，その国際的地位を大きく低下させた[22]。

都市の復興に向けた公共インフラの建設プロジェクトも，意図した成果を挙げているとは言えない。震災後に開業した神戸空港はその機能を十分に発揮す

た。（出典：神戸新聞「経済復興　夢と現実（4）産業の裾野　揺らぐ下請け　柔軟に対応」2014年11月18日）

17)　火災により多くの関連企業の施設が焼失した上，新興国との競争に晒された。結果，震災前には日本ケミカルシューズ工業組合に所属する企業数は230あったが，その後90にまで減少した。（出典：神戸新聞「経済復興　夢と現実（5）ケミカル再生　高付加価値化に活路求め」2014年11月19日）

18)　最盛期に約70社あった酒蔵も，現在は約30社程度にまで減少した。（出典：神戸新聞「変貌したまち神戸　人口からみる復興酒蔵撤退　町並み継承新住民に期待」2014年6月23日）

19)　新長田駅前再開発に伴い商店街のテナントは大幅に増床されたが，街の賑わいは戻ってこなかった。（出典：神戸新聞「教訓を疑え【3】商業復興　再起に欠かせぬ柔軟発想」2018年1月15日）

20)　同社の機能縮小は六甲アイランド内の賑わいや商業の動向に影響を与えた。（出典：東洋経済ONLINE「P&Gで人事に大ナタ，問われる日本の存在感―トップ交代，自社ビル売却の意味は何か」2016年1月9日）

21)　2011年以降，空室率は改善してきている。（出典：神戸市 経済観光局 経済部 経済政策課「神戸経済の現状」2018年12月31日）

22)　震災前まではニューヨークやロッテルダムと共に，コンテナ取扱個数で世界のトップ3を争ったものの，アジア地域の輸出港の発展に伴い，現在は世界順位で50位台となっている。（出典：日本経済新聞「国際物流，世界トップ3　神戸港 世界への150年（1）軌跡」2017年5月16日）

ることができておらず[23]、地下鉄海岸線の利用は低迷している[24]。物流と渋滞緩和に向けて期待の大きい阪神高速5号湾岸線西伸部の完成にはまだ時間を要する[25]。

　こうした復興における問題を抱えながらも、被災地の街並みは時間と共に大きく変化してきた。震災直後こそ仮設住宅のある日常が当たり前になっていたが[26]、その後、市街地の再開発や土地区画整理が始まってからは街並みが様変わりする地域が出てきた[27]。新都心として新しく開発されたHAT神戸[28]には、復興住宅の他、事業所、博物館や美術館、公園等が整備された。東灘区の阪急岡本駅周辺のように、道路の石畳化を進める等、地域の商店街が中心となって進めた個性のあるまちづくりが人気を呼び、瀟洒なレストランや小売店

---

[23] 発着枠数や運用時間に制限が設けられていることも一因である。(出典：産経新聞「インバウンド増加で状況一変　神戸空港の制限緩和　運営の関西エア提案へ」2017年4月2日)

[24] 神戸市営地下鉄は海岸線の赤字を西神・山手線の黒字で補填する状況が続いている。(出典：神戸新聞「「神戸市民の足」存続へ正念場　市営交通100年」2017年8月1日)

[25] 完成までには約10年を要するとされている。なお、湾岸線と並走している阪神高速3号神戸線は、全国6都市圏の中で最も深刻な渋滞が見られる都市高速である。(出典：神戸新聞「大阪湾岸道路の西伸部着工　神戸・長田で安全祈願祭」2019年3月16日)

[26] 提供された仮設住宅は48,300戸にも上り、仮設住宅への入居者数がゼロになったのは2000年1月14日である。(出典：神戸新聞「データで見る阪神・淡路大震災　4万8300戸　前例のない仮設住宅の大量供給」)

[27] 再開発事業は新長田駅南側、六甲道駅南側、西宮北口駅北東、仁川駅前、宝塚駅前第2工区、売布神社駅前の計6地区で実施された。土地区画整理事業は、森南町第一・第二・第三、鷹取東第一・第二、新長田駅北、御菅東・西、松本、湊川町1・2丁目、六甲道駅西・北、神前町2丁目北、芦屋西部第一・第二、芦屋中央、森具、西宮北口駅東、築地、富島の計20地域で実施された。(出典：神戸新聞「データで見る阪神・淡路大震災　地域からの復興はどこまで」)

[28] 都心の三ノ宮に程近い場所にあった神戸製鋼と川崎製鉄の敷地を被災地のシンボルプロジェクトとして開発した地域。WHO神戸センター、国際協力機構(JICA)兵庫国際センター、兵庫県立美術館、神戸赤十字病院、人と防災未来センター、兵庫県災害医療センター、兵庫県こころのケアセンター、神戸製鋼所新本社ビル等が立地している。ちなみに、HATはHappy Active Townの略。

が集う高級住宅地になる地域もあった[29]。中央区の三ノ宮南側にある東遊園地[30]や神戸震災復興記念公園（みなとのもり公園）では「神戸ルミナリエ」を含む様々なイベントが開催され，都心のオアシスとして市民の憩いの場となっている。神戸市は今後，新神戸から三ノ宮，元町，そして神戸駅の周辺一帯の再整備を進めていくとしている[31]。

　被災地の経済活動にも変化が見られる。都心の海側を見れば，三ノ宮・元町地域のウォーターフロントの再開発によりホテルや事業所の集積が進んでいる[32]。旧居留地の神戸オリエンタルホテルの再建は市民にとって嬉しいニュースだった。山の手では，中央区北野町でブライダル・観光関連産業が盛んになっている。また，昨今の訪日外国人ブームもあり市内のホテル建設は増加している[33]。地域ブランドに目を向ければ，神戸牛の知名度が向上しており[34]，スイーツの街としての評判も定着してきた[35]。昨今の景気の状況を受けて，三ノ宮都心の空室率は低下しつつあり[36]，市内に外資系企業の集積も進みつ

---

[29] 甲南大学等が立地する大学の街であったことも，地域再生の要因であったように思われる。（出典：神戸新聞「地域商業はよみがえるか　検証　経済復興（5）町の個性　チェーン店に埋もれぬ力を」2014年1月21日）

[30] 「阪神淡路大震災1.17のつどい」が開催される場所でもある。

[31] 人間目線の居心地の良い都市空間の創出に向けた再整備事業を進めていくとしている。（出典：神戸市「都心・三ノ宮の再整備」）

[32] 2013年3月に新港第一突堤にホテル「ラ・スイート」が開業して以降，ウォーターフロント地区にホテルや商業施設の集積が進んでいる。新港突堤西地区には企業本社ビルや水族館の建設が決定している。（出典：朝日新聞「神戸港に商業施設や博物館　再開発事業，来年着工へ」2017年10月29日）

[33] 小規模の個性的なホテルも登場している。（出典：神戸新聞「スヌーピーホテル8月開業　神戸三宮，ホテル続々」2018年5月8日）

[34] 訪日外国人に向けた神戸牛の観光資源化も進んでいる。（出典：神戸新聞「但馬牛，六甲山牧場で放牧へ　神戸ビーフ人気で訪日客誘う」2019年1月29日）

[35] 業者間の技術交流が神戸のスイーツ産業を支えてきた。（出典：日本経済新聞「関東大震災の影響？　神戸が洋菓子の街になったワケ」2013年4月21日）

[36] 2018年12月の神戸の空室率は1.8％にまで低下している。（出典：CBRE「神戸・京都－賃貸不動産市場　2018年12月期」2019年3月25日）

つある[37]。神戸港の貨物量も震災前の水準を回復した[38]。

　新産業の創出に向けた動きも見られるようになってきた。ポートアイランドにある神戸医療産業都市には企業や研究施設の集積が進みつつある[39]。神戸本社を持つ川崎重工業による水素技術の開発が進んだことで[40]，同じポートアイランド内で水素燃料によるエネルギー供給の実証実験も行われている[41]。航空機産業も今後の発展に向けた議論が始まっている[42]。神戸市も，産業政策としてIT企業のスタートアップ支援に着手している[43]。

　こうした様々な変化と共に街の復興が進んでいく中で，地域の文化にも新しい顔が見られるようになった。慰霊と鎮魂のために始まった「神戸ルミナリエ」は，現在でも少しずつ形を変えながら継続されている[44]。神戸市東灘区

---

37) 1990年から2014年にかけて，神戸市内に本社所在地を持つ外資系企業の数は約54.8％増加した。(出典：東洋経済ONLINE「外資が好きな都市，見捨てた都市は？最新版「外資系企業・本社所在地ランキング」」2014年8月15日)

38) 2010年に国の「国際コンテナ戦略港湾」に指定され，韓国・釜山港に流れていた瀬戸内や九州の貨物を取り込んできた。(出典：ひょうご経済プラス「18年の神戸港コンテナ取扱量　過去最高を更新へ」2019年1月23日)

39) 理化学研究所，スーパーコンピューター「京」(2021年からは後継機である「富岳」が運用予定)，神戸KIMECセンタービル，兵庫県立こども病院，先端医療研究センター等の施設が集積しており，現在は355の企業・団体が立地している。(出典：神戸医療産業都市公式HP)

40) 今後，水素の液化設備の商用化が進むと見られている。(出典：日本経済新聞「川重，水素液化設備を商用化　来年めど」2019年5月21日)

41) 水素発電による電気を市街地に供給するのは世界初である。2020年ごろの実用化を目指している。(出典：神戸新聞「世界初，水素発電で市街地に供給　神戸で実証実験」2017年12月10日)

42) 航空機は部品点数が多いため，裾野の広い産業クラスターの形成が期待されている。(出典：ひょうご経済プラス「航空機産業の発展探る　大手，中小メーカーが討論　神戸」2019年4月2日)

43) 2016年以降，神戸市は米国のベンチャーキャピタルと共同で「500スタートアップス」という起業家育成プログラムに取り組んでいる。(出典：日本経済新聞「株式会社神戸　第2幕　新産業育成，シリコンバレーと交流」2019年2月22日)

44) 近年はイベント企画に地域住民の参加が見られるようになってきている。(出典：神

の「本山だんじりパレード」のように，地元の祭の中には震災前よりも盛り上がりを見せるものが出てきている[45]。2002 年にはランウェイに多くの女性たちの視線を集める神戸コレクションが初開催された[46]。イチロー選手の活躍もあり日本一に輝いたプロ野球チームであるオリックス・ブルーウェーブはもうないが[47]，アンドレス・イニエスタ選手を擁する J リーグのクラブチームであるヴィッセル神戸は世界的に認知度が高まってきている[48]。一風変わった趣向で開催される神戸マラソンも人気が高い[49]。神戸市御崎公園球技場[50]で開催された 2002 年のサッカー日韓ワールドカップの試合も印象的だったが，2019 年のラグビーワールドカップでは好ゲームに多くの人々が酔いしれた[51]。

　震災後に作られた街のシンボルも人々の間に根付いてきている。新長田に佇む「鉄人 28 号」[52]の像は今や地域の象徴となっている。メリケンパークに設

戸新聞「ルミナリエ期間に来店者減少… 周辺商店主ら路上販売でカバーへ」2018 年 11 月 30 日）
45) 神戸市東灘区を流れる住吉川以東 10 地区のだんじり 10 基が集う。（出典：神戸新聞「汗ばむ陽気の下，勇壮に 本山だんじりパレード」2019 年 5 月 4 日）
46) 近年はショーとしての人気も高まりつつある。（出典：神戸新聞「"神コレ"多彩 最新トレンド「神戸スタイル」提案も」2019 年 3 月 4 日）
47) 後に近鉄バファローズと合併し，オリックス・バファローズとなった。
48) ヴィッセル神戸はプロサッカークラブとしての始動日に阪神・淡路大震災で被災した。試合でサポーターが歌う「神戸賛歌」は，エディット・ピアフの「愛の讃歌」をベースに，震災復興への願いを込めて作られた曲である。（出典：BE KOBE「震災復興と共に歩んだチームの 20 年。ヴィッセル神戸コーチ 吉田孝行さん」）
49) コース内の給食ポイントはランナーたちの目標タイムの達成を難しくしている。（出典：神戸新聞「神戸マラソン 食べて走って…体が重い 元陸上部記者，完走も給食は制覇断念」2018 年 11 月 18 日）
50) 現ノエビアスタジアム神戸。2002 FIFA ワールドカップでは神戸ウイングスタジアム，2019 ラグビーワールドカップでは神戸市御崎公園球技場と呼称された。
51) 神戸会場において，2002 日韓ワールドカップでは 3 試合が行われ，ラグビーワールドカップ 2019 日本大会では 4 試合が開催された。
52) 神戸市出身の漫画家である横山光輝氏の作品。何度も危機に立ち向かう鉄人 28 号の雄姿で災害復興に立ち向かう地域の人々を勇気づけようとした。（出典：神戸新聞「新長田になぜ鉄人 28 号？ 不屈の姿がシンボルに」2018 年 12 月 19 日）

置された「BE KOBE」のモニュメントは観光客のSNSを賑わしている[53]。かつて映画や演芸で栄えた新開地には上方落語の演芸場「神戸新開地・喜楽館」がオープンした[54]。安藤忠雄氏の設計による兵庫県立美術館は，展示だけでなくその建築でも市民を楽しませている[55]。西宮市にある兵庫県立芸術文化センターには佐渡裕氏の指揮によるコンサートを楽しむ人々が多く訪れている[56]。

「防災」にゆかりのある街にもなった。2005年に神戸で開催された国連防災世界会議では「兵庫行動枠組」が採択され，世界の災害政策のあり方に大きな影響を与えた[57]。人と防災未来センターの展示やその研究所には今も国内外の人々や専門家が多く訪れている。震災時のボランティア経験を経て，災害復興に関わる市民団体も生まれてきた[58]。兵庫県立舞子高等学校には全国初の防災専門学科である環境防災科が開設され，実践的な防災教育が行われている[59]。震災からの復興を願って作られた曲である「しあわせ運べるように」[60]は今も小学校で広く歌い継がれている。

災害復興の過程を見つめるとき，被災者の数だけその目に映る地域や生活の

---

[53] 神戸開港150周年を記念して新設され，2019年には2つ目のモニュメントがポートアイランドに設置された。(出典：神戸新聞「ポーアイにも「BE KOBE」文字が切り抜き」2019年7月8日)

[54] 新開地では実に42年ぶりの演芸場の復活となった。(出典：神戸新聞「11日開場「神戸新開地・喜楽館」がプレオープン」2018年7月8日)

[55] 2002年に震災復興のシンボルとしてオープンした。近年，新しい展示も加わっている。(出典：毎日新聞「スケッチ　港町に新生　安藤忠雄の世界」2019年6月19日)

[56] PACオーケストラを擁する同センターは震災復興や文化復興のシンボルとして2005年に開館した。(出典：垣内恵美子・奥山忠裕・川口夏織「兵庫県立芸術文化センター」『GRIPS文化政策・ケースシリーズ』)

[57] 開催の経緯は松岡 (2015) に詳しい。

[58] 例えば，CODE海外災害援助市民センター，被災地NGO協働センターが挙げられる。

[59] 防災専門学科である環境防災科が2002年に開設された。(出典：西日本新聞「災害に学ぶ (2) 環境防災科　舞子高校が目指す学び」2016年7月13日)

[60] 作曲者の臼井真氏自身も阪神・淡路大震災で被災した。

変化がある。上記の内容も筆者自身の一つの見方に過ぎない。しかし，阪神・淡路大震災の発生以降，神戸を始めとする被災地が，数多くの困難や変化を経験しながら復興に向けて歩んできたことは事実のように思われる。

　時間の経過とともに，阪神・淡路大震災からの復興という言葉は，次第に将来に向けたあゆみよりも，過去の振り返りを意味するものに変わっていった。震災から20年という節目には，天皇・皇后両陛下（当時）も出席した追悼式典が厳粛な雰囲気の中で執り行われ，時の経過を感じさせた[61]。同じ日に，例年よりも多くの市民が震災当時を思い起こし，めいめいに思いを馳せた[62]。自治体の首長の発言の中にも復興の終了を認めるコメントが見られるようになってきた[63]。震災から20年以上が経ち，多くの人々の生活が日常に回帰した今[64]，一見，阪神・淡路大震災からの復興は成し遂げられたことのようにも思える。

1.3　被災地は復興したのか──マクロの視点から見る経済的復興

　ところが，地域社会を俯瞰的に見れば災害復興の違った風景が見えてくる。ここでは，地域経済の観点から被災地の復興を見ていくことにする。被災地の経済活動がその後長期にわたって停滞すれば，就労機会の減少や賃金の低下に伴い被災者の生活再建が遅れるだけでなく，企業の経済活動や市民の社会・文化活動の縮小，自治体財政の悪化や公的サービスの削減により，社会の持続可能性も問題を抱えることとなる。また，被災前のような経済的活力や街の賑わ

61）　震災当時の知事であった貝原俊民氏の式典への参加は，不慮の事故による急逝のため叶わなかった。（出典：神戸新聞「両陛下が震災追悼式典出席　10年ぶり，祭壇に献花」2015年1月17日）
62）　2015年の1.17のつどいには約10万1千人が参加した。過去最高の参加者数だった。（出典：神戸新聞「1・17つどい最多の参列者　神戸・東遊園地」2015年1月17日）
63）　出典：朝日新聞「兵庫）「神戸は間違いなく復興」　神戸市長インタビュー」2019年1月16日
64）　震災から長い時間が経過しても，落ち着いた日常に回帰できない人もいる。（出典：神戸新聞「借り上げ復興住宅問題　80代で不本意転居「命縮む」」2019年1月11日）

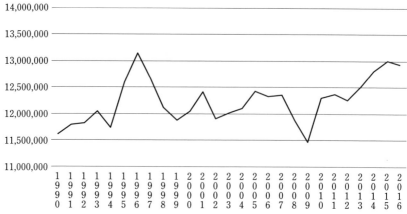

図 1　被災 12 市の市内総生産の推移（実質，平成 23 年基準）（単位：百万円）
出典：兵庫県「兵庫県民経済計算関連データ」

いを取り戻せなければ，人々が復興を実感することもできない。

　阪神・淡路大震災で被災した 12 市[65]の市内総生産を観察すると，被災地の経済活動は順調な回復軌道にあったとは言えない（図 1）。確かに，震災直後から 1996 年度までは一時的に総生産の増加が見られる。これは，復興計画により公共インフラや都市基盤の復旧に向けて相応の公的支出がなされたことに加え，住宅再建等に伴う復興需要が喚起されたことによる（林，2005）。しかし，復興需要が剥落した 1997 年以降，被災地の経済活動は停滞しており，2009 年にはリーマンショックの影響もありさらに落ち込むこととなった。2013 年以降，被災地の総生産は緩やかに増加してきているものの，復興需要が旺盛であった 1996 年度のピークを超えることができていない[66]。

　こうした被災地の経済的停滞の背景には，阪神・淡路大震災による間接的な

---

[65]　明石市，芦屋市，尼崎市，淡路市，伊丹市，川西市，神戸市，洲本市，宝塚市，西宮市，三木市，南あわじ市を指す。
[66]　2017 年度の速報値は約 13.17 兆円と 1996 年度の市内総生産である約 13.14 兆円をわずかに上回る値となっている。

影響があることが分かっている。Dupont and Noy（2012）によれば，復興需要が収束した後，兵庫県の一人当たり総生産の実測値が，震災が発生しなければ実現できていたと推定される値よりも低い水準で推移していることが明らかになっている。Fujiki and Hsiao（2013）は，神戸港やケミカルシューズ産業の衰退といった震災をきっかけに現れた経済構造の変化により[67]，兵庫県の県内総生産の実測値が，震災がなければ実現していたと考えられる値よりも低くなっているとしている。

　阪神・淡路大震災の発生以降，被災地では復興に向けて包括的な復興政策が進められてきた。林（2005）によれば，阪神・淡路大震災では震災後の10年間に約16.3兆円もの公的支出を伴う復興計画[68]が実施された。同震災の直接経済被害額が約9.9兆円[69]であったことを考えれば，復興政策の財政規模が不十分であったとは言えない[70]。

　大規模な財政支出を伴う復興政策を推進したにも関わらず，阪神・淡路大震災においては震災に起因する被災地経済への間接的な影響を十分に減じることはできなかった。震災前から，神戸市では国際競争の激化や高齢化の進展を背

---

[67]　被災企業が事業再開に向けて行った再投資により，地域経済が影響を受けた可能性も考えられる。Hallegatte and Dumas（2009）は，損壊した企業設備や資本を震前の状態に復旧させるような再投資を行えば，より生産性の高い新しい設備への投資に使用されるべき資本がクラウディング・アウトされ，その後の経済成長が停滞する可能性があると指摘している。

[68]　阪神・淡路震災復興計画（ひょうごフェニックス計画）では，「人と自然，人と人，人と社会が調和する「共生社会づくり」」を理念に掲げ，(1) 21世紀に対応した福祉のまちづくり，(2) 世界に開かれた，文化豊かな社会づくり，(3) 既存産業が高度化し，次世代産業もたくましく活動する社会づくり，(4) 災害に強く，安心して暮らせる都市づくり，(5) 多核・ネットワーク型都市圏の形成，という基本目標に合わせた事業計画が策定・推進された。（出典：兵庫県「阪神・淡路震災復興計画のあらまし～阪神・淡路大震災を乗り越えて～」1995年7月）

[69]　出典：阪神・淡路大震災誌「平成7年（1995年）兵庫県南部地震」―土木施設の地震災害記録―」, p.25

[70]　大災害からの復興に必要な財源の規模を把握する上で，直接経済被害額がその基礎資料としての役割を果たしてきたことが分かっている（Downton et al., 2005）。

景に産業構造の転換が求められていた[71]。そのため，阪神工業地帯と呼ばれる製造業を中心とした工業化都市から，「住み続けたいまち，訪れたくなるまち」[72]への転換に向けてサービス産業化を推し進めていた。しかし林（2011）によれば，震災後の建設需要の高まりにより，神戸市の第三次産業化の流れは一時的に後退し，産業構造の転換が遅れることとなった。また，復興政策の議論の中で，産業構造の転換に向けた牽引役として期待されたエンタープライズゾーン構想[73]は，中央政府の理解を得られず頓挫した[74]。Hallegatte and Dumas（2009）は，被災した企業設備をより生産性の高いものに置き換えれば短期的に被災地の経済成長は加速するものの，長期的には経済成長の速度は技術進歩に依存すると指摘している。阪神・淡路大震災においては，復興政策は短期的な復旧政策としては機能したが，結果的に産業構造の転換や技術進歩を十分に促すことができなかったため，復興の過程で被災地の経済発展が進まなかったと考えられる。

このように，神戸市の経済活動は，短期的には建設需要の高まりにより一時的に活況を呈したが，復興政策を通じて産業構造の転換や新産業の創造等による技術進歩を十分に促すことができなかったため，その後の経済発展は停滞し

---

[71] 同様の問題意識は，震災当時の首長にも指摘されてきた。「グローバル化した国際経済社会で先進国の産業は，低賃金の発展途上国との価格競争にさらされる。先進国は……少子高齢化が進むことを見越して，高賃金がもたらす内需拡大で活力を維持しなければならない。……環境，医療，福祉，子育て，防災といった豊かなライフスタイルづくりに資する上質なサービスの供給が主役とならなければならない。」（貝原，2009, p.132）

[72] 1993年に神戸市で開催された「アーバンリゾートフェア」におけるキャッチフレーズ。アーバンリゾートフェアとは，神戸市全域を舞台に開催された都市型イベントである。会期中に開催された催しは350以上にも上る。（出典：神戸国際交流協会「コンベンション KOBE」1993年4月，No.138）

[73] ポートアイランド（二期）全体を経済特区に指定するという被災地からなされた大胆な政策提案。免税措置や規制緩和を通じて，免税モール，劇場，映画館，レストラン，アミューズメント施設の他，カジノや臓器移植病院等の集積も想定された（林，2011）。

[74] 一国二制度は認められないという理由で採用されなかった。成立していれば地方分権の時代にふさわしい地方創生に向けた進取の政策となっていただろう。（出典：神戸新聞「経済復興　夢と現実（2）プロジェクト　届かなかった危機感」2014年11月14日）

ていると考えられる。被災地における経済活動の停滞を以って，先に挙げたような被災地が経験してきた様々な変化が無意味であったというわけではない。被災地において経済的停滞が続いている状況は，阪神・淡路大震災から相応の時間が経過しても，依然として復興における課題が残されていることを示している。一人ひとりの住民の暮らしの再建，地域の人々のつながりの再生，被災者のこころや文化の復興といったことが災害復興の重要な目的であり，またその拠って立つところであることは論を俟たない。ただ，暮らしの水準が向上し，住人の間で新しいつながりが生まれ，地域の生活文化が再び興っていく様を目にする中で，自らの生活も落ち着きを取り戻し，傷ついたこころや誇りの回復ができるように，その基盤として被災地の経済発展が必要である。マクロ経済の観点から言えば，阪神・淡路大震災からの復興は，未だ，道半ばと言える[75]。

1.4 問題意識

阪神・淡路大震災における復興過程がそうであったように，他の大災害からの復興においても，持続的な経済発展が必要なのではないか。これが本書の執筆における問題意識である。そして，被災地の持続的な経済発展に向けて，復興政策の中には，産業構造の転換や少子高齢化等，地域が従前から抱えていた社会的脆弱性を減じるような内容が含まれる必要があるのではないかと考えた。

本書の一部を執筆中の2011年3月11日，再び日本を大規模な地震災害が襲った。日本の東北地域において発生したM9.0の東北地方太平洋沖地震に端を発する一連の地震・津波災害は，近年の日本が経験してきた大規模自然災害と

---

75) 被災地の経済的停滞が都市間競争において不利に働き，人口減少に繋がっている可能性には留意する必要がある。近年，神戸市の人口ランキングは，2015年の国勢調査において福岡市に，その後2019年には川崎市に追い抜かれ，全国20政令市中7位に転落した。また，同市の人口動態を見ても，2019年1月時点の人口は148万9,820人と前年から6,235人の減少となった。うち，自然減は5,037人，社会減は1,198人となっており，人口流出による人口減への影響が見られる。（出典：神戸新聞「神戸市の人口，なぜ川崎市に抜かれた？　政令市7位に転落の理由」2019年5月21日）

比較しても，未曾有の規模と言って良いものであった。

　しかし，この東日本大震災以降に見られた問題の多くは，福島第一原子力発電所の事故に伴う影響を除けば，阪神・淡路大震災の被災時に筆者が体験したものとほぼ同様であった。再び多数の人命が失われただけでなく，多くの被災者が出現し，長引く避難生活を余儀なくされた。被災地の復興や生活再建に伴う諸問題が繰り返されようとしていた。

　このような大災害に際しては，発災直後の緊急対応とともに，その後の被災地域の復興や被災者の生活再建のため，応急対応から復興のフェーズにかけて継続的で包括的な政策支援が欠かせない。政策支援を切れ目なく実行するためには，被害の全容が明らかとなる前に，被災地の復旧・復興計画の策定を待たず，必要な財源の規模を迅速に推計する必要がある。

　加えて，被災地の復興を支援するためには，財源を適切に措置するだけでなく，持続的な経済発展が進むように復興政策を講じていく必要がある。被災地では多くの人命や資本ストックが失われることに止まらず，その後の人々の社会生活や地域の経済活動が深刻な影響を受けることとなる。復興政策がそうした影響を軽減できているかを確認するためには，長期的に被災地の復興過程を検証することが重要となる。

2　本書の構成

　こうした問題意識を背景に本書は以下の構成で執筆された。本書は，2つのパートと8つの章で構成される。第Ⅰ部を構成する第1章から第4章では，日本を含むアジアの国々で発生した大災害を事例に，長期的な観点から経済的復興の過程について分析を行う。多くの場合，大災害が発生すれば政府や自治体により復興計画が立案され，相応の財政規模を伴って復興政策が推進されることになる。その際，災害直後の情報が限られた中で，復興計画の策定を待たずに必要となる財政規模を算出する必要があるが，確立された手法はまだ存在しない。また，こうした復興政策を推進した結果，長期的な観点から見て被災社

会の復興が進んでいるのか，とりわけ経済的復興が進展しているのかを分析したものは少ない。

第Ⅱ部の第5章，第6章では，自然災害による被害と社会的脆弱性の関連性について計量分析とケーススタディを行う。長期的復興が進展すれば，将来に同じ被害を繰り返さないための減災対策を求める声が大きくなってくる。従来はハードの整備による政策対応が中心であったが，近年は国際比較分析を通じて，災害被害の軽減に有効な経済・社会的要因を明らかにしようとする研究が進められてきている。ただ，多くの災害は局所的なイベントであることを考慮すれば，国内の比較分析が求められる。また，大災害においてどういった経済・社会的要因が災害被害を拡大させるのかを明らかにするためには，ケーススタディによる分析が必要となる。

各章の内容は以下の通りである。第1章「東日本大震災による直接経済被害の迅速な推計手法の提案」では，東日本大震災を例に，都道府県パネルデータを用いて大規模自然災害における直接経済被害の推計を試みる。先行研究から直接経済被害額が復興財源の規模を測るための基礎資料として活用されてきたことが分かっている。しかし，被災範囲が広大で被害実態の把握に時間を要するような大災害においては，被害状況の変化に合わせて迅速に直接被害額を推計する手法が必要となる。そのような手法として，本書は災害による死者・行方不明者数のデータを活用する方法を提唱する。

第2章「東日本大震災による間接経済被害の推計：都道府県別パネルデータを用いたアプローチ」では，東日本大震災による間接経済被害の定量化を試みる。経済的復興が進んでいるのかを把握するためには，それに先立って災害に起因する間接被害を推計する必要がある。これまでは，産業連関分析や一般均衡分析，また実態調査に基づいて間接経済被害を把握しようとする試みがなされてきたが，これらの手法では明示的に復興政策の効果を考慮することが難しかった上，事前に間接被害の発生期間を仮定しておく必要がある。また，同震災のように被災地が広大なケースにおいては実態調査の継続的な実施は困難である。そこで，本章ではHsiao et al. (2012) が提唱するカウンターファクチ

ュアル分析の手法を用いて，同震災における間接被害の定量化を図る。これは，都道府県パネルデータを用いた統計分析により，もし震災が発生しなかった場合に実現していたと考えられる被災地の総生産を推計し，被災地の総生産の実測値と差分を取ることにより間接被害を把握する手法である。本書はこの方法で，東日本大震災の被災三県（岩手県，宮城県，福島県）の間接経済被害の定量化を試みる。

第3章「災害復興と経済発展――2013年フィリピン台風「ハイアン」の復興支援における課題」では，大災害後の復旧復興における政策対応や支援がその後の長期的な復興につながるかを分析する。ここでは大災害の事例として，2013年にフィリピンの東ヴィサヤ地域を中心に歴史的な被害をもたらした超大型台風「ハイアン（現地名ヨランダ）」を取りあげる。ハイアンの事例では，発災後，フィリピン政府だけでなく，数多くの国際組織やNGOといった支援団体が海外から駆けつけ，緊急対応や復旧復興の支援にあたった。こうした一連の活動がその後の被災地やその経済的復興の過程にどのような影響をもたらしたのか，フィールド調査とマクロ経済統計の分析により明らかにする。特にフィールド調査においては，政府だけでなく，国際組織，NGOといった支援団体が実施した支援活動と，そうした復興支援に対する現地社会の反応に着目して調査分析を行う。

第4章「2004年インド洋大津波からの経済的復興――インドネシア・アチェ州の経済発展とその軌跡」では，大災害からの経済的復興の過程を長期的に検証するため，2004年のインド洋大津波により甚大な被害を受けたインドネシアのアチェ州を対象にカウンターファクチュアル分析を行う。インド洋大津波の発生後，アチェ州の復興に向けて政府は責任主体となる行政組織を作り，マスタープランを作成して復興支援を行った。また，海外から多く訪れた国際組織やNGOにより，復興に向けた各種支援が大規模に講じられた。こうした初期復興における様々な支援を経て，被災地の経済活動が長期的に復興しているのかを定量的に明らかにする。

第5章「自然災害による直接経済被害と経済・社会的要因との関連性――都

道府県別パネルデータを用いた実証分析」では，自然災害による直接被害と社会的脆弱性の関連性に着目した実証分析を行う。近年，災害に強い社会の形成に向けて，どのような経済・社会的状態が災害に対して脆弱であるのかを分析しようとする国際比較分析がなされるようになってきた。しかし，多くの災害が局所的な事象であることを考慮すれば，より詳細な地域間の比較分析が求められる。そこで，ここでは日本国内の都道府県パネルデータを用いて，自然災害による被害と各県の経済・社会的状態との関連性を分析する。これにより，災害時の地域社会の脆弱性を示すと考えられる社会・経済的変数の探索を行うこととする。

第6章「2011年タイ大洪水による被害と社会的脆弱性」では，2011年にタイで発生した大洪水を事例に，タイ社会における災害に対する脆弱性と洪水被害の間にどのような関連性があるのか，先行研究のサーベイにより分析する。特に，被害の発生過程における政府の防災政策や緊急対応に着目する。2011年のタイ洪水は，洪水多発国である同国の災害史においても歴史的な被害をもたらした大災害である。また，発展途上国における大規模自然災害においては，しばしば脆弱な社会構造や政府対応によりその被害が深刻化する場合があるが，同洪水はまさにその典型例と言える。各章の結論および本研究のまとめについては，終章において示す。

第Ⅰ部

第1章　東日本大震災による直接経済被害の迅速な推計手法の提案[1]

1.1　東日本大震災からの復興に向けて

　東日本大震災は，近年世界で発生した大規模自然災害の中でも，その被災範囲や被害規模において未曾有の人災害であった。2011年3月11日に発生したM9.0の東北地方太平洋沖地震は，続いて発生した津波と合わせて，東北地方を始めとする東日本地域一帯に甚大な被害をもたらした。総務省消防庁は，2018年3月1日現在，人的被害は死者数19,630名，行方不明者数2,569名，住宅被害は全壊121,781棟，半壊280,962棟にも上ると発表している。

　大規模な被害をもたらす自然災害においては，被災地の復興や被災者の生活再建を迅速に進めるために，応急対応から復興のフェーズにかけて継続的で包括的な政策支援が欠かせない。政策支援を切れ目なく実行するためには，被害の全容が明らかとなる前に，被災地の復旧復興計画の策定に先立って，復興に向けた財源が用意されなければならない。その際，復興財政の規模を判断するための基礎情報が必要となる。

---

1) 本章は，*International Advances in Economic Research*（Volume 18, Issue 4, Refereed）に掲載された論文 "A Quick Method for Assessing Economic Damage Caused by Natural Disasters: An Epidemiological Approach" を元に，加筆修正を行ったものである。

これまでの災害事例では，復興財政の規模を把握する上で，実態調査に基づく直接経済被害額がその基礎資料として活用されてきた（林，2005; 上野山・荒井，2007; Downton et al., 2005）。しかし，実態調査には方法上の問題が存在することが指摘されている（Cochrane, 2004; Downton et al., 2005）。特に，大規模自然災害の場合に問題となる点は，実態調査による被害の全容把握には相応の時間を要することである[2]。

　このため，復興財源の規模を判断するためには，実態調査の完了を待たず，被害状況の変化に合わせて直接経済被害額を推計する手法が求められる。しかし，災害直後の利用可能な情報が限られた中で，迅速に被害額を推計する手法はまだ確立されていない。

　近年，統計分析を利用した大規模自然災害による直接経済被害の迅速な推計手法に関する研究が進んできている（Cavallo et al., 2010）。本章ではこの手法に基づき，都道府県別データを用いて東日本大震災による直接経済被害額の推計を試みる。結論を先取りすれば，その被害額は最大で約32兆円と推計され，内閣府（2011b）が公表している被害額を約15兆円も上回ることが分かった。

　本章の構成は以下の通りである。次節では，経済被害の分類と大災害による直接経済被害額の基礎資料としての役割を紹介する。第3節では，直接経済被害額の推計手法と東日本大震災による被害額の推計に関する先行研究を紹介する。第4節では東日本大震災の直接経済被害額の推計を行い，第5節では暫定的な結論を示す。第6章では復興財政に関する考察を行う。

1.2　復興財源の基礎資料としての直接経済被害額

　自然災害による被害は，大別すれば直接被害と間接被害に区別される。災害により地域に面的な被害がもたらされれば，多くの人命が失われるだけでなく，

---

[2]　東日本大震災の被害情報も確定に時間を要している。2018年3月1日時点の被害情報は，2017年3月1日の情報からわずかに修正されている。修正の理由は，震災関連死の増加，遺体の身元確認の完了，市町村による住宅被害の精査による変更とされている。

住宅や事業所等の民間資本と道路や学校等の社会資本が破壊されるといった直接被害が生じる。このうち，資本ストックの被害規模を金銭価値で表現したものを直接経済被害と呼ぶ[3]。これに対して，直接被害を原因として，被災地における経済活動が受ける間接的な影響のことを間接経済被害と呼ぶ。一般に，経済被害はこれらストック被害に対応する直接経済被害と，フロー被害に対応する間接経済被害に大別される（永松・林，2003）。

これまでの国内外の災害事例から，大災害からの復興に必要な財源の規模を把握する上で，直接経済被害額がその基礎資料としての役割を果たしてきたことが分かっている（Downton et al., 2005）。林（2005）は，阪神・淡路大震災後の震災対策にかかる国・兵庫県の予算状況について調査しており，被災後6年間の国の予算[4]および11年間の兵庫県の予算から震災対策予算として合計約9.5兆円[5]が支出されているとした上で，この数値が阪神・淡路大震災の直接経済被害額である約9.9兆円[6]に近いことを指摘している。また，上野山・荒井（2007）によれば，阪神・淡路大震災だけでなく，ハリケーン・カトリーナ，9.11テロといった災害においても直接経済被害額が推計されており，こ

---

[3] 人的被害による逸失経済価値の推計が試みられた例もある。上野山・荒井（2007）によれば，9.11テロでは人的被害による損失を金銭価値により評価している。人命の価値を経済的に評価することには倫理的な問題が伴うとしつつも，ここでは引退年齢までの生涯所得をベースに人的被害の経済価値が試算されている。また，林（2011）は阪神・淡路大震災で失われた人的資本の価値を推計しており，これを被災地における人的資本投資のための財政規模の目安とすることを提案している。復興財政の基礎資料を提供する上で，人的損失の経済価値に関する研究は重要ではあるが，河田・柄谷（2000）を除けば蓄積は少なく今後研究が必要な領域と言える。

[4] 2000年度以降の国の復興関連予算は公表されていない。

[5] 林（2005）によれば，阪神・淡路震災復興計画の被災後10年間の概算復興事業費は合計約16.3兆円，うち国と被災県・市町の復興事業費負担は合計約11.3兆円となっている。この額には国・県・市町の関係団体の負担額は含まれていない。このことは大規模自然災害に対する政策措置に必要な財源規模は直接被害額を超えて膨らむ可能性があることを示している。

[6] 出典：阪神・淡路大震災誌「平成7年（1995年）兵庫県南部地震」―土木施設の地震災害記録―」，p.25

れは大災害からの復旧に要する財政規模を把握することが目的であったとしている。Mechler and Weichselgartner (2003) は，2002年にドイツで発生した記録的洪水による直接被害額が約91億ユーロであるとした上で，約96億ユーロの支援金のうち約67%が公的支出によるものであったと報告している。なお，保険会社からの支出は約19%であり，公的支出と合計すれば約90%のリスクカバーがなされているとしている。

直接経済被害額にはいくつかの算定基準が存在するが，本書においては再取得価格に基づく値を採用することとする。上野山・荒井 (2007) は，直接被害額の算定基準には，(1) 再取得価格，(2) 時価，(3) 簿価，(4) 保険金支払額，の4つがあるとしている。その上で，阪神・淡路大震災やハリケーン・カトリーナ，9.11テロといった事例を観察すると，(1) 再取得価格の基準が広く採用されていることを指摘している。直接被害額を復興財政の基礎資料として利用する場合，(2) 時価では公共資本の評価が難しいこと[7]，(3) 簿価は再調達価格から減価償却費を差し引いた値であるため，被害額が再調達価格ベースの値よりも小さくなること，(4) 保険金支払額は保険の加入率や保険ごとに補償範囲が様々である上にフロー被害が含まれる場合があること，といった点が問題となることを指摘している。

次に，自然災害による経済被害の推計に関する先行研究について見ていく。

1.3 災害による経済被害に関する先行研究

1.3.1 直接経済被害の推計手法に関する先行研究

阪神・淡路大震災の発生以降，自然災害による経済被害の推計に関する研究の多くは間接経済被害を関心の対象としており，直接経済被害を扱った研究は，

---

[7] 民間企業の資産には非課税の減価償却費が蓄積されていると考えられるため，会計上は，時価による被害額が補塡されれば，失った資産の再建は可能となると考えられる。しかし，個人の住宅や社会資本は減価償却が行われないため，時価による復興財政の算定を行った場合，社会資本や公営住宅等の再建費用が不足する可能性がある。

豊田 (1996) や豊田・河内 (1997) を除いて少ない．豊田や豊田・河内は，阪神・淡路大震災の直接経済被害を，被災後に実施された被害状況の実態調査やアンケート調査に基づいて推計している．しかし，東日本大震災のような広域災害においては，同様の手法により直接経済被害額を迅速に推計することは困難である．

近年，大災害による直接経済被害の迅速な推計手法についての研究が進んでいる．Cavallo et al. (2010) は，世界各国の自然災害による被害データを用いた統計分析により，2010年に発生したハイチ大地震による直接経済被害額の推計を行っている．EM-DATに掲載されている各国の自然災害による直接経済被害額を，災害による人的被害と各国の社会・経済的状況（人口，所得水準，土地面積等）を用いて推定する．得られた推定結果を元に，ハイチ大地震による人的被害と災害発生時点の社会・経済的状況の値を代入し，同地震の直接経済被害額を推計している．この手法では速報性の高い人的被害の情報を用いているため，被害情報の更新に合わせて被害額を推計し直すことが容易である．

本章では，Cavallo et al. (2010) の手法を用いて，東日本大震災の被害額推計を行う．推計に先立って，次項では東日本大震災の直接経済被害額の推計に関する先行研究を概観する．

1.3.2 東日本大震災の直接経済被害額の推計に関する先行研究

東日本大震災の発生以降，多くの行政機関やシンクタンクが同震災による直接経済被害額の推計値を公表している（表1-1）．推計された被害額は約14兆円から約25兆円まで幅があるものの，その手法は大きく分けて2つに区別される．

これらの研究で広く採用されている方法は，地域別の資本ストック額を推計した上で被災率を掛け合わせる手法である（稲田他，2011; 三菱総合研究所，2011; 三菱東京UFJ銀行，2011; 日本政策投資銀行，2011; 大和総研，2011; 内閣府，2011a)[8]．内閣府 (2011a) は，東日本大震災における資本ストックの損壊率が阪神・淡路大震災における損壊率と同等，あるいは建築物についてはそれ以上

表 1-1　東日本大震災の直接経済被害額の諸推計値

諸推計	直接被害額
稲田・入江・島・戸泉（2011）	約 17.8 兆円
三菱総合研究所（2011）	約 14.1〜18.1 兆円
三菱東京 UFJ 銀行（2011）	約 20 兆円
日本政策投資銀行（2011）	約 16.3 兆円
大和総研（2011）	約 15.6 兆円
内閣府（2011a）	約 16〜25 兆円
内閣府（2011b）	約 16.9 兆円
岩手県（2011）	約 5.1 兆円
福島県（2011）	約 1.0 兆円
宮城県（2014）	約 9.2 兆円

の損壊率を仮定した上で2ケースの被害額を推計している。三菱総合研究所（2011），三菱東京 UFJ 銀行（2011），大和総研（2011）は，内閣府の算出した被災率も参照した上で，独自の被災率を設定して被害額を推定している。政策投資銀行（2011）は，資本ストックの被災率を市町村別の人的被害率や地域別の企業被災率をベースに算出しながらも，阪神・淡路大震災による被災率を参照して補正を行っている。このように，資本ストック額に被災率を掛け合わせて被害額を推計する手法では，被害額に算入するストックの種類やその被災率の設定に恣意性が生じやすい点が問題となる。

なお，稲田他（2011）は，国土地理院が公表している市区町村別の浸水面積と建物用地面積の比率から住宅の被災率や被災戸数を求めた上で住宅被害額を推計している他，この被災率を参照しながら資本ストック別の被害額も試算している。しかし，ここで用いられている住宅の被災戸数は，後に明らかとなる住宅被害の実測値とは大きな開きがある。

行政機関を中心に，実態調査に基づく直接経済被害額の推計も見られる（内閣府，2011b; 岩手県，2011 [9]; 福島県，2011; 宮城県，2014）。しかし，直接被害の

8）　内閣府（2011a）の推定手法は岩城他（2011）に詳しい。
9）　岩手県（2011）の数値は，県庁で調査したデータの他に，日本政策投資銀行（2011）によるストック被害の推計値である約 4.3 兆円を加えた値となっている。

把握においては，実態調査の方法上の問題点も指摘されている。第一に，Cochrane（2004）にあるように，調査主体間で統一的な被害額の算入項目や算定基準がないことにより，行政機関の間で被害額評価の基準や算入すべき被害項目，実態調査に基づく情報等が共有されない場合がある。実際，岩手県，宮城県，福島県[10]の直接経済被害額の内訳を見ると，算入されている被害項目だけでなく，その被害額も大きく異なる。特に，福島県の被害額には住宅被害が含まれておらず，復興財政の基礎資料として扱う上で問題となる[11]。第二に，被災範囲が広大な場合は被害状況の全容把握に相応の時間を要するため，実態調査に基づいて早期に公表される被害データは，その実態を過小評価している可能性がある。内閣府（2011b）[12]は被害実態が明らかになってきたとして，2011年6月24日に同震災による被害額が約16.9兆円であることを公表しているが，現在に至るまでこの被害額は再推計されていない[13]。しかし，図1-1，表1-2に見られるように，同震災の被害状況は内閣府の推計値が発表された後も更新されており，内閣府の被害額には被害の実態が十分に反映されていない可能性がある。

　このように，災害による直接経済被害額の推計を行う上では，地域別の資本

---

10)　福島県（2011）は地震・津波による経済被害額は公表しているものの，福島第一原発事故による直接経済被害額は公表していない。地震・津波による物的被害と原発事故とそれに伴う諸影響による物的被害は質的に異なることから，本章の推計においても原発事故による直接被害額は分析の対象外とする。

11)　日本においては自治体が農林水産被害，公共土木施設の被害額を公表することが多いが，これは「農林水産業施設災害復旧事業費国庫補助の暫定措置に関する法律」「公共土木施設災害復旧事業費国庫負担法」により，公費投入の対象となるためである。他方，直接経済被害額の把握において重要な項目である民間の住宅被害額については公表されない場合が多い。

12)　筆者が内閣府担当者に直接質問したところによれば，これは悉皆調査ではなく推計値を含んでいるということであったが，内閣府はこの推計値の詳細な算出根拠を示していない。

13)　豊田（2006）は，法的に見て確定値を早急に公表する義務はないことを指摘した上で，阪神・淡路大震災のような大規模災害では，被害状況に関して正確な情報が明らかになってきたならば，その段階で被害額を再推計するべきだと主張している。

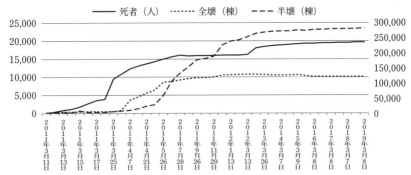

図1-1 東日本大震災における被害情報の時系列推移(左軸:死者数(人),右軸:住宅被害数(棟))
出典:総務省消防庁「平成23年(2011年)東北地方太平洋沖地震(東日本大震災)について」

ストック額に被災率を掛け合わせるアプローチや実態調査といった手法には課題が残る。公表されているデータを用いて,被害状況の変化に合わせて迅速に直接被害額を推計する手法の重要性は依然として失われていない。

なお,上記の研究において,福島第一原発事故による直接経済被害を取り扱っているものは存在しない。これは,原発事故による直接経済被害額についてどのように定義するのかが難しいことがその理由であると考えられる[14]。しかし,より重要なことは,原発事故における直接経済被害額を復興財政の基礎資料として扱う意義や有用性が,自然災害のそれと同様であるのか,現状では十分に議論が進んでいない点である。本研究では,東日本大震災による直接経済被害額を推計するに際して,福島第一原発事故に起因する放射性物質の飛散による影響については一旦置いた上で,地震や津波による直接被害の経済的価値について議論することとする。次節では,東日本大震災の直接経済被害額の推計を行う。

---

14) 便宜的に,飛散した放射性物質によって影響を受けた住宅,企業設備,社会資本等を全壊したと考えて推計することもできるが,その場合は,放射性物質の飛散状況とそれによる被災地の放射線量のデータについて速報的に把握することが必要になる。しかし,これは東日本大震災においては困難であった。

第1章 東日本大震災による直接経済被害の迅速な推計手法の提案　　31

表 1-2　東日本大震災による被害状況の推移

年月日	死者(人)	行方不明者(人)	重傷者(人)	全壊(棟)	半壊(棟)	一部破損(棟)	避難者(人)
2011/3/11	25	143	17	755		2	
2011/3/12	389	627	234	2,229	1,016	15,125	284,655
2011/3/13	826	1,834	292	4,583	2,243	39,356	279,235
2011/3/14	1,154	1,956	230	4,716	2,592	65,637	309,873
2011/3/15	1,820	5,799	267	4,798	8,098	67,526	556,130
2011/3/16	2,722	7,228	269	5,784	3,062	81,794	474,279
2011/3/17	3,549	7,276	405	5,793	3,827	96,524	451,627
2011/3/18	3,870	8,437	393	6,143	4,067	108,260	398,509
2011/3/25	9,470	13,147	520	6,682	5,728	118,928	223,050
2011/3/31	10,977	12,995	315	10,376	7,896	132,915	209,468
2011/4/7	12,392	12,491	322	43,708	10,144	170,034	188,212
2011/4/14	13,134	13,492	346	54,592	15,310	181,593	182,122
2011/4/21	13,801	12,925	326	67,150	23,761	209,246	174,343
2011/4/28	14,337	11,429	339	77,171	29,355	236,804	168,901
2011/5/26	15,073	8,657	569	102,923	58,817	304,181	158,738
2011/6/30	15,680	7,121	607	105,940	107,855	426,405	116,213
2011/7/28	16,103	4,764	633	110,026	134,379	502,333	98,011
2011/8/25	15,863	4,414	639	114,591	155,584	561,119	78,852
2011/9/26	15,989	3,917	658	117,652	178,200	612,351	66,844
2011/10/11	16,019	3,805	666	118,621	181,801	621,013	65,753
2011/11/29	16,079	3,499	676	120,209	189,523	616,217	67,387
2011/12/12	16,146	3,333	677	126,491	227,600	661,949	69,668
2012/1/13	16,131	3,240	612	128,497	240,090	677,502	70,077
2012/2/14	16,140	3,123	674	128,582	244,031	691,882	71,124
2012/3/13	16,278	2,994	684	129,198	254,238	715,192	72,788
2012/9/28	18,131	2,829	694	129,391	265,096	743,298	
2013/3/26	18,493	2,683	697	128,801	269,675	756,814	
2013/9/9	18,703	2,674	698	126,574	272,302	759,831	
2014/3/7	18,958	2,655	697	127,291	272,810	766,097	
2014/9/10	19,074	2,633	697	127,361	273,268	762,277	
2015/3/9	19,225	2,614	697	127,830	275,807	766,671	
2015/9/9	19,335	2,600	697	124,690	275,118	754,843	
2016/3/8	19,418	2,592	698	121,809	278,496	744,190	
2016/10/20	19,475	2,587	699	121,744	279,107	744,328	
2017/3/8	19,533	2,585	700	121,768	280,160	744,396	
2017/9/8	19,575	2,577	700	121,776	280,326	744,269	
2018/3/7	19,630	2,569	700	121,781	280,962	744,530	
2018/9/7	19,667	2,566	700	121,783	280,965	745,162	
2019/3/8	19,689	2,563	700	121,995	282,939	748,109	

出典：総務省消防庁「平成23年（2011年）東北地方太平洋沖地震（東日本大震災）について」

1.4 東日本大震災の直接経済被害額の推計

1.4.1 都道府県別データを用いた自然災害による直接経済被害の推定

本章では Cavallo et al.（2010）の方法にならい，東日本大震災による直接経済被害額の推計を行う。まず，分析の第一段階として，都道府県別データを用いて自然災害による直接経済被害額の推定を行う。続いて，第二段階では，得られた推定結果を基に，同震災による各被災県の被害状況や被災時点の経済・社会的状況のデータを代入することで被害額を推計する。なお，ここでは震災による被害が最も大きい県である岩手県，宮城県，福島県の被害額を推計することとする。

(1) 推定モデル

まず，以下の推定モデルを考える。$Edmge$ は災害による経済被害を表すデータを指す。本推定では，県内総生産（名目）に占める自然災害による直接経済被害額を用いることとする。$dmge$ は，Cavallo et al.（2010）にならい，災害による人的被害を表すデータを用いる。ここでは都道府県の人口に占める自然災害による人的被害（死者・行方不明者数）を採用する。他に，被災県の経済・社会的状況を表す変数として一人当たり県内総生産（名目）を表す GRP を採用する。μ は各都道府県の固定効果を示す。ここでは，都道府県ダミーを導入して推定を行う。T は年度を表すトレンド項である。ε は独立かつ同一の分布に従う誤差項を示す。

$$Edmge_{it} = \alpha_1 + \beta_1 dmge_{it} + \beta_2 GRP_{it} + \mu_i + T_t + \varepsilon_{it}$$

災害による直接被害を表す代表的なデータは人的被害と住家被害であるが，人的被害のデータは速報性が高い。表1-3は，2019年3月時点の東日本大震災による被害状況のデータで過去の各時点における被害状況の値を除したものを時系列順に掲載している。仮に，2019年3月時点で同震災の被害の全容が

第1章 東日本大震災による直接経済被害の迅速な推計手法の提案

表 1-3 東日本大震災の被害状況捕捉率の時系列推移（単位：％）

年月日	死者・行方不明者 捕捉率	住家被害（全壊）捕捉率	住家被害（半壊）捕捉率	住家被害（一部破損）捕捉率
2011/3/11	0.8	0.6	0.0	0.0
2011/3/12	4.6	1.8	0.4	2.0
2011/3/13	12.0	3.8	0.8	5.3
2011/3/14	14.0	3.9	0.9	8.8
2011/3/15	34.2	3.9	2.9	9.0
2011/3/16	44.7	4.7	1.1	10.9
2011/3/17	48.6	4.7	1.4	12.9
2011/3/18	55.3	5.0	1.4	14.5
2011/3/25	101.6	5.5	2.0	15.9
2011/3/31	107.7	8.5	2.8	17.8
2011/4/7	111.8	35.8	3.6	22.7
2011/4/14	119.7	44.7	5.4	24.3
2011/4/21	120.1	55.0	8.4	28.0
2011/4/28	115.8	63.3	10.4	31.7
2011/5/26	106.6	84.4	20.8	40.7
2011/6/30	102.5	86.8	38.1	57.0
2011/7/28	93.8	90.8	47.5	67.1
2011/8/25	91.1	93.9	55.0	75.0
2011/9/26	89.5	96.4	63.0	81.9
2011/10/11	89.1	97.2	64.3	83.0
2011/11/29	88.0	98.5	67.0	82.4
2011/12/12	87.5	103.7	80.4	88.5
2012/1/13	87.1	105.3	84.9	90.6
2012/2/14	86.6	105.4	86.2	92.5
2012/3/13	86.6	105.9	89.9	95.6
2012/9/28	94.2	106.1	93.7	99.4
2013/3/26	95.2	105.6	95.3	101.2
2013/9/9	96.1	103.8	96.2	101.6
2014/3/7	97.1	104.3	96.4	102.4
2014/9/10	97.6	104.4	96.6	101.9
2015/3/9	98.1	104.8	97.5	102.5
2015/9/9	98.6	102.2	97.2	100.9
2016/3/8	98.9	99.8	98.4	99.5
2016/10/20	99.1	99.8	98.6	99.5
2017/3/8	99.4	99.8	99.0	99.5
2017/9/8	99.6	99.8	99.1	99.5
2018/3/7	99.8	99.8	99.3	99.5
2018/9/7	99.9	99.8	99.3	99.6
2019/3/8	100	100	100	100

出典：総務省消防庁「平成23年（2011年）東北地方太平洋沖地震（東日本大震災）について」

明らかになっていると考えるならば，これは各報告時点における被害情報の捕捉率と見ることができる。死者・行方不明者数の捕捉率を見ると，2011年3月25日に初めて100%を超えている[15]。これに対して，住家被害における全壊の捕捉率が初めて100%を超えるのは2012年1月13日である。さらに，半壊，一部破損の捕捉率は発災から1年が経過しても100%を超えていない。これらのことから，被害状況の迅速な把握の上では，住家被害よりも人的被害が情報として適している[16]。次項では，推定に使用するデータについて述べる。

(2) データと記述統計

本推定では，1995年度から東日本大震災が発生する直前の時点である2009年度までの都道府県別データを用いて推定を行う。データ期間が阪神・淡路大震災が発生した翌年度以降となっている理由は，この時点以降，全国的に防災に関する取り組みが推進されるようになってきたと考えられるためである。

自然災害による被害状況のデータは，消防白書の「自然災害による都道府県別被害状況」に掲載されている[17]。直接経済被害額は「被害総額」で確認することができる。県内総生産（名目）は県民経済計算を参照する。県別人口は「統計で見る都道府県のすがた」に記載されている国勢調査の結果とそれを元にした推計値を参照する。データの記述統計は表1-4の通りである。

推定を行うにあたって，本書では以下の通りデータの修正を行った。第一に，

---

15) 東日本大震災による被害状況の推移を見ると，死者数や建物被害（全壊）が減少する期間が存在する等，実態調査における誤差の問題が発生していることが分かる。ここでは捕捉率が100%を超えた時点をおおよその被害規模を把握し得た時点として扱う。

16) 人的被害の数値は行方不明者の発見や死者数の誤差修正等に伴い，2011年4月をピークとして減少している。したがって人的被害のデータに基づいて迅速な被害推計を行えば，被害額を過大評価することになるが，Cavallo et al. (2010) の手法ではその後のデータ修正に合わせて再推計を行うことが容易である。

17) Cavallo et al. (2010) が使用している EM-DAT のデータには，災害の種類別の被害状況が示されているが，消防白書に掲載されている自然災害による被害状況は災害の種類別に確認することができない。本分析では，自然災害全般により生じた被害を対象に分析を行う。

表 1-4 記述統計 (n=705)

変数名	定義	平均値	標準偏差	最小値	最大値
Edmge	被害総額（千円） / 県内総生産（百万円）	3.74269	24.75230	0.00002	487.65860
dmge	死者・行方不明者数（人） / 県別人口（人）	0.000003	0.000044	0	0.001163
GRP	県内総生産（百万円） / 県別人口（人）	3.662570	0.728950	2.471215	7.900495
T	トレンド項	2002	4.323561	1995	2009

「被害総額」のデータ修正を行った。消防白書の「被害総額」には，住宅を含めた民間の建築物における被害額が含まれていない[18]。つまり「被害総額」のデータでは，自然災害による直接経済被害がその実態と比べて過小に評価されている[19]。真の直接経済被害額のデータを得るには，先ほどの「被害総額」に，住宅を含む民間の建築物の被害額を加える必要がある。そこで，国土交通省「建築物滅失統計調査」のデータを「被害総額」に加えて修正を行った。同調査には，都道府県別に，風水災，震災等により被害を受けた，住宅を含む建築物の「損害見積額」が掲載されている。さらに，「被害総額」のデータには，2004年の中越地震および2007年の中越沖地震による被害額が含まれていない[20]。そこで，2004年と2007年の新潟県の「被害総額」の観測値に，同県が発表している両震災の被害額である3兆円[21]，1.5兆円[22]をそれぞれ加え

---

[18] 「被害総額」に算入される項目は，消防庁「災害報告取扱要領」に従うことになっている。その項目とは，公立文教施設，農林水産業施設，公共土木施設，その他の公共施設，農産被害，林産被害，畜産被害，水産被害，商工被害，その他の経済被害額であり，これらの合計が「被害総額」として報告されている。

[19] 例えば，阪神・淡路大震災の直接経済被害額である約9.9兆円のうち，約5.8兆円までもが建物被害によるものであったように，直接経済被害を考える上で民間の建物被害額は無視できない。

[20] 消防白書に掲載されている2004，2007年の新潟県の「被害総額」の数値は，新潟県が独自に公表している両震災の直接経済被害額よりも小さい。

て修正を行った。なお,「被害総額」や「損害見積額」,中越地震,中越沖地震の被害額はいずれも再調達価格に基づくストックの被害額を表している。

　第二に,県民経済計算から,(i) 平成7年基準（93SNA）平成2-15年度,(ii) 平成12年基準（93SNA）平成8-21年度,(iii) 平成17年基準（93SNA）平成13-26年度,の3系列のデータを参照し,県内総生産（名目）の時系列データを作成した[23]。しかし,各系列は基準年が異なるため,同年度の県内総生産が重複して掲載されていても,その値が一致しない。そこで,(A) 最新の系列で公表されている県内総生産のデータは遡ることができる最も古い時点まで参照する,(B) 最新系列の最も古い年度において,一つ前の旧系列における同年度の値を用いて新旧系列間の比率を取り,この比率を旧系列のデータ全てに乗ずる,という方法により補正を行った。

(3) 推定結果

　推定結果は表1-5の通りである。(1),(2) は全都道府県のデータを使用している。(3),(4) は,東日本大震災により人的被害が発生した,北海道,青森県,岩手県,宮城県,山形県,福島県,茨城県,栃木県,群馬県,千葉県,東京都,神奈川県のデータを使用している。(5),(6) は,推定に用いたデータの期間中に,自然災害による人的被害が発生した都道府県のデータを使用している。

　推定結果を観察すると,(1) では,$dmge$ の係数が有意水準1%で正に有意であったが,GRP と T は有意ではなかった。(2) では,(1) から GRP を除いた推定結果を示しているが,$dmge$ の係数は正に有意であり,係数の大きさ

---

21) 出典:国土交通省北陸地方整備局「新潟県中越地震－北陸地方整備局のこの一年」
22) 出典:新潟県「平成19年（2007年）新潟県中越沖地震関連情報」
23) 執筆時点では,県民経済計算に平成18年度から27年度までの県内総生産のデータも公表されているが,これは2008SNAに基づくデータとなっている。本分析では,2010年度までの都道府県別データしか使用しないため,(i),(ii),(iii) のデータ系列を簡易に接続した県内総生産のデータを用いることとした。

表 1-5 推定結果

Variables	(1)	(2)	(3)	(4)	(5)	(6)
dmge	426742.10***	426593.50***	442595.90***	442758.00***	427848.70***	427487.30***
	(14118.31)	(14090.07)	(103943.40)	(103664.10)	(20877.46)	(20780.02)
GRP	-0.92		-0.41		-1.99	
	(4.42)		(1.22)		(9.18)	
T	0.01	0.01	-0.08*	-0.08*	0.08	0.08
	(0.14)	(0.14)	(0.04)	(0.04)	(0.28)	(0.28)
constant	-6.20	-10.53	165.83*	158.39*	-146.77	-169.76
	(277.21)	(276.23)	(88.72)	(85.73)	(575.44)	(566.89)
Adj-R-squared	0.59	0.59	0.32	0.32	0.56	0.56
N	705	705	180	180	371	371

※括弧内は標準誤差，*** は有意水準 1% で有意，* は有意水準 10% で有意であることを示す．県別ダミーの結果は省略している．

は (1) と大差ない．(3)，(4)，(5)，(6) では，$dmge$ の係数がいずれも正に有意であり，係数の大きさは (3) と (4)，(5) と (6) で大きな差はなかった．なお，(3)，(5) のいずれの結果においても GRP の係数は有意ではなかった．T，定数項，都道府県ダミーは (3)，(4) のみ有意水準 10% 以上で有意であった．そこで次項では，(2)，(4)，(6) の推定結果を基に，東日本大震災による直接経済被害額の推計を行うこととする．

1.4.2　東日本大震災による直接経済被害額の推計結果

先の推定結果を基に，東日本大震災による人的被害の状況と，震災が発生した年度の岩手県，宮城県，福島県の経済・社会的状況を代入して，同震災による直接経済被害額の推計を行う．被災三県の東日本大震災による人的被害の状況としては，(a) 捕捉率が 100% を初めて超えた 2011 年 3 月 25 日のデータと，被害状況の修正に合わせて被害額がどのように変化するのかを確かめるため，(b) 執筆時点で最新の 2019 年 3 月 8 日のデータを使用することとする．また，岩手県，宮城県，福島県の経済・社会的状況のデータは発災時点である

表1-6 被災三県の東日本大震災による被害状況と発災直前の経済・社会的状況

変　数	岩手県	宮城県	福島県
死者・行方不明者数（人）(2011.3.25)	7,845	12,269	2,441
死者・行方不明者数（人）(2019.3.8)	6,255	11,786	4,092
県内総生産（2010年，百万円）	4,053,586	7,802,198	6,936,791
県別人口（2010年，人）	1,330,147	2,348,165	2,029,064

表1-7 東日本大震災による直接経済被害額の推計値

単位：百万円	2011.3.25の被害状況に基づく推計			2019.3.8の被害状況に基づく推計		
推定モデル	(2)	(4)	(6)	(2)	(4)	(6)
岩手県	10,198,750	10,585,200	10,220,118	8,131,699	8,439,825	8,148,737
宮城県	17,390,488	18,049,448	17,426,924	16,705,867	17,338,886	16,740,869
福島県	3,559,958	3,694,851	3,567,417	5,967,779	6,193,910	5,980,283
合計	31,149,195	32,329,500	31,214,459	30,805,345	31,972,621	30,869,889

2010年度の値を使用する。推計に使用するデータは表1-6の通りである。

　推計された被災三県の東日本大震災による直接経済被害額は表1-7の通りである。(a) 2011年3月25日時点での被害状況に基づいた推計によれば，岩手県の推計被害額は約10.2兆円から約10.6兆円，宮城県の推計被害額は約17.4兆円から約18.1兆円，福島県の推計被害額は約3.6兆円から3.7兆円となった。被災三県の直接経済被害額の合計は約31.2兆円から約32.3兆円であった。これは内閣府（2011b）が公表している被害額である約16.9兆円という値を最大で約15兆円上回っている。

　次に，(b) 2019年3月8日時点での被害状況に基づいた推計の結果を見ると，岩手県の推計被害額は約8.1兆円から約8.4兆円，宮城県の推計被害額は約16.7兆円から約17.3兆円，福島県の推計被害額は約6.0兆円から6.2兆円となった。被災三県の直接経済被害額の合計は約30.8兆円から約32.0兆円であった。岩手県，宮城県については，(a) 2011年3月25日時点の被害状況に基づいた推計値よりも小さい値となっているものの，福島県については人的被害の情報が上方修正されたため，被害額が増加する結果となった。

郵便はがき

恐縮ですが
切手をお貼
りください

112-0005

東京都文京区
水道二丁目一番一号

勁草書房
愛読者カード係 行

(弊社へのご意見・ご要望などお知らせください)

・本カードをお送りいただいた方に「総合図書目録」をお送りいたします。
・HPを開いております。ご利用ください。http://www.keisoshobo.co.jp
・裏面の「書籍注文書」を弊社刊行図書のご注文にご利用ください。ご指定の書店様に至急お送り致します。書店様から入荷のご連絡を差し上げますので、連絡先(ご住所・お電話番号)を明記してください。
・代金引換えの宅配便でお届けする方法もございます。代金は現品と引換えにお支払いください。送料は全国一律100円 (ただし書籍代金の合計額 (税込) が1,000円以上で無料)になります。別途手数料が一回のご注文につき一律200円かかります (2013年7月改訂)。

愛読者カード

50467-1　C303

本書名　KDDI総合研究所叢書9
　　　　災害復興の経済分析

ふりがな
お名前　　　　　　　　　　　　　　　（　　歳）

　　　　　　　　　　　　　　　　ご職業

ご住所　〒　　　　　　　お電話（　　）　－

本書を何でお知りになりましたか
書店店頭（　　　　　　書店）／新聞広告（　　　　新聞）
目録、書評、チラシ、HP、その他（　　　　　　　　　　）

本書についてご意見・ご感想をお聞かせください。なお、一部をHPをはじめ広告媒体に掲載させていただくことがございます。ご了承ください。

◇書籍注文書◇

最寄りご指定書店

市　　町（区）

　　書店

(書名)	¥	（　）部
(書名)	¥	（　）部
(書名)	¥	（　）部
(書名)	¥	（　）部

※ご記入いただいた個人情報につきましては、弊社からお客様へのご案内以外には使用いたしません。詳しくは弊社HPのプライバシーポリシーをご覧ください。

1.5 直接経済被害の迅速な推計手法に関する暫定的な結論

　本章では，大規模自然災害からの復興に要する財政の規模を把握する上で，直接経済被害額がその基礎資料として活用されていることを示し，速報性の高い被害情報である人的被害のデータを基に，Cavallo et al.（2010）の手法を用いて東日本大震災による直接経済被害額の迅速な推計を行った。結果，被災三県の被害額の合計値は最大で約 32.3 兆円と，内閣府（2011b）の公表値である約 16.9 兆円よりも最大約 15 兆円大きいことが分かった。

　本研究の課題は次の通りである。第一に，本章で用いた手法は，大災害の発災直後に被害状況を示す情報やその精度が限られた中で，公開されたデータを用いて直接経済被害額を迅速に推計する点で有用であると考えられる[24]。しかし，災害発生から時間が経過し，精緻な実態調査によって被害額が明らかになると，本手法による推計値との乖離が見られる場合がある[25]。例えば，宮城県は東日本大震災による直接経済被害額を実態調査の進展に合わせて修正しており，2019 年 2 月 28 日現在，その被害額は約 9.1 兆円となっている[26]。今後，より精度の高い迅速な被害推計手法の開発が進むことが期待される。

　第二に，大規模自然災害による直接経済被害額が復興に要する財源規模の基礎資料として有用であるかは引き続き議論する必要がある。ただそのためには，

---

[24] 内閣府（2011b）の公表値がそうであるように，実態調査に基づくものであっても，被害額の内訳や推計手法が公開されないことは，直接経済被害額が復興財政の基礎資料であることを考えれば問題となる。災害による被害状況が確定していない時期であっても，公開されたデータや情報を基に被害額が推計されるならば，その手法や前提について議論することができる。また，本章のような手法を用いれば被害額の再推計も容易である。さらに，そうして様々な推計値が発表されることで，復興財政を判断するための基礎資料が充実することになる。今後，大災害において実態調査に基づく直接経済被害額を公表する際は，被害額の内訳やその調査・推計手法の公開を検討すべきである。

[25] ただし本論でも述べたように，実態調査にも方法上の問題点がある点には留意する必要がある。

[26] 出典：宮城県「東日本大震災の地震被害等状況及び避難状況について」

今後，大災害からの復興事例の蓄積を待つ他ない。

　第三に，本章では福島第一原子力発電所の事故による直接経済被害の分析を行うことができなかった。原発事故による直接被害額の定義や直接経済被害額の基礎資料としての意義や有用性は，自然災害のそれと大きく異なることが予想されることから今後研究する必要がある。

1.6　東日本大震災における復興財政に関する考察

1.6.1　復興財政の規模は十分であったのか

　政府は，当初から東日本大震災からの復興のために大規模な予算を投じることを表明してきた。同震災の発生直後，政府は震災からの復興に要する期間をとりあえず10年とし，さらに2011年度から2015年度までを「集中復興期間」と呼称した上で，この間に要する復興財源は19兆円とした[27]。その後，新たに同期間に公費により実施される施策や事業の規模が少なくとも23.5兆円程度と見込まれるとした上で，必要な財源として25兆円を措置するとした[28]。

　この復興財政の数値は時間の経過と共に上積みされることとなる。復興庁によれば，2016年度から2020年度までを復興・創生期間と定めた上で，それまでの5年間と合わせて計10年間における復興事業費を約32兆円とした[29]。さらに現在，復興財政の規模は35兆円を超えることが確実視されている[30]。

---

27)　19兆円という数値は，阪神・淡路大震災からの復興に費やされた約9.2兆円に対して，東日本大震災の直接被害額である16.9兆円と阪神・淡路大震災の直接経済被害額である9.9兆円の比を掛け合わせたものに，さらにリーマンショック以降に政府が支給した補助金の総額である2.5兆円と，阪神・淡路大震災以降，全国で実施された防災・減災政策関連の支出額である1.3兆円を加えたことにより算出されたものである。

28)　出典：復興推進会議「今後の復旧・復興事業の規模と財源について（平成25年1月29日）」

29)　出典：復興庁「平成28年度以降5年間を含む復興期間の復旧・復興事業の規模と財源について（平成27年6月）」

30)　出典：河北新報「〈震災7年半〉復興関連予算 総額35兆円　11～19年度国支出見通し　執行率7年連続60％台」2018年9月11日

これまでの度重なる予算の拡大もあって，東日本大震災の復興財政の規模は，本章で示した直接被害額の推計値を上回る数値となりつつある。東日本大震災のための復興財源の規模は決して小さいとは言えない[31]。

1.6.2 復興政策の進捗は順調なのか

　少なくない復興財政を準備した上で政府は復興にあたろうとしているものの，執行状況から見れば，復興予算の進捗は十分なものとは言えない。会計検査院の報告書[32]によれば，復興予算の執行には遅れが認められるとしている。2011年から2013年までに執行された復興予算は約20.1兆円と予算額の約80.1％であり，予算額の約7.8％にあたる約1.96兆円は繰り越され，約12.1％にあたる約3.02兆円は不用額とされている。さらに，会計検査院の別の報告書[33]によれば，集中復興期間において各年度に措置された予算の平成27年度末現在における執行状況は，支出済額27兆6,231億余円，繰越額1兆4,111億余円，不用額4兆4,579億余円，執行率，繰越率，不用率は，それぞれ約82.4％，約4.2％，約13.3％となっており，基本的な傾向は大きく変わっていない。会計検査院は執行の遅れの原因について，事業主体が特定被災自治体であることから限られた人員で膨大な作業を行っていること，復旧・復興事業の多くが，関係機関との調整や地域住民との協議，調整等に日数を要することなどを挙げている。

　このように，東日本大震災からの復興において，政府は公式発表された直接経済被害額を上回る予算額を措置しているものの，その執行には遅れが認めら

---

31) 会計検査院によれば，集中復興期間における除染等による放射線量の低減対策に係る事業全体の支出は約1.9兆円としている。この金額を福島第一原発事故に由来する被害と考えて，自然災害そのものによる被害と区別して復興予算から除外したとしても，復興財政は約30兆円を上回る規模となっている。

32) 会計検査院「東日本大震災からの復興等に対する事業の実施状況等に関する会計検査の結果について（平成27年3月）」

33) 会計検査院「東日本大震災からの復興等に対する事業の実施状況等に関する会計検査の結果についての報告書（平成29年4月）」

れる。復興の遅れは，その予算額の多寡よりも，復興政策の実施体制に起因すると考えられる。大規模自然災害からの復興は，復興財政だけでなく，復興計画の内容やその実施体制も重要であることが示唆される。

1.6.3　復興資金とは何か

　十分な復興財政を用意したとしても復興政策の進捗が捗々しくないのだとすれば，復興財政が果たす役割とは何か，本章の締めくくりにあたって考えてみたい。

　阪神・淡路大震災以降，災害復興においては，まず公共インフラを中心とする失われた社会資本の復旧を行った後に，人々の暮らしや住宅の再建，人口の回復，企業設備の復旧や地域経済の再生を目指す復興過程が続くという「二段階復興」が基本となるという理解が広まっている。大規模自然災害によって壊れた公共インフラを元通りに復旧させることは，一見，人々の生活や地域社会の有り様が被災前の姿に戻り，復興が進んでいくために必要な過程のように思える。

　しかし，復旧[34]と復興[35]は本質的に異なる概念であり，復旧という政策過程が復興に先んじるということには根拠もない。例えば，被災前の生活に戻りたいと願いつつも，住宅や生業を失い域外に新しい生活の機会を見出そうと

---

[34]　災害対策基本法においては災害復旧の具体的な内容は示されていないが，「公共土木施設災害復旧事業費国庫負担法」には，「「災害復旧事業」とは，災害に因つて必要を生じた事業で，災害にかかつた施設を原形に復旧する（原形に復旧することが不可能な場合において当該施設の従前の効用を復旧するための施設をすることを含む。以下同じ。）ことを目的とするものをいう。」と記載されている。

[35]　復興が意図する政策目的を貝原（2009）は簡潔に言い表している。「神戸を中心とする被災地は，破壊された街を，約17兆円という莫大な資金と計測し得ないほどのエネルギーを投じて再興するのであるから，単に震災前の状態に復旧するのではなく，震災の教訓を生かして二一世紀にも通用する地域として復興しなければならない。二〇世紀後半の神戸が，二〇世紀型のピークを過ぎて衰退期に入っていたことを思えば，二一世紀に日本が担うべき役割を果たすための新しい都市機能を備えることこそが，二一世紀に通用する真の復興につながるのである。」（貝原，2009，p.123）

する人々が，社会資本の復旧に伴って被災地に戻ってくるとは限らない[36]。こうした人口の流出に伴って，街の姿，人々のつながりやその上に成り立つ企業活動や地域の文化のあり様等も影響を受けざるを得ない。また，企業が事業の継続を考える際に重要視することは，かつてその事業に収益性があったかどうかではなく，今後，新しく同様の事業を興すことに投資価値があるかどうかである。さらに，競争力を失いつつあった産業から企業が退出し，新しい投資機会を見出した企業が被災地に参入してくれば，地域経済の有り様や産業構造も変化せざるを得ない[37]。つまり，被災地の人々や企業にとってみれば，復旧の過程を経ることなく災害後の厳しい現実を所与の条件として，新しい生活や事業を興していく復興を目指す他ない。

　林（2011）によれば，災害復興を目指す上で，「二段階復興」が念頭に置かれることには理由があるという。それは，第一に，復旧という概念は法的に定義されているものの，復興について法的な定義は存在しないためである[38]。阪神・淡路大震災の復興において見られたように，創造的復興に向けて野心的な目標を立てれば[39]，様々な異論が続出し復興政策の推進が難しくなる[40]。

---

[36] 災害で亡くなった人々はもとより還らない。
[37] 象徴的な事例として，阪神・淡路大震災における神戸港の復旧とその後の衰退が挙げられる。神戸港港湾統計によれば，1994年度には取扱貨物総量が約17,100万トンであった神戸港は，被災後一時的にその機能を減じることとなったものの，1995年度，1996年度，1997年度の取扱貨物総量はそれぞれ約9,170万トン，約13,551万トン，約14,777万トンと推移し，復旧に伴う機能回復を思わせる傾向があった。しかし，1998年度に取扱貨物総量が約10,005万トンに突如減少した後は，2017年度に至るまで一度も1998年度の数値を超えることなく推移してきている。この背景には，アジアの経済発展に伴う港湾開発の進行と，神戸港の機能上の競争力の喪失がある。
[38] 東日本大震災の発生後，復興基本法が成立した。しかし，そこにはどういう状態を以って復興が成ったと言えるか，具体的な定義は存在しない。
[39] 計盛（2005）によれば，阪神・淡路大震災の復興においては，災害に強い社会の建設の他に，高齢化への対応や国際経済社会に対応した都市戦略が強く意識されていた。
[40] 阪神・淡路大震災の場合も，被災地はエンタープライズゾーン構想を始めとする大胆な復興プロジェクトを提案したものの，政府や省庁からの理解が得られず頓挫した（林，2011）。

しかし，災害復旧については失われた社会資本の原形復旧を目指すという法的根拠が存在し，事業上もその目標は明確であるため，予算措置がなされれば直ちに実行に移りやすい。そこで，とりあえずは復旧事業を推進して，その後に復興が進んでいくという仮定を置くことで，復興を進めようとすることになる。第二に，復旧と復興を区別して考えることで，行政の責任範囲が明確になる。災害復旧事業は行政の責任において推進することができるが，被災者の生活再建や地域社会・経済の再生は，市民や企業の活動に委ねる範囲が大きい[41]。

しかし，災害復興とは，災害によって非連続な変化を経験した地域が新しい歴史を作っていく営みのことである[42]。したがって，復興政策は，社会資本の原形復旧を前提に考えるのではなく，地域社会の長期的な発展や高度化を見据えて市民や企業の営みを支援することが目的とならなければならない。そして，復興がそのような性格を有している以上，復興事業に投じられる公的資金は，将来の被災地を形作るための投資とならざるを得ない[43]。

災害後に新しい歴史に踏み出す地域社会のために，今後，どの程度の復興資金が必要となるのか，行政が準備すべき財政の規模はどこまでなのか，事前に把握することは難しい。また，効率的で優れた復興計画の立案・推進によって，

---

[41] 復興の全体像の中で行政の責任範囲が社会資本の復旧となるならば，復興の完了が定義できることになる。実際に，国内外の多くの大災害の事例において復興を推進しようとする際には，暫定的であることが多いものの，目標とする復興期間が事前に定められる。しかし，真に社会が復興するかどうか，それに要する期間を事前に判断することは，本来，困難なはずである。

[42] 林（2011）はこのことを以下のように言い表している。「要するに，災害の発生後は個人も，企業も，自治体も，すべてが新しい現実から再出発しなければならない。だから，被災地には「復興」しかあり得ない。その復興とは，新たな地域の歴史を作る営みである。公共部門の役割は，その復興の営みをサポートすることであって，道路や漁港を元通りに直せばよいというものではない。その意味で，復興事業に投じる公的資金は，将来の被災地の幸福を生み出すための「投資」なのである。」（林，2011, pp.203-204）

[43] 復興財政を活用して被災者支援を考える際に，生活保障原理と損失補償原理のいずれを適用すべきかという議論はあるが，復興資金が地域社会への投資であると考えるならば，いずれの考え方も馴染まない。

当初の想定よりも少ない復興予算で復興が進むのであれば，行政投資の効率性の観点から望ましいことではある。しかし，大災害からの復興を企図して，新しい都市や地域社会の建設に向けた初期投資として復興資金を投じる際に，少なくとも失われた物的資本の経済的価値と同程度の資金を準備する選択肢は検討の対象に含める必要がある[44]。直接経済被害額はそのための復興資金の規模を判断するための基礎情報を提供する役割を担っているのである。

---

44) 多くの場合，自然災害による直接経済被害額は再取得価格を基に算定されているのであった。

第2章　東日本大震災による間接経済被害の推計
―― 都道府県別パネルデータを用いたアプローチ[1]

2.1　大災害における経済的復興の重要性

　阪神・淡路大震災の発生以降，大災害ではその被害が多岐にわたる点が注目されるようになってきている。直接被害で言えば，多数の人命が失われるだけでなく，住宅や事業所，工場や生産設備，公共インフラといった物的資本が被害を受ける。そして，そのような直接被害をきっかけにして，地域社会の集積の上に成り立つ市民の生活，人々の文化・社会活動，企業の事業活動や投資行動，公共サービスや自治体の財政，人口動態までもが影響を受けることとなる。
　多様な災害被害の有り様を背景に，復興において議論される分野も広がりを見せている[2]。柄谷他 (2006) によれば，被災者の生活[3]，住宅や公共インフラの再建，地域経済の状況，被災地の人口，自治体の財政状況，人々の主観的

---

[1]　本章の内容は，博士論文「自然災害被害とその社会的要因に関する実証分析―安全安心社会に向けて―」の第3章「東日本大震災による間接経済被害の把握手法：パネルデータを用いたアプローチ」を元に，加筆修正したものである。

[2]　これに対応して復興政策の手法にも広がりが見られるようになってきている。山中 (2015) によれば，復興を目指す政策手法には，空間復興，人間復興，創造的復興の三分類が存在するという。

[3]　被災地における住宅再建や生業の確保が主として語られることが多いが，県外避難者の生活再建，被災者間の復興格差といった課題も重要である。

ウェルビーイング等，多面的な経済・社会的要因から復興過程を捉えようとする研究は，1995年の阪神・淡路大震災を契機に見られるようになってきた（柄谷他，2000; 柄谷・林，2002; 黒宮他，2005; 高島・林，1999; Aldrich, 2012; Tatsuki and Hayashi, 2002）。ただ，様々な要因に配慮した復興が求められるようになったことで，復興政策はその達成基準を設定することが難しくなってきている[4]。

　復興に関する分野の中でも，近年，経済活動の復興が重要なテーマとして広く認識されてきている。復興の過程で被災地の経済活動が停滞すれば，雇用機会の喪失や所得の減少に伴って被災者の生活再建が困難となるだけでなく，企業の生産活動や市民の文化・社会活動の停滞，自治体財政の悪化や公的サービスの削減にもつながる。また，経済活動の停滞に伴って被災地から人口が流出すれば，社会の持続可能性も問題を抱えることとなる。さらに言えば，被災者が復興を実感するためには，自らの生活の回復に加えて，街の賑わいや社会の活力が再生することが重要となる。経済的復興は，こうした多様な経済・社会的要因の復興を支える基盤となっている。

　被災地の経済的復興を進めるためには，復旧にとどまらない地域社会の持続的な発展に向けた方策が求められる。災害復興においては社会資本を中心とした復旧を先に行い，その後に被災者の生活再建や地域社会の再生を目指す二段階復興が志向されることが多い。しかし，被害を受けた公共インフラを再建し，被災者に仮設住宅や復興住宅を提供したとしても，直ちに地域社会が以前のような経済的活力を取り戻すとは限らない。経済的復興を進めるためには，企業活動を再生し，就業機会や域内需要の増加を促しつつ，人口や企業の集積トレンドを回復するような様々な方策が必要となる[5]。

---

[4] これに対して，復旧はその政策上の達成基準を設けることが比較的容易である。
[5] 林（2011）はこのような復興プロセスの有り様を以下のように例えている。「復興のプロセスは，人・企業の集積→地域の雇用・所得の増加→消費・経済活動の上昇→企業の集積という循環を経て起こらなければならないが，この循環は都市が形成されていくプロセスそのものである。したがって，都市の経済的復興は，都市の生成過程をビデオの早回

国内外の大災害の事例を見れば，包括的な復興計画を立案して復興にあたることが多いが[6]，様々な復興政策が実施される中で経済的復興が進んでいるかを知るためには，災害に起因する間接経済被害を把握することが必要となる。大災害による経済被害は直接経済被害と間接経済被害に大別される。このうち直接経済被害はストック被害に相当し，破壊された物的資本の被害規模を金銭価値で表現したものである[7]。直接経済被害の規模が甚大であれば，生産能力の低下，被災地内外の需要の喪失や企業の取引機会の逸失等，被災地の経済活動も相応の影響を受けることとなり，場合によってはその影響が長期化することがある（Hallegatte, 2008; Dupont and Noy, 2012; Fujiki and Hsiao, 2013）。こうしたフロー被害は間接経済被害と呼ばれる（永松・林，2003; Cochrane, 2004）。つまり，復興政策によりこうした間接経済被害が軽減されているならば，被災地の経済的復興が進展していると考えられる。

　復興過程で間接経済被害が軽減されているかを知るためには，それに先立って被害額の定量化が必要であるが，こうした作業は推計に頼らざるを得ない。その理由として，データの利用可能性の問題が挙げられる。大災害により被害を受けた地域の経済動向については，県内総生産を始めとするマクロ統計により観察することができる。しかし，「そのような災害が発生しなければ実現されていた」と考えられる地域経済の動向（以下，カウンターファクチュアル値）を示すデータは，現実には存在しないため観察することができない。間接経済

しのように，意図的，政策誘導的に短時間で行わなければならなかった。」（林，2011, p.180）

[6] 1995年に発生した阪神・淡路大震災では兵庫県が10年間の阪神・淡路震災復興計画を立案・推進した。2004年のインド洋大津波では，インドネシア・アチェ・ニアス復興庁によりマスタープランが5年間にわたって実施された。2013年のフィリピン台風「ハイアン」においては，National Economic and Development Authorityにより Reconstruction Assistance on Yolanda（RAY）という復興計画が計画され，責任主体である The Office of the Presidential Assistant for Rehabilitation and Recoveryにより実施された。

[7] 毀損した資本ストックの再取得価格をベースに計算されることが多い。

被害を把握するためには，これら現実と仮想の経済動向を定量的に比較する必要があるが，仮想上のデータは推計しなければならない。

これまでに大災害による間接経済被害の推計を行った研究は，大別すれば（1）産業連関分析アプローチ，（2）一般均衡分析アプローチ，（3）計量経済アプローチ，の三つに分類することができる（Rose, 2004）。しかし，これらの手法にはいくつか課題が指摘されている。第一に，間接経済被害の持続期間が所与であること。第二に，被災前の経済構造が災害後も維持されることを前提としていること。第三に，復旧復興の過程における政策投資や生産能力の回復，域内需要の変化といった影響が十分に考慮できないことである。特に，間接経済被害の推計により経済的復興の検証を行う際には第三の点が問題となる。

近年，（3）の領域において，パネルデータを用いたカウンターファクチュアル推計の手法が提案されてきている（Abadie et al., 2010; Hsiao et al., 2012）。Dupont and Noy（2012）や Fujiki and Hsiao（2013）はこのアプローチを用いて阪神・淡路大震災において間接経済被害が長期にわたって残存していることを発見している。従来，同震災が被災地に与えた間接経済被害は，発災後の数年間を除けば存在しないか無視できる程度であると考えられていた（芦谷・地主，2001; Horwich, 2000）。

本章では，Hsiao et al.（2012）によるカウンターファクチュアル推計の手法を用いて，2011年に発生した東日本大震災の被災地である東北三県（岩手県，宮城県，福島県）における間接経済被害の推計を行う。同震災は被災範囲が広大な上，人的被害や物的資本の直接被害が甚大であることから，間接経済被害を推計することの意義は大きい。

本章の構成は以下の通りである。次節では，災害時の間接被害に関する先行研究の整理を行う。第3節では，本分析が対象とする間接被害について説明する。第4節では，推定手法と使用するデータについて説明し，第5節で推計結果を示す。第6節では被災三県における経済活動の実態について，第7節では得られた結果とその政策的含意についてまとめる。

2.2 自然災害による間接経済被害の先行研究

2.2.1 推計手法の分類

Rose（2004）の分類によれば，間接経済被害の推計手法は，(1) 産業連関分析アプローチ，(2) 一般均衡分析アプローチ，(3) 計量経済アプローチに区別される。ここでは，(3) をさらに，(3a) アンケート調査アプローチ，(3b) カウンターファクチュアルアプローチに分類した上で先行研究の整理を行う。

(1) 産業連関分析アプローチ

大災害による間接経済被害の推計では，産業連関表を用いた分析が多く見られる。被災以前の産業連関表をベースとして修正を加えつつ，資本の滅失や復旧投資による波及効果を産業別に算出することがその目的とされる。

芦谷・地主（2001）は，阪神・淡路大震災の被災地である10市10町の産業連関表を作成し，約10兆円に及ぶ直接被害が発災後3年間でほぼ復旧されると仮定した上で，産業別の直接被害額を被害に伴う復旧投資の規模と見なし，その経済効果を推計している。部門別の付加価値誘発額から復旧投資額を差し引いた額を一種の部門別収支として考え，産業ごとの間接被害額として合計したところ約4.1兆円の赤字となっていることを明らかにしている。

高橋他（1997）は阪神・淡路大震災による間接被害の推計において，産業連関表と計量経済モデルを組み合わせた被害推計モデルにより，資本と交通需要の滅失が産業所得の変化に与える影響を推計している。結果，兵庫県では約2兆円の間接経済被害が生じたとしている。

山野他（2005）は，小地域経済統計に基づき地域区分を細分化した地域間産業連関表を推計した上で，阪神・淡路大震災の間接経済被害の推計を行っている。被害期間を発災後1年間と仮定した場合，兵庫県内で約1.6兆円の間接経済被害が発生したとしている。

多々納他（2005）は山野他（2005）の手法を応用して，新潟県中越地震の間

接経済被害を推計しており，震災後2カ月間で新潟県の被害額が約528億円と推定している。

　これら産業連関分析によるアプローチでは，価格の変化やそれに伴う生産要素の代替，地域間の代替といった要因を内生的に扱うことができない。このため一般均衡分析による推計もなされている。

(2) 一般均衡分析アプローチ

　産業連関分析では需要に応じて生産は可能であるという仮定が置かれているが，大災害が発生すれば被災地の供給能力が減少し，被災地域に超過需要が発生する。価格の変化，生産要素の代替，地域間の代替といった影響も考慮した分析を行うために一般均衡分析によるアプローチがなされている。なお，分析にあたっては産業連関表が用いられることからも，ここでもその主たる目的は被災前の経済構造を前提として，間接被害の波及効果を産業別に確認する点にあると言える。

　萩原（1998）は，神戸市版の一般均衡モデルを作成し，阪神・淡路大震災による間接経済被害を推計している。陳（1996）による産業別の被害割合の推計値を代入して推計した結果，神戸市の総生産における逸失価値は約1.2兆円に上ると推定している。

　さらに萩原（2001）は，阪神・淡路大震災による政府支出や固定資本形成による波及効果を合わせて推計している。仮に，震災がなければ神戸市の経済が全国と同様に推移したと考えた場合，ストック滅失による供給ショックが神戸市の総生産に与えた影響は，1995年には約−2.1%，96年には約−0.2%，97年には約−0.1%であると推計している。また，復旧や住宅再建に伴う需要増が市内総生産に与えた影響は，1995年に約+12.0%，1996年に約+7.0%，1997年には約−5.9%と推計している。

　土屋他（2008）は，新潟県中越地震を対象にライフライン機能損傷が被災地域に与える間接経済被害を推計している。災害時には，電力，水道，ガスといったライフライン産業の供給量が減少し，それらを中間材として用いている産

業の生産に一定の影響が出る。途絶期間も考慮に入れて推定された被害額を合計すると，中越地震によるライフライン途絶の総損失は203億円だったとしている。

産業連関分析や一般均衡分析によるアプローチでは，被災後の生産能力の回復過程や産業構造の変化等といった時間軸における変化を反映することが難しい。また，間接経済被害の発生期間について仮定を設けざるを得ない。中長期的に間接経済被害の定量化を行うためには異なるアプローチが必要となる。

(3) アンケート調査アプローチ

被災地の実態に即した間接経済被害の把握を行うために，アンケート調査に基づき間接被害の推計を行った研究も存在する。豊田 (1996) は，企業へのアンケート調査と実態調査を利用して阪神・淡路大震災による間接経済被害の推定を行っている。ここでは，日本都市計画学会と日本建築学会が合同で調査した被災度別建築物分布図と事業所統計調査の地域メッシュ統計を重ね合わせて地域企業の被災度を作成した上で，これに当該市町の一人あたり出荷額と産業復興会議 (1995) が示す被災度に応じた操業停止期間[8]を乗じて間接経済被害を計算している。その結果，工業の間接被害額を約0.9兆円，商業の被害額を約1.7兆円と推計している。

豊田 (1996) はさらに，神戸商工会議所 (1995) による事業所アンケートの結果において半数程度の事業所が元の生産・売り上げを実現するのに2年程度の時間がかかると回答していることから，産業復興会議の推計結果を基に，フロー被害の回復に2年間かかるとして被害額を再推計している。結果，商業で約2.5兆円，工業で約1.4兆円の被害が発生したとしている。

豊田・河内 (1997) は，阪神・淡路大震災における兵庫県内の災害救助法適用地域 (10市10町) を対象として，2つの企業アンケート調査に基づいた間接経済被害の推定を行っている。神戸商工会議所 (1996) は会員企業を対象に行

---

[8] 事業所が全壊ならば4カ月，半壊ならば2カ月，一部損壊であれば1カ月，外見上被害がないならば0.5カ月と仮定している。

ったアンケート調査で，回答企業の業種や企業規模，同震災による間接経済被害額について質問している。この回答結果を基に，業種・規模別に被災企業の「間接被害額の平均値」を求める。さらに，阪神・淡路産業復興推進機構(1996)はアンケート調査で10市10町にある事業所を対象に企業の間接経済被害の有無やその程度に関する質問を行っている。ここから間接経済被害があったと回答している企業の割合を計算し，これを「被災率」とする。この「間接被害額の平均値」に「被災率」を乗じ，事業所統計調査に掲載されている被災地域の事業所数を乗じることで，間接経済被害額を算出している。推計の結果，同震災発生から1年間の被害額を約7.2兆円としている。

これらアンケート調査による分析は主として短期的な間接経済被害の推計を目的としている。しかし，中長期的な被害の定量化を行う場合，被災した企業や家計に対して継続調査を実施することが必要となる。ただし，その場合は調査の過程で回答数が減少していくことが課題となる。

(4) カウンターファクチュアル推定アプローチ

近年，パネルデータを用いた間接経済被害の推計手法が提案されてきている。この手法では，災害のような外生的な事象による取引機会の逸失，生産能力の低下，域内需要の減少といった影響が被災地に固有のものであると仮定する。その上で，(1) 災害を経験した地域経済の動向を表す統計データの実測値と，(2) 災害が発生しなかったならば実現していたと考えられる地域経済の動向を表す統計データの仮想値（カウンターファクチュアル値）との差分を間接経済被害と定義している。ただし，(2) を直接観察することが不可能であるため推計する必要がある。

Dupont and Noy (2012) は，Abadie et al. (2010) のカウンターファクチュアル分析の手法に基づき，阪神・淡路大震災における間接経済被害の推計を行っている。ここでは，まず災害発生までの期間の都道府県パネルデータを用いて，兵庫県の県内総生産を兵庫県以外の県内総生産により推定する。得られた係数を基に，震災が発生した年度以降の兵庫県以外の県内総生産の値を代入す

ることで，兵庫県の県内総生産のカウンターファクチュアル値を推計している。さらに，この兵庫県の県内総生産の実測値とそのカウンターファクチュアル値との差分を取ることで，阪神・淡路大震災による間接被害を抽出している。結果，被災後3年程度は兵庫経済の実測値がカウンターファクチュアル値を上回っているが，その後は一貫して実測値がカウンターファクチュアル値を下回っていることを発見している。

Fujiki and Hsiao (2013) は，Hsiao et al. (2012) の手法に基づき，阪神・淡路大震災の間接経済被害の推計を行っている。結果，2009年度時点においても，兵庫県において間接経済被害が発生していることを発見しており，これは震災後に兵庫経済において産業構造が変化したことによるものであると主張している。

このカウンターファクチュアル推定の手法における利点は，復興投資や生産能力の回復，産業構造や人口動態の変化等，復興過程における地域経済の変化を考慮した分析を行うことができる点にある。また，間接被害の残存期間を仮定する必要がない点も特徴である。

2.2.2 間接経済被害の推計手法における課題

大災害による間接経済被害の研究においては，主として以上の4つのアプローチが採用されてきた。しかし，産業連関分析アプローチ，一般均衡分析アプローチ，アンケート調査アプローチには以下の課題が存在する。

第一に，間接経済被害の推計にあたって，復興政策の効果や被災企業の生産能力の回復，産業構造や人口動態の変化といった影響を反映することが難しい。特に，大災害においては復旧需要に伴い一時的に被災地経済が活性化する場合があるため，復興政策の影響を考慮することは重要である (Hallegatte and Przyluski, 2010)。

第二に，間接経済被害の残存期間を仮定する必要がある。間接経済被害はその性質上，計測期間を延長するほど累積の被害額が拡大することになる。このため機会損失が発生する期間を最初に仮定して推計を行うことが多い。しかし，

災害に起因する間接経済被害が存続する期間をア・プリオリに判断することは難しい。

　第三に，大災害におけるアンケート調査の実施困難性が挙げられる。東日本大震災のように被災地が広大であればアンケート調査の実施は難しい[9]。また，被災地の家計や企業を対象にパネルデータを作成するとしても，サンプルの減少により継続的に間接被害を把握し続けることが次第に困難となる。

　これに対してカウンターファクチュアルアプローチでは，以上の点を考慮した上で間接経済被害の推計を行うことができる。そのため，本章ではカウンターファクチュアルアプローチに基づき，東日本大震災による間接経済被害の定量化を試みる。次節では，推計する間接経済被害の対象について吟味する。

2.3　間接経済被害の推計対象

　これまでは大災害の発生直後から間接経済被害が発生し，時間と共にそれが消失していくと考えられてきた。高島・林（1999）は，被災地における経済活動の復興過程を，県内総生産の実測値とカウンターファクチュアル値の比率により表現している。これは，被災経験がない場合に実現していたと考えられる県内総生産のカウンターファクチュアル値が，被災経験を反映した県内総生産の実測値を上回って推移すると想定した上で，実測値がカウンターファクチュアル値に近づくほど復興が進んでいるとする考え方に基づいている。つまり，時間の経過と共にカウンターファクチュアル値と実測値の差が小さくなれば（間接経済被害が消失すれば），それだけ被災地経済の復興が進んでいると考える。

9）　ただし，東日本大震災ではアンケート調査により経済活動への影響を調査した研究も存在する。東北大学の地域産業復興調査研究プロジェクトでは同震災における被災企業に対してアンケート調査を行っている。この調査における調査票の回収率は約23.4％と高い水準であった。内容については西山他（2013）に詳しい。ただし，被災により廃業・倒産してしまった企業，あるいは亡くなってしまった人々に対して調査を行うことは不可能であるため，被害実態の過小評価の可能性については留意しておく必要がある。

しかし，実際の大災害においては，発災後に総生産の実測値が増加する場合がある (Hallegatte and Przyluski, 2010)。柄谷他 (2004) によれば，被災地の総生産の実測値には，①復興需要による増分，②人口減少による需要の低下，③資本滅失による生産能力の低下，といった複数の要因による影響が反映されているという。大災害後に被災地の総生産が増加するのは，復興需要が集中する期間に一時的に①による影響が②，③の影響を上回るためである。これは間接経済被害というより，むしろ復興需要による効果と見ることができる。

ところが，このような大災害直後に見られる総生産の増加は，被災地の復旧事業の終了とともに消失する場合がある。Fujiki and Hsiao (2013) は，阪神・淡路大震災において，1995年度から1997年度までは兵庫県の実質総生産の実測値がカウンターファクチュアル値を上回るものの，その後は実測値がカウンターファクチュアル値を下回る水準で推移することを明らかにしている。このことは林 (2005) が指摘するように，同震災における10年間の復興計画において，その事業予算の半分程度が震災発生時点の1994年度から1997年度までの間に計上されていることと整合的である。

つまり，災害直後に一時的に総生産の実測値がカウンターファクチュアル値を上回ったとしても，経済的復興が進んでいるとすぐに判断することはできない。被災地経済の復興を評価するためには，災害直後に見られる復旧需要による経済活性化の影響が消失した後も，間接経済被害が存在するのか，長期的に把握する必要がある。

さらに，復興の過程において，④被災企業による復旧投資，あるいは企業の退出や外部からの直接投資による産業構造の変化，が生じる可能性がある。さらに，こうした変化は，災害が起きなければ実施されなかったと考えられる政府の復興計画に基づく公共投資や金融支援，都市計画や規制緩和等により誘発される場合がある。中長期的に被災地の経済的復興を検証する場合，こうした影響も加味した分析が必要となる。

したがって，災害後の経済的復興の過程を検証する場合，①，②，③，④の影響が全て反映された被災地の県内総生産の実測値と，災害が発生しなかった

場合に実現していたと考えられる県内総生産のカウンターファクチュアル値との差分を取ることにより間接経済被害の定量化を行うことは目的に適っている。一時的な復旧需要に伴う経済活性化が収束した後，中長期的に見て被災地経済の実測値がカウンターファクチュアル値を上回って推移しているのか継続的に把握することが重要となる。そこで本章では Hsiao et al. (2012) の手法に基づき，東日本大震災による間接経済被害の定量化を行うこととする。次節では推定方法について説明する。

2.4 東日本大震災による間接経済被害の計測手法

東日本大震災が被災三県（岩手県，宮城県，福島県）の県内総生産に与えた影響を推定するに先立って，まず Hsiao et al. (2012) の手法による推定式を示す。

2.4.1 推定式

以下の推定式①を考える。y_{it} は，県内総生産（名目・実質）である。i は都道府県，t は年度を指す。$\underline{f_t}$ は都道府県の共通因子，$\underline{b}'_i$ は定数ベクトルを示す。α_i は都道府県に固有の固定効果，ε_{it} は誤差項であり，$E(\varepsilon_{it})=0$ である。

$$y_{it}=\alpha_i+\underline{b}'_i\underline{f_t}+\varepsilon_{it}, \quad i=1,...,N, \quad t=1,...,T. \qquad ①$$

Hsiao et al. (2012) によれば，大災害の被災地域における総生産のカウンターファクチュアル値は以下の式②で推定できる。y_{1t} は東日本大震災により被害を受けた岩手県，宮城県，福島県のいずれかの県内総生産を指す。$\tilde{y}_t$ は，東日本大震災による被害を受けていない都道府県の総生産である。東日本大震災の発生時点を T_1+1 とし，この時点以降に震災が発生しなかった場合に実現していたと考えられる被災三県の県内総生産（カウンターファクチュアル値）を y_{1t}^0 とする。

$$\hat{y}_{1t}^0 = E(y_{1t}^0 | \tilde{y}_t) = a + \underline{b}'\underline{\tilde{y}}_t, \quad t = T_1 + 1, \ldots, T. \qquad ②$$
$$\text{ただし、} \underline{\tilde{y}}_t = (y_{2t}, \ldots, y_{Nt})'$$

　Hsiao et al. (2012) は，a，$\underline{b}$ の推定に際して，震災発生前までの期間である $t = 1, \cdots, T_1$ において，最小二乗法により y_{1t} を $\underline{\tilde{y}}_t$ に含まれるいくつかの都道府県の県内総生産で回帰した係数を採用することを提案している。説明変数に採用する都道府県の数や組み合わせの選択においては，決定係数が最も高い組み合わせの中から AIC（赤池情報量基準），BIC（ベイズ情報量基準）を用いてモデル選択を行う方法を提案している。

　上記の方法で推計された $\hat{y}_{1t}^0$ と y_{1t} を用いて，各年度の東日本大震災による間接経済被害 $\hat{\Delta}_t$ を抽出する。計算方法は以下の式③の通りである。

$$\hat{\Delta}_t = y_{1t} - \hat{y}_{1t}^0 = y_{1t} - (\hat{a} + \hat{\underline{b}}'\underline{\tilde{y}}_t), \quad t = T_1 + 1, \ldots, T. \qquad ③$$

2.4.2　データ

　分析に用いたデータは，1975 年から 2015 年までの県内総生産（名目・実質）のデータである。以下では，データ作成の方法について説明する。

　内閣府によれば，長期にわたって一貫した県内総生産のデータは存在しない。その代わり，県民経済計算に以下の 6 つの系列が存在する。(1) 昭和 55 年基準（68SNA）昭和 30-49 年度（内閣府推計値），(2) 平成 2 年基準（68SNA）昭和 50 年度-平成 11 年度（都道府県・市作成値），(3) 平成 7 年基準（93SNA）平成 2-15 年度（都道府県・市作成値），(4) 平成 12 年基準（93SNA）平成 8-21 年度（都道府県・市作成値），(5) 平成 17 年基準（93SNA）平成 13-26 年度（都道府県・市作成値），(6) 平成 23 年基準（2008SNA）平成 18-27 年度（都道府県・市作成値）。このうち，内閣府が正式系列として採用している (2) から (6) のデータを用いて，1975 から 2015 年までの県内総生産（名目・実質）のパネルデータを作成する。

　県内総生産（名目）のデータを作成するにあたって，(2)，(3) の系列から

表 2-1 記述統計（単位：百万円）

変数名	サンプル数	平均値	標準偏差	最小値	最大値
北海道（名目）	41	16654357	4147469	6693363	20910766
青森県（名目）	41	3863174	973123	1586588	4827628
岩手県（名目）	41	3764292	1042019	1481898	4943358
宮城県（名目）	41	7146005	2092800	2554554	9481621
秋田県（名目）	41	3160710	742236	1406571	4097184
山形県（名目）	41	3525815	869931	1496769	4523946
福島県（名目）	41	6732050	1890215	2482033	8765214
茨城県（名目）	41	10045827	3071384	3203124	12992071
栃木県（名目）	41	7023683	1957287	2436892	9016319
群馬県（名目）	41	6634267	1908183	2162162	8666946
埼玉県（名目）	41	17041630	5582912	5113591	22332275
千葉県（名目）	41	16422844	5099794	5259525	20926325
東京都（名目）	41	81850817	25695396	27198549	106964406
神奈川県（名目）	41	28156982	7822945	9873502	35462013
新潟県（名目）	41	7634559	2057275	2996013	9739712
富山県（名目）	41	4006212	990490	1641344	5007449
石川県（名目）	41	3814580	1064614	1433219	4940073
福井県（名目）	41	2934469	788179	1100557	3707685
山梨県（名目）	41	2784692	841182	895872	3582001
長野県（名目）	41	7306122	2018768	2724054	9643078
岐阜県（名目）	41	6431108	1727268	2409281	7978373
静岡県（名目）	41	14330148	4010734	5125802	18008435
愛知県（名目）	41	29796914	9107787	10069976	40310324
三重県（名目）	41	6108062	1897789	2196905	8450857
滋賀県（名目）	41	4720182	1580937	1361133	6226826
京都府（名目）	41	8595334	2144320	3332414	10534640
大阪府（名目）	41	35130169	8219964	15393147	44130040
兵庫県（名目）	41	17752416	4442853	7189146	23219505
奈良県（名目）	41	3187064	930339	1086477	4156483
和歌山県（名目）	41	3135183	690150	1508249	3747835
鳥取県（名目）	41	1727752	442843	706628	2226806
島根県（名目）	41	2183552	578976	839090	2808730
岡山県（名目）	41	6492462	1716549	2571609	8218348
広島県（名目）	41	9761930	2352275	4254016	12181734
山口県（名目）	41	5135718	1236378	2255635	6227985
徳島県（名目）	41	2443312	663227	969269	3083714
香川県（名目）	41	3195159	835676	1311701	3988525
愛媛県（名目）	41	4290595	1066483	1810888	5480405
高知県（名目）	41	2146683	478396	965196	2718886
福岡県（名目）	41	15245061	3921308	6103199	18861095
佐賀県（名目）	41	2369823	618435	935866	3006188
長崎県（名目）	41	3714611	946143	1554259	4698034
熊本県（名目）	41	4617614	1238561	1736162	5708421
大分県（名目）	41	3689121	1002975	1344639	4754453
宮崎県（名目）	41	2887130	774446	1101169	3633860
鹿児島県（名目）	41	4503092	1192497	1680843	5736914
沖縄県（名目）	41	2974634	950711	977956	4141564

(続き)

変数名	サンプル数	平均値	標準偏差	最小値	最大値
北海道（実質）	41	16490819	2770570	9974114	19329464
青森県（実質）	41	3840041	644250	2581847	4641984
岩手県（実質）	41	3604062	720981	2272995	4548440
宮城県（実質）	41	6888285	1565864	3909403	9264192
秋田県（実質）	41	2864615	485575	2013853	3472396
山形県（実質）	41	3038307	616377	1945869	3939557
福島県（実質）	36	6507337	1121736	4128285	7687003
茨城県（実質）	41	9489713	2451858	4546794	12408227
栃木県（実質）	41	6539768	1577002	3260680	8649117
群馬県（実質）	41	5992299	1492582	2983068	8244437
埼玉県（実質）	39	16755560	4123497	8109535	21745780
千葉県（実質）	41	15482428	4130090	7250624	20027042
東京都（実質）	41	78101706	21448092	38786455	103572241
神奈川県（実質）	41	26495161	5949741	13649548	33995116
新潟県（実質）	41	7315917	1483337	4290089	8794196
富山県（実質）	41	3747321	758234	2212950	4543453
石川県（実質）	41	3587967	793347	2009675	4437045
福井県（実質）	41	2823354	551297	1626495	3440553
山梨県（実質）	41	2671709	623100	1397371	3284026
長野県（実質）	41	6438901	1590281	3233378	8329793
岐阜県（実質）	41	6078800	1313937	3360367	7580203
静岡県（実質）	41	13550213	3159771	7339511	17202268
愛知県（実質）	41	27754032	7748729	12789804	38453488
三重県（実質）	41	5585532	1568429	2920861	7963450
滋賀県（実質）	41	4263780	1392202	1699964	5935574
京都府（実質）	41	8163515	1558683	4741969	10186001
大阪府（実質）	41	33841902	5670704	21512086	38999221
兵庫県（実質）	41	16801949	3090655	10019536	20087275
奈良県（実質）	41	2940861	735325	1457961	3686009
和歌山県（実質）	41	3329727	296206	2645444	3730629
鳥取県（実質）	41	1592512	290560	974464	1941150
島根県（実質）	41	2102944	399773	1306189	2532786
岡山県（実質）	31	6779060	594606	5284070	7749221
広島県（実質）	41	9200791	1790171	5414726	11590217
山口県（実質）	41	4949432	994005	2977227	6131989
徳島県（実質）	41	2362313	511973	1416550	2995464
香川県（実質）	41	3109087	628779	1861182	3764322
愛媛県（実質）	41	4100913	803602	2450414	4932910
高知県（実質）	41	2102739	281656	1434907	2457572
福岡県（実質）	41	14915776	2865032	9026647	18177687
佐賀県（実質）	41	2317142	427095	1426732	2845866
長崎県（実質）	41	3538763	654651	2194713	4236155
熊本県（実質）	41	4499671	899518	2493379	5468095
大分県（実質）	41	3528131	691594	2019661	4267754
宮崎県（実質）	41	2816198	557556	1681564	3537773
鹿児島県（実質）	41	4312927	892361	2435716	5494326
沖縄県（実質）	35	3149901	542907	2042439	4030839

県内総支出を，(4)，(5)，(6) から県内総生産のデータを採用する。ただし，(2) から (6) の各系列は，SNA のバージョンや基準年が異なる。そこで，以下の方法により補正を行う。(a) 県内総生産のデータを参照する際，新しい系列のデータが遡ることができる最も古い時点まで参照する，(b) 新しい系列では遡れない時点のデータは，そのひとつ前の旧系列の公表データを同様に参照する，(c) 新系列と旧系列のデータを接続するにあたって，新系列が遡ることができる最も古い時点の値と，同時点の旧系列の値との比率を計算し，これを旧系列のデータ全てに遡及適応する。

なお，県内総生産（実質）の作成にあたっては，県民経済計算から系列 (2)，(3)，(4)，(5) は固定基準年方式，(6) は連鎖方式による実質県内総生産の値を参照した。また，系列間の調整においては，県内総生産（名目）の作成と同様に，(a)，(b)，(c) の方法を採用した。推定で使用したデータの記述統計は表 3-1 に掲載している。次節では推定結果について述べる。

2.5 東日本大震災の間接経済被害の分析結果

2.5.1 被災三県の県内総生産の推定結果

被災三県（岩手県，宮城県，福島県）の県内総生産（名目・実質）を非被災三県の県内総生産により推定した結果は表 2-2，2-3 の通りである。なお，推定にあたっては，(A) 東日本大震災の発生以降，全国の原子力発電所が停止することとなり震災に起因する経済的影響が現れている県が存在すると考えられることから[10]，原発立地県である北海道，青森県，茨城県，新潟県，石川県，福井県，静岡県，島根県，愛媛県，佐賀県，鹿児島県のデータは推定に使用しないこととした。さらに，(B) 公式統計において，埼玉県（1975–76 年度），岡山県（1975–84 年度）の実質県内総生産のデータが欠損値となっているため説

---

10) 2012 年 5 月 5 日，北海道泊原発が定期検査に伴い停止されたことで，1970 年以来 42 年ぶりに国内の全原発が停止することとなった。（出典：日本経済新聞「国内原発 5 日に全て停止　42 年ぶり，泊 3 号機検査入り」2012 年 5 月 4 日）

表 2-2　推計結果（1）

被説明変数	岩手県（名目）		宮城県（名目）		福島県（名目）	
説明変数	秋田県	0.537***	秋田県	0.520**	山形県	1.295***
	（名目）	(0.115)	（名目）	(0.210)	（名目）	(0.171)
	山形県	0.743***	山形県	1.118***	埼玉県	0.131***
	（名目）	(0.083)	（名目）	(0.218)	（名目）	(0.035)
	埼玉県	0.148***	群馬県	-0.204**	岐阜県	-0.513**
	（名目）	(0.023)	（名目）	(0.079)	（名目）	(0.191)
	愛知県	-0.025*	埼玉県	0.227***	兵庫県	0.057**
	（名目）	(0.013)	（名目）	(0.043)	（名目）	(0.025)
	三重県	-0.096	東京都	-0.014*	鳥取県	0.495
	（名目）	(0.056)	（名目）	(0.007)	（名目）	(0.323)
	滋賀県	0.231***	長野県	0.150*	岡山県	0.243**
	（名目）	(0.078)	（名目）	(0.085)	（名目）	(0.099)
	京都府	-0.114***	三重県	-0.332***	広島県	-0.260***
	（名目）	(0.027)	（名目）	(0.061)	（名目）	(0.075)
	大阪府	-0.090***	滋賀県	0.396**	徳島県	0.331
	（名目）	(0.012)	（名目）	(0.144)	（名目）	(0.232)
	兵庫県	0.024	京都府	-0.215***	福岡県	0.109**
	（名目）	(0.017)	（名目）	(0.061)	（名目）	(0.048)
	高知県	0.373**	兵庫県	-0.042	熊本県	0.671***
	（名目）	(0.161)	（名目）	(0.031)	（名目）	(0.192)
	宮崎県	0.370***	和歌山県	0.199	宮崎県	-1.032***
	（名目）	(0.118)	（名目）	(0.151)	（名目）	(0.357)
	沖縄県	-0.425***	沖縄県	0.408**		
	（名目）	(0.111)	（名目）	(0.179)		
	定数項	237320.500***	定数項	-33855.730	定数項	-209467.800
		(71933.540)		(133868.800)		(173798.000)
自由度調整済み決定係数		0.999		1.000		0.999
BIC		840.449		884.660		896.143
N		35		35		35

※：***：有意水準 1% で有意，**：有意水準 5% で有意，*：有意水準 10% で有意。

明変数に用いないこととした。なお，説明変数の選択の際には，Hsiao et al.（2012）にならい，自由度調整済み決定係数や BIC の値を考慮した。さらに，東日本大震災は 2010 年度内の 2011 年 3 月 11 日に発生しているため，推

表 2-3 推計結果 (2)

被説明変数	岩手県（実質）		宮城県（実質）		福島県（実質）	
説明変数	山形県（実質）	0.237** (0.092)	群馬県（実質）	0.231* (0.121)	東京都（実質）	0.030*** (0.008)
	千葉県（実質）	0.148*** (0.025)	東京都（実質）	0.023*** (0.006)	長野県（実質）	0.290*** (0.100)
	長野県（実質）	0.203*** (0.049)	富山県（実質）	0.727*** (0.193)	愛知県（実質）	0.057** (0.021)
	滋賀県（実質）	-0.236*** (0.049)	山梨県（実質）	0.474** (0.180)	滋賀県（実質）	0.413*** (0.140)
	京都府（実質）	-0.095** (0.038)	愛知県（実質）	-0.107*** (0.022)	京都府（実質）	-0.314*** (0.094)
	大阪府（実質）	-0.034*** (0.007)	滋賀県（実質）	0.200* (0.103)	兵庫県（実質）	0.148*** (0.021)
	鳥取県（実質）	0.784*** (0.162)	大阪府（実質）	0.033** (0.013)	和歌山県（実質）	-0.399** (0.190)
	長崎県（実質）	0.238** (0.098)	兵庫県（実質）	-0.152*** (0.036)	徳島県（実質）	-1.459*** (0.297)
	熊本県（実質）	-0.468*** (0.083)	和歌山県（実質）	0.347** (0.137)	高知県（実質）	2.499*** (0.273)
	大分県（実質）	0.439*** (0.054)	鳥取県（実質）	1.481*** (0.461)	熊本県（実質）	-0.545*** (0.185)
			広島県（実質）	0.193** (0.081)		
			香川県（実質）	0.849*** (0.178)		
			高知県（実質）	0.938*** (0.328)		
			熊本県（実質）	-0.540*** (0.126)		
			大分県（実質）	-0.391** (0.139)		
			宮崎県（実質）	-0.524* (0.290)		
	定数項	651247.800*** (192909.500)	定数項	-1440653.000*** (281214.900)	定数項	641071.300 (600645.800)
自由度調整済み決定係数		0.998		0.999		0.998
BIC		841.512		878.017		765.203
N		35		35		30

※***：有意水準1%で有意，**：有意水準5%で有意，*：有意水準10%で有意。

定は 1975-2009 年度のデータを使用して行った[11]。次では，得られた推定結果を基に，2010-15 年度の説明変数に用いた都道府県の県内総生産のデータを代入して，被災三県の県内総生産のカウンターファクチュアル値を推計する。

2.5.2 被災三県の県内総生産カウンターファクチュアル値と間接経済被害の推移

表 2-2, 2-3 の結果を基に，被災三県の県内総生産（名目・実質）のカウンターファクチュアル値を推計した結果が表 2-4, 2-5 および図 2-1 から図 2-6 である。まず，県内総生産（名目）について見てみると，被災三県のいずれにおいても東日本大震災発生後の 2010-11 年度の実測値がカウンターファクチュアル値を下回っていることが分かった。同年度の実測値とカウンターファクチュアル値の差分を実測値で除した乖離率を見ると，岩手県は －4.5%（2010 年度），－1.9%（2011 年度），宮城県は －0.7%（2010 年度），－4.5%（2011 年度），福島県は －5.6%（2010 年度），－14.6%（2011 年度）[12] となっている。震災による経済活動への影響の大きさがうかがえる。

しかし，2012 年度以降は，岩手県，宮城県では県内総生産の実測値がカウンターファクチュアル値を上回っていることが分かる。同様に乖離率を見ると，岩手県は ＋4.9%（2012 年度），＋5.4%（2013 年度），＋10.5%（2014 年度），＋10.7%（2015 年度），宮城県は ＋7.2%（2012 年度），＋8.1%（2013 年度），＋12.8%（2014 年度），＋13.4%（2015 年度）となっている。社会資本の復旧や住宅再建等に伴う建設工事の増加といった一連の復興需要による経済活動への影響がうかがえる。なお，福島県では，－7.0%（2012 年度），－4.1%（2013 年

---

11) 福島県については，県内総生産（実質）のデータに欠損値があるため，1980-2009 年度のデータを用いて推定を行っている。
12) 増田・和田（2014）によれば，原発事故が福島県に及ぼした経済波及効果は合計で約 1.1 兆円，名目県内総生産の増減率で約 －8.1% としているが，この試算は観光業に主に焦点を当てているため，実際の波及効果はこれよりも大きい可能性があることを指摘している。本章の分析はこの推測を裏付けるものと言える。

表 2-4　県内総生産（名目）のカウンターファクチュアル値と実測値（単位：百万円，%）

年度	岩手県 実測値	岩手県 CF 値	岩手県 乖離率	宮城県 実測値	宮城県 CF 値	宮城県 乖離率	福島県 実測値	福島県 CF 値	福島県 乖離率
1975	1,481,898	1,474,675	0.5	2,554,554	2,596,198	-1.6	2,482,033	2,454,989	1.1
1976	1,621,087	1,614,006	0.4	2,839,378	2,804,786	1.2	2,723,651	2,744,419	-0.8
1977	1,835,985	1,839,117	-0.2	3,182,759	3,189,351	-0.2	3,044,661	3,072,117	-0.9
1978	2,042,989	2,032,692	0.5	3,550,976	3,515,058	1.0	3,415,135	3,403,451	0.3
1979	2,212,490	2,212,461	0.0	3,774,602	3,788,709	-0.4	3,745,217	3,821,317	-2.0
1980	2,298,082	2,286,487	0.5	4,100,433	4,149,018	-1.2	4,102,318	4,095,741	0.2
1981	2,413,831	2,405,598	0.3	4,428,425	4,412,367	0.4	4,348,996	4,358,321	-0.2
1982	2,478,020	2,520,373	-1.7	4,706,122	4,691,261	0.3	4,587,731	4,537,137	1.1
1983	2,584,628	2,579,391	0.2	4,919,685	4,838,399	1.7	4,800,302	4,763,874	0.8
1984	2,803,572	2,803,992	0.0	5,173,144	5,197,163	-0.5	5,171,324	5,109,978	1.2
1985	2,957,088	2,986,950	-1.0	5,568,657	5,607,938	-0.7	5,444,995	5,440,695	0.1
1986	3,066,052	3,059,018	0.2	5,846,545	5,833,113	0.2	5,694,429	5,673,503	0.4
1987	3,275,013	3,228,122	1.4	6,144,767	6,115,056	0.5	5,924,273	5,930,306	-0.1
1988	3,355,489	3,401,463	-1.4	6,479,004	6,545,940	-1.0	6,300,214	6,406,836	-1.7
1989	3,656,203	3,675,084	-0.5	7,005,159	7,004,260	0.0	6,853,649	6,781,891	1.0
1990	3,895,771	3,884,394	0.3	7,587,856	7,643,737	-0.7	7,274,783	7,376,650	-1.4
1991	4,105,613	4,072,058	0.8	8,101,443	8,031,981	0.9	7,863,390	7,827,851	0.5
1992	4,219,446	4,234,846	-0.4	8,311,543	8,304,192	0.1	8,024,396	7,967,102	0.7
1993	4,352,985	4,355,081	0.0	8,364,302	8,371,839	-0.1	7,956,989	7,991,972	-0.4
1994	4,605,652	4,635,380	-0.6	8,598,064	8,572,568	0.3	8,303,424	8,282,909	0.2
1995	4,674,798	4,644,095	0.7	8,641,416	8,672,230	-0.4	8,435,462	8,487,044	-0.6
1996	4,822,189	4,812,845	0.2	9,007,958	9,079,236	-0.8	8,748,075	8,739,174	0.1
1997	4,812,652	4,840,695	-0.6	9,136,560	9,057,010	0.9	8,765,214	8,711,933	0.6
1998	4,817,739	4,808,460	0.2	9,009,937	9,009,785	0.0	8,647,346	8,660,837	-0.2
1999	4,846,629	4,839,317	0.2	9,064,426	9,040,017	0.3	8,610,947	8,537,561	0.9
2000	4,943,358	4,925,325	0.4	9,175,140	9,174,223	0.0	8,692,878	8,724,532	-0.4
2001	4,624,567	4,638,459	-0.3	8,900,998	8,912,885	-0.1	8,328,425	8,368,451	-0.5
2002	4,577,173	4,573,287	0.1	8,670,878	8,725,847	-0.6	8,136,293	8,171,831	-0.4
2003	4,529,416	4,518,113	0.2	8,618,629	8,578,721	0.5	7,895,009	7,947,066	-0.7
2004	4,525,655	4,537,364	-0.3	8,581,609	8,600,724	-0.2	8,212,971	8,191,152	0.3
2005	4,417,636	4,388,556	0.7	8,540,786	8,509,691	0.4	8,167,938	8,083,381	1.0
2006	4,461,740	4,479,255	-0.4	8,595,616	8,564,222	0.4	8,299,966	8,293,417	0.1
2007	4,413,025	4,423,141	-0.2	8,373,902	8,413,139	-0.5	8,162,864	8,224,994	-0.8
2008	4,187,912	4,172,328	0.4	8,021,486	8,018,607	0.0	7,654,382	7,621,514	0.4
2009	4,083,059	4,097,033	-0.3	7,823,443	7,831,067	-0.1	7,292,956	7,308,751	-0.2
2010	4,039,940	4,221,687	-4.5	7,881,369	7,940,097	-0.7	7,181,542	7,580,506	-5.6
2011	4,108,043	4,185,791	-1.9	7,751,064	8,097,546	-4.5	6,588,198	7,548,837	-14.6
2012	4,308,017	4,097,062	4.9	8,493,773	7,882,621	7.2	7,045,248	7,541,599	-7.0
2013	4,510,106	4,267,672	5.4	8,794,098	8,081,317	8.1	7,501,909	7,807,031	-4.1
2014	4,647,503	4,160,219	10.5	9,184,061	8,012,161	12.8	7,760,975	7,623,119	1.8
2015	4,722,913	4,216,098	10.7	9,481,621	8,210,355	13.4	7,823,559	7,843,025	-0.2

第 2 章　東日本大震災による間接経済被害の推計

表 2-5　県内総生産（実質）のカウンターファクチュアル値と実測値（単位：百万円，%）

年度	岩手県実測値	岩手県CF値	岩手県乖離率	宮城県実測値	宮城県CF値	宮城県乖離率	福島県実測値	福島県CF値	福島県乖離率
1975	2,272,995	2,261,290	0.5	3,909,403	3,909,528	0.0	—	—	—
1976	2,282,904	2,305,620	-1.0	3,927,594	3,940,932	-0.3	—	—	—
1977	2,399,486	2,407,203	-0.3	4,114,160	4,133,076	-0.5	—	—	—
1978	2,482,943	2,472,788	0.4	4,403,912	4,365,909	0.9	—	—	—
1979	2,621,170	2,587,801	1.3	4,530,248	4,506,790	0.5	—	—	—
1980	2,654,932	2,626,673	1.1	4,600,477	4,610,449	-0.2	4,128,285	4,080,220	1.2
1981	2,665,687	2,687,798	-0.8	4,782,331	4,832,264	-1.0	4,204,556	4,233,436	-0.7
1982	2,677,718	2,699,355	-0.8	4,967,339	4,973,388	-0.1	4,390,636	4,358,243	0.7
1983	2,711,447	2,712,163	0.0	5,089,707	5,049,872	0.8	4,460,296	4,504,719	-1.0
1984	2,813,737	2,807,994	0.2	5,199,025	5,182,383	0.3	4,648,609	4,625,765	0.5
1985	2,889,918	2,883,568	0.2	5,474,420	5,467,394	0.1	4,822,086	4,823,980	0.0
1986	2,925,698	2,952,487	-0.9	5,689,674	5,708,853	-0.3	5,060,429	5,058,269	0.0
1987	3,124,899	3,101,442	0.8	5,988,192	5,940,475	0.8	5,274,951	5,286,480	-0.2
1988	3,181,159	3,185,508	-0.1	6,260,729	6,328,917	-1.1	5,642,446	5,735,239	-1.6
1989	3,397,259	3,424,343	-0.8	6,598,270	6,626,226	-0.4	6,032,136	5,996,908	0.6
1990	3,534,635	3,557,983	-0.7	6,973,733	6,974,334	0.0	6,259,962	6,313,976	-0.9
1991	3,611,706	3,592,661	0.5	7,246,701	7,242,907	0.1	6,634,323	6,552,898	1.2
1992	3,656,404	3,634,650	0.6	7,325,411	7,271,772	0.7	6,722,495	6,621,783	1.5
1993	3,740,304	3,789,909	-1.3	7,359,313	7,363,992	-0.1	6,661,902	6,743,523	-1.2
1994	3,953,812	3,929,619	0.6	7,526,010	7,544,948	-0.3	6,933,526	6,923,931	0.1
1995	4,038,010	4,013,295	0.6	7,638,050	7,624,528	0.2	7,096,306	7,135,675	-0.6
1996	4,135,077	4,081,521	1.3	7,907,816	7,968,075	-0.8	7,276,691	7,256,920	0.3
1997	4,091,817	4,123,519	-0.8	7,894,071	7,842,426	0.7	7,210,562	7,229,973	-0.3
1998	4,119,725	4,153,006	-0.8	7,801,772	7,807,081	-0.1	7,136,023	7,096,971	0.5
1999	4,210,532	4,209,107	0.0	7,964,388	7,964,470	0.0	7,212,443	7,192,019	0.3
2000	4,340,832	4,305,070	0.8	8,133,329	8,126,565	0.1	7,401,291	7,358,591	0.6
2001	4,115,416	4,136,468	-0.5	7,997,097	7,994,485	0.0	7,179,995	7,209,521	-0.4
2002	4,131,971	4,132,208	0.0	7,917,586	7,906,328	0.1	7,137,020	7,207,895	-1.0
2003	4,139,097	4,147,783	-0.2	7,956,537	7,964,100	-0.1	6,946,860	6,975,772	-0.4
2004	4,189,913	4,207,180	-0.4	7,992,322	8,026,566	-0.4	7,353,689	7,300,824	0.7
2005	4,150,892	4,143,471	0.2	8,142,770	8,139,922	0.0	7,493,300	7,469,782	0.3
2006	4,241,939	4,243,460	0.0	8,255,297	8,211,841	0.5	7,687,003	7,706,577	-0.3
2007	4,239,868	4,251,874	-0.3	8,088,269	8,105,357	-0.2	7,665,126	7,681,179	-0.2
2008	4,054,877	4,034,219	0.5	7,772,737	7,778,745	-0.1	7,297,035	7,279,521	0.2
2009	3,984,129	3,979,884	0.1	7,658,233	7,651,984	0.1	7,017,620	7,026,944	-0.1
2010	3,986,334	3,989,131	-0.1	7,784,913	7,793,122	-0.1	7,051,112	7,158,023	-1.5
2011	4,106,980	3,997,065	2.7	7,750,981	7,987,512	-3.1	6,592,552	7,206,773	-9.3
2012	4,298,939	3,982,034	7.4	8,552,824	7,629,482	10.8	7,051,335	7,168,630	-1.7
2013	4,495,611	4,245,063	5.6	8,882,819	7,699,172	13.3	7,493,864	7,536,369	-0.6
2014	4,548,440	4,113,732	9.6	9,097,030	7,611,745	16.3	7,589,360	7,478,322	1.5
2015	4,547,322	4,169,427	8.3	9,264,192	7,847,292	15.3	7,498,311	7,730,639	-3.1

注：1975-79 年の福島県の県内総生産（実質）のデータは存在しない。

図 2-1　岩手県（名目）CF 値および実測値

図 2-2　宮城県（名目）CF 値および実測値

図 2-3　福島県（名目）CF 値および実測値

第 2 章　東日本大震災による間接経済被害の推計　　　69

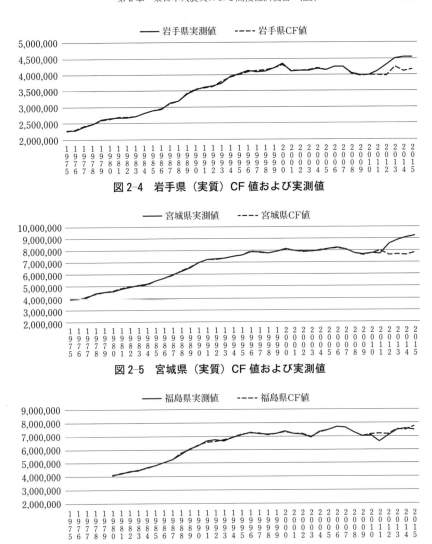

図 2-4　岩手県（実質）CF 値および実測値

図 2-5　宮城県（実質）CF 値および実測値

図 2-6　福島県（実質）CF 値および実測値

注：1975-79 年の福島県の県内総生産（実質）のデータは存在しない。

度），+1.8%（2014年度），-0.2%（2015年度）と実測値がカウンターファクチュアル値を下回る傾向が続いている。これは福島第一原発事故に伴う放射性物質の飛散の影響により復興関連事業の推進が難しい状況が続いていることが背景にあると考えられる。

　県内総生産（実質）についても基本的な傾向は県内総生産（名目）の分析結果と同様であった。岩手県では，震災が発生した2010年度（-0.1%）は実測値がカウンターファクチュアル値を下回るものの，11年度（+2.7%），12年度（+7.4%），13年度（+5.6%），14年度（+9.6%），15年度（+8.3%）は実測値がカウンターファクチュアル値を上回っている。宮城県では，震災が発生した2010年度（-0.1%）と2011年度（-3.1%）は実測値がカウンターファクチュアル値を下回ったが，12年度（+10.8%），13年度（+13.3%），14年度（+16.3%），15年度（+15.3%）は実測値がカウンターファクチュアル値を大幅に上回る結果となった。福島県では，2010年度（-1.5%），2011年度（-9.3%），12年度（-1.7%），13年度（-0.6%），14年度（+1.5%），15年度（-3.1%）と，2014年度を除けば実測値がカウンターファクチュアル値を下回っていることが分かった。

　分析の結果，2010年度から2015年度にかけて，震災の発生直後を除けば，岩手県，宮城県の県内総生産は実測値がカウンターファクチュアル値を上回っていることが確認された。これは復興需要や産業構造の変化による影響が間接経済被害の影響を上回っているためであると考えられる。他方，福島県では，その差は縮まりつつあるものの，ほとんどの年で実測値がカウンターファクチュアル値を下回っている。福島第一原発事故の影響等により復興を十分に進めることができないため，間接経済被害の影響が復興需要による影響を上回っていると考えられる。

　これらの結果から被災地の経済的復興は進んでいると考えて良いのだろうか。この点を考えるためには以下の二点に注意する必要がある。第一に，経済的復興の追求のためには持続的な経済発展が必要となる。名目と実質の両方で，震災前後を通じて被災三県の県内総生産のカウンターファクチュアル値はおおよ

そ横ばいである。例えば，福島県において，今後，このような被災地経済の低成長シナリオに県内総生産の実測値が追いついたとしても，被災地経済が十分に活力を取り戻し，被災者が雇用機会の拡大や賃金の上昇といった恩恵に与ることができる状況に近づくとは言えない。被災地の経済的復興が進むためには持続的な経済発展を実現できるかどうかが問題となる。

第二に，被災三県の県内総生産の実測値が今後も継続的にそのカウンターファクチュアル値を上回るかが焦点となる。宮城県や岩手県において見られる県内総生産の実測値の上昇には，一時的な復旧需要による影響が反映されている可能性がある。仮に，復旧需要による経済活動への影響が剝落し実測値がカウンターファクチュアル値を下回る状況になれば，被災地経済の復興が順調に進んでいるとは言えない。経済的復興を考える上で，今後も県内総生産の実測値がカウンターファクチュアル値を上回って推移するかが問題となる。次節では，こうした被災三県の経済動向の背景について，マクロ経済統計の観察を基に考察する。

2.6 東日本大震災発生後の被災三県における経済動向

2.6.1 経済統計から見る被災三県の動向

ここでは震災発生から近年までの被災三県の経済動向についてマクロ経済統計を基に考察する[13]。

第一に，被災三県の生産動向について鉱工業生産指数を基に観察する（図2-7）。鉱工業生産指数は三県のいずれにおいても震災時点の2011年第1四半期に大きな指数の落ち込みが認められる。特に，宮城県の落ち込みが激しく，同年第2四半期には鉱工業指数は約100から約60程度まで急落している。その後，三県ともに2012年第1四半期にかけて指数の落ち込みが回復して以降は，

---

[13] 被災三県の経済的状況の観察を行ったとして総合研究開発機構（2013）が挙げることができるが，2013年7月以降進展が見られない。被災地の復興状況をモニタリングすることは，復興の進捗や政策効果を判断する上で重要である。

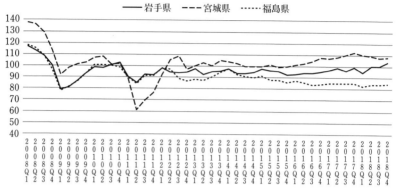

図2-7 岩手県，宮城県，福島県の鉱工業生産指数の推移（季調済，H22=100，宮城県のみ H27=100）
出典：岩手県鉱工業生産指数，宮城県鉱工業生産指数年報，福島県鉱工業指数年報

2018年第4四半期にかけて岩手県の鉱工業生産指数は概ね横ばい，宮城県は2015年までは横ばい傾向も近年上昇傾向，福島県は2014年第1四半期にかけて高まりを見せた後，衰退傾向が続く結果となっている。

　第二に，被災地の需要動向を見るために，大型小売店販売額の四半期データを観察する（図2-8）。被災三県の大型小売店販売額は2011年第1四半期に最大で1割程度の落ち込みを見せるものの，2011年度第3四半期までには震災前の水準を回復し，それ以降は横ばいで推移している。その後，宮城県，福島県の販売額は震災前よりも高い水準で推移している。一方で，岩手県の販売額は震災前と同程度の水準となっている。なお，被災三県のいずれにおいても2014年第1四半期の前年比伸び率が高くなっているのは同年4月からの消費増税を見越した駆け込み需要の影響と考えられる。

　第三に，震災発生以降，被災三県では建設工事額が急激に増加してきている（図2-9）。岩手県は2012年第1四半期以降，宮城県は2011年第3四半期以降，福島県は2011年第4四半期以降，建設工事額の前年比伸び率が大幅なプラスとなっている。建設工事の増加傾向は，岩手県，福島県では2015年第3四半期まで，宮城県では2016年第1四半期まで維持されており，その後の伸び率

第 2 章　東日本大震災による間接経済被害の推計

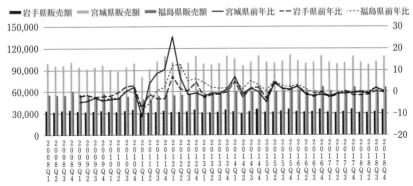

図 2-8　岩手県，宮城県，福島県の大型小売店販売額の推移（単位：左軸（百万円，リンク係数 14) を乗じて修正），右軸（％，前年同期比））
出典：経済産業省東北経済産業局「東北地域百貨店・スーパー販売額動向」

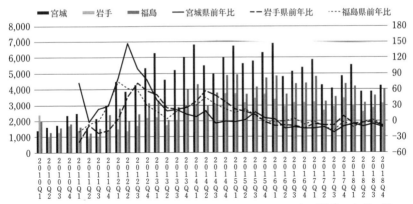

図 2-9　岩手県，宮城県，福島県の建設工事額 15) の推移（単位：左軸（億円），右軸（％，前年同期比））
出典：国土交通省「建設総合統計」

---

14)　2015 年 7 月分から家電大型専門店，ドラッグストア，ホームセンターとの重複是正を行ったため，2015 年 6 月分以前の月間販売額などとの間に不連続が生じている。したがって，2015 年 6 月分以前の月間販売額などにリンク係数を乗じた値を用いて 2015 年 7 月分以降の販売額と接続している。

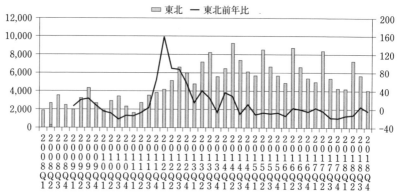

図 2-10 東北地域の公共工事受注額の推移（単位：左軸（百万円），右軸（％，前年同期比））

出典：東日本建設業保証株式会社「公共工事前払保証統計」

は被災三県ともマイナスが続いている。

　このような建設工事の大幅な増加の背景には，復旧需要に伴う公共工事と住宅建設の増加が挙げられる。2011年第3四半期から2014年第4四半期頃にかけて，公共工事受注額の前年比伸び率はプラスとなっている（図2-10）。その後受注額は震災前より高い水準を維持しているものの，2014年第4四半期以降は伸び率がマイナスとなっている。住宅着工戸数は，2011年第3四半期以降，被災三県のいずれにおいても前年比伸び率が大幅プラスとなっている（図2-11）。2014年第1四半期以降は各県の伸び率が概ねマイナスとなっているものの，住宅着工戸数は近年に至るまで高い水準で推移している。

　第四に，貿易動向について各県の輸出額の推移を観察する。いずれの県も震災により2011年に輸出額が大きく落ち込む様子が見られる（図2-12）。その後，岩手県では2014年に震災前の水準を超えるところまで持ち直しているものの，2015年以降は横ばいである。宮城県については2011年の一時期の落ち込みか

---

15) 2010年3月以前は都道府県別の建設工事額を参照することができない。また，2017年度以降は新推計に基づくデータが報告されているため，同年度の新推計と旧推計の比率を取り，これを過去のデータに乗じて遡及改定している。

第2章 東日本大震災による間接経済被害の推計　　75

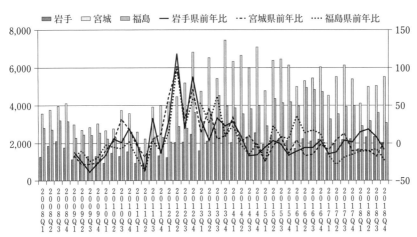

図 2-11　岩手県，宮城県，福島県の新設住宅着工数の推移（単位：左軸（戸数），右軸（％，前年同期比））

出典：国土交通省「住宅着工統計」

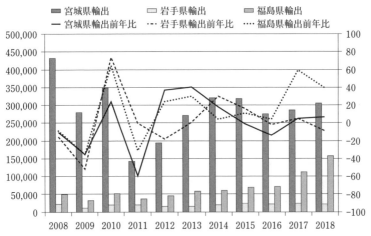

図 2-12　被災三県の輸出額の推移（単位：左軸（百万円），右軸（％，前年比），暦年）

出典：横浜税関「宮城県の貿易概況」「福島県の貿易概況」，JETRO 盛岡「岩手の貿易」

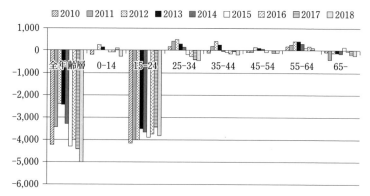

図 2-13　年別に見る岩手県の人口流出入（人）
出典：住民基本台帳人口移動報告（年報）
注：上記データは各年の1月から12月にかけての人口の社会増減を示している。

らは回復が見られるものの，2018年に至っても震災前の水準を超えるには至っていない。福島県は2013年に震災前の水準を回復して以降，現在に至るまで輸出額の増加が続いており，特に2017年以降は大幅に増加してきている。これは航空機のエンジン部品といった原動機や医薬品の生産好調がその要因であるという[16]。

　第五に，被災三県の人口動態について社会増減の観点から見ていく。岩手県は震災前から近年に至るまで人口流出の傾向に大きな変化はない（図2-13）。期間を通して15～24歳の就学層の流出が人口流出の主たる要因である。なお，震災発生直後の2011年，2012年はむしろ流出傾向が減速している。これは，25～64歳の生産年齢人口の流入が若干増加しているためである。ただし，2013年以降はこうした人口の流入傾向が収束したため，2018年にかけて再び人口流出の傾向が強まっている。

　宮城県では2011年に大幅な流出超過が認められる（図2-14）。主に，15～34歳の就学層から若年労働者層に当たる人々の流出超過が要因である。しかし，

16）　出典：日本経済新聞「被災3県17年の輸出額，震災前を上回る」2018年3月6日

第 2 章　東日本大震災による間接経済被害の推計　　　　　　　　　　77

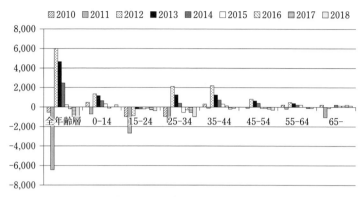

図 2-14　年別に見る宮城県の人口流出入（人）

出典：住民基本台帳人口移動報告（年報）
注：上記データは各年の 1 月から 12 月にかけての人口の社会増減を示している。

　2012 年には，一転，人口動態は大幅な流入超過となっている。この内訳を見ると，15〜24 歳の就学層は依然として流出超過だが，0〜14 歳および 25〜64 歳の生産年齢層が流入超過となった。岩手県と同様に近隣の被災地域からの人口流入が起きている可能性がある。その後，流入超過のトレンドは 2015 年にかけて収束し，2016 年には再び流出超過へと転じた。さらに，流出超過のトレンドは 2018 年にかけて徐々に加速している。

　福島県では震災直後の 2011 年に全ての年齢層で大幅な人口流出が認められる（図 2-15）。特に 0〜14 歳の流出が著しい。福島第一原発事故の影響によるものと考えられる。2013 年度以降は震災後のような流出超過の傾向は見られないものの，2018 年時点でも人口流出が続いており，その規模は岩手県，宮城県よりも深刻である。

　第六に，地域経済の動向を資金供給の面から見るために被災三県の預貸比率を観察する。2011 年第 2 四半期以降，岩手県では預金が大きく増加しており，結果として預貸比率が急減している。この間，貸出金の増加も見られるが，相対的に預金増加のペースの方が早かったため預貸比率の水準は震災前の水準を回復できていない（図 2-16）。宮城県も 2011 年度第 2 四半期以降，預金増加に

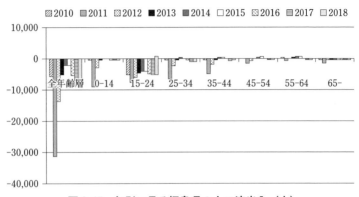

図 2-15　年別に見る福島県の人口流出入（人）

出典：住民基本台帳人口移動報告（年報）
注：上記データは各年の1月から12月にかけての人口の社会増減を示している。

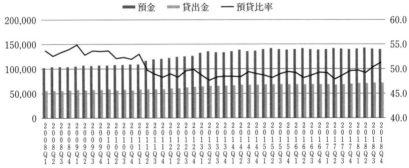

図 2-16　岩手県の預金合計と貸出金の推移（単位：左軸（億円），右軸（％，前年同期比））

出典：日本銀行「預金・貸出関連統計」

伴って預貸比率が大きく低下している（図 2-17）。ただし，近年は貸出金も増加傾向にあることから預貸比率は上昇してきており，2018 年には預貸比率が震災前の水準を回復している。福島県は 2011 年度第 2 四半期以降の預金増加が著しいこともあり，預貸比率は低迷が続いている（図 2-18）。これら被災三県における預金の増加の背景には，地震保険等の損害保険金や福島第一原発事

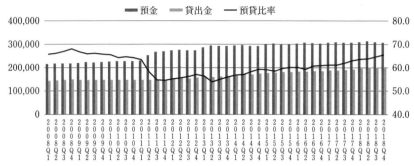

図 2-17 宮城県の預金合計と貸出金の推移（単位：左軸（億円），右軸（％，前年同期比））

出典：日本銀行「預金・貸出関連統計」

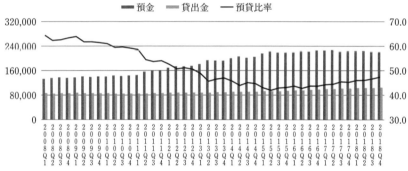

図 2-18 福島県の預金合計と貸出金の推移（単位：左軸（億円），右軸（％，前年同期比））

出典：日本銀行「預金・貸出関連統計」

故に伴う賠償金の支払いがあると見られている[17]。

　最後に，被災三県の労働市場の状況について確認する。震災が発生した2011年の新規求人・求職者数の推移を月別に見てみると，被災三県のいずれにおいても2011年4月に新規求職者数が大きく増加しているが，同年5月以

---

17) 出典：日本経済新聞「被災地マネー動かず　銀行預金に22兆円，5年で3割増」2016年3月11日

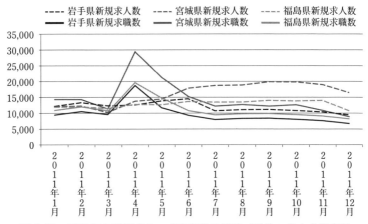

図 2-19　2011 年の新規求人・求職者数の推移（単位：求人求職者数，原数値）

出典：厚生労働省「一般職業紹介状況」

降は急速に震災前の水準に回帰してきている（図 2-19）。一方，同時期の新規求人数は時間の経過と共に増加している。震災直後の一時期を除けば，復旧需要に伴って労働市場は堅調に推移していると考えられる。

　また，2010 年以降の被災三県の新規求人・求職者数を年別に観察すると（図 2-20，2-21，2-22），2012 年以降，各県の新規求人数は震災前の水準を大きく上回り高止まりの状況が続いている。他方，2011 年から 2018 年にかけて，被災三県の新規求職者数は一貫して減少してきている。復興需要による求人数の拡大が見られる一方で，人手不足の進行もあり求職者数は減少傾向が続いていると考えられる。結果，各県の有効求人倍率は震災前から大きく増加し，2018 年時点ではいずれも 1 倍を上回り高い水準となっている。なお，このように逼迫した労働市場を背景に，失業率はいずれの県においても一貫して低下してきている（図 2-23）。

第2章　東日本大震災による間接経済被害の推計

図2-20　岩手県の新規求人・求職者数，有効求人倍率の推移（単位：左軸（求人求職者数），右軸（求人倍率），原数値，暦年）

出典：厚生労働省「一般職業紹介状況」

図2-21　宮城県の新規求人・求職者数，有効求人倍率の推移（単位：左軸（求人求職者数），右軸（求人倍率），原数値，暦年）

出典：厚生労働省「一般職業紹介状況」

図2-22 福島県の新規求人・求職者数，有効求人倍率の推移（単位：左軸（求人求職者数），右軸（求人倍率），原数値，暦年）

出典：厚生労働省「一般職業紹介状況」

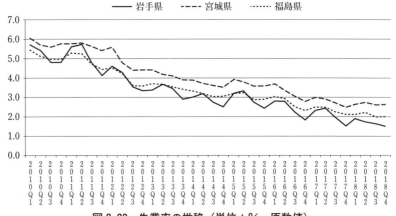

図2-23 失業率の推移（単位：％，原数値）

出典：総務省「労働力調査」

2.6.2. 被災三県における県内総生産の増加の背景

　各種統計を観察した結果，震災後の被災三県の経済動向を概観すると以下の通りである。まず岩手県では，震災の発生を境に県内総生産（名目・実質）は増加傾向にある（表 2-6，2-7）。その主たる要因は震災復興に伴う建設需要の高まりにあると考えられる。建設工事額の動向を見ると，震災翌年から 2015 年第 3 四半期にかけて大幅な前年比プラスが続いており，2014 年第 2 四半期頃までは東北地域における公共工事受注額，また岩手県の住宅着工戸数においてプラスの伸びが続いている。県内総生産の成長率に対する寄与度を見ても，この間の建設業の寄与度は他産業に比して大きくなっている（図 2-24，2-25）。なお，労働市場は総じて好調だが，他の二県と比較すれば失業率，有効求人倍率とも相対的に低い水準となっている。

　他方，建設工事の増加を除けば岩手県の経済動向は総じて横ばいであり，成長を牽引する産業にも乏しいと言える。鉱工業生産指数，大型小売店販売額，輸出額は，震災後の一時的な落ち込みから回復した後，近年まで震災前に近い水準で横ばいが続いている。預貸比率については震災後の預金増加を受けて下落した後，近年まで低い水準で推移している。人口動態は震災前後で一貫して流出超過が続いている。また，産業別の県内総生産の推移を見ても建設業を除けば目立った成長を見せる産業は見当たらない。

　宮城県は震災以降に県内総生産（名目・実質）が著しく増加してきている（表 2-8，2-9）。建設需要の急激な高まりがその背景にあるが，製造業も底堅い成長を続けている。建設工事額の推移を見ると，他の二県にも増してその伸び率は大きく 2016 年第 1 四半期まで前年比プラスの傾向が続いている。この間，2014 年第 2 四半期頃までは東北地域の公共工事受注額で前年比プラスの傾向が続いており，住宅着工戸数も 2014 年第 3 四半期までは伸びがプラスで推移している。さらに，鉱工業生産指数を見ると，震災直後に大きな落ち込みを経験したものの 2012 年第 2 四半期までには震災前までの水準を回復しており，その後 2018 年度にかけて徐々に増加してきている。県内総生産の成長率への産業別寄与度を見ると，この間，名目，実質のいずれにおいても建設業と製造

表2-6 岩手県の経済活動別県内総生産（名目）の時系列推移（単位：百万円）

	2008	2009	2010	2011	2012	2013	2014	2015
農林水産業	161,789	154,421	148,846	143,305	156,180	150,092	148,298	161,187
鉱業	6,149	5,399	5,310	4,372	6,265	7,442	9,026	9,940
製造業	719,453	645,996	603,922	529,100	596,503	633,668	651,518	665,264
電気・ガス・水道・廃棄物処理業	118,856	128,326	124,555	114,192	117,442	125,351	136,198	138,392
建設業	282,502	308,769	304,024	476,919	513,850	632,326	686,032	693,027
卸売・小売業	470,958	458,500	478,328	493,068	498,709	507,255	503,042	491,984
運輸・郵便業	215,445	207,894	198,291	187,084	228,971	231,946	246,350	251,391
宿泊・飲食サービス業	109,083	105,436	101,635	99,226	96,508	104,521	106,303	111,612
情報通信業	119,893	119,283	118,685	118,075	118,776	121,404	121,976	122,597
金融・保険業	169,966	172,400	167,013	159,037	166,774	166,875	159,869	175,442
不動産業	520,928	527,637	527,168	499,362	501,959	501,714	518,460	525,531
専門・科学技術、業務支援サービス業	244,374	223,679	219,696	227,235	229,538	242,985	246,606	251,591
公務	259,759	254,694	251,631	264,811	256,482	252,559	262,734	264,788
教育	221,322	210,712	213,055	214,298	214,179	208,511	211,255	216,575
保健衛生・社会事業	341,247	351,675	365,580	367,534	388,186	394,383	387,459	402,727
その他のサービス	201,195	189,897	187,313	185,178	190,139	195,180	201,622	199,744
県内総生産（名目）	4,187,912	4,083,059	4,039,940	4,108,043	4,308,017	4,510,106	4,647,503	4,722,913

データ出典：県民経済計算

表 2-7 岩手県の県内総生産（実質（連鎖方式））の時系列推移（単位：百万円）

	2008	2009	2010	2011	2012	2013	2014	2015
農林水産業	173,940	165,342	141,782	141,977	144,119	143,013	142,591	135,910
鉱業	7,864	5,546	5,375	4,310	6,011	6,895	7,561	7,895
製造業	641,136	567,394	571,263	533,276	589,352	614,870	632,878	606,526
電気・ガス・水道・廃棄物処理業	116,422	126,460	123,076	110,776	108,691	109,860	111,843	112,872
建設業	274,307	307,571	302,806	476,161	515,487	629,492	668,943	665,003
卸売・小売業	454,287	456,491	476,991	493,068	503,394	509,649	492,173	483,147
運輸・郵便業	216,138	204,600	196,777	186,970	227,073	230,066	235,002	232,470
宿泊・飲食サービス業	110,536	101,801	99,701	99,301	96,511	106,601	105,071	107,500
情報通信業	115,223	117,223	117,867	118,538	119,596	124,795	123,977	125,369
金融・保険業	154,183	165,149	161,764	159,037	176,811	186,342	180,122	201,562
不動産業	515,295	520,539	523,531	500,319	504,798	507,702	529,528	539,708
専門・科学技術、業務支援サービス業	236,447	217,133	218,090	226,923	230,072	244,807	237,810	239,140
公務	248,785	251,000	250,630	264,592	259,742	257,553	260,492	262,321
教育	209,704	206,360	211,630	214,205	216,987	213,113	210,758	216,120
保健衛生・社会事業	351,380	357,222	366,181	367,497	384,420	392,876	381,806	395,187
その他のサービス	199,136	188,284	185,271	185,217	190,562	193,788	195,262	190,198
県内総生産（実質）	4,054,877	3,984,129	3,986,334	4,106,980	4,298,939	4,495,611	4,548,440	4,547,322

データ出典：県民経済計算

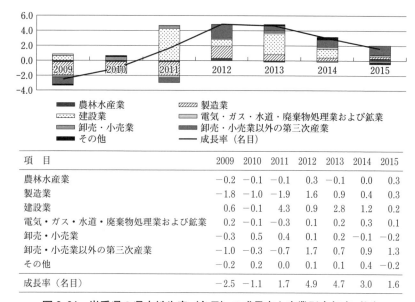

図 2-24 岩手県の県内総生産(名目)の成長率と産業別寄与度(%)

データ出所:県民経済計算

注1:電気・ガス・水道・廃棄物処理業と鉱業,また卸売・小売業以外の第三次産業の寄与度は,産業別に寄与度を計算した上で合算して算出している。

注2:その他は,「輸入品に課される税・関税」「(控除)総資本形成に係る消費税」の合計により寄与度を計算している。

業の寄与度が大きいことが確認できる(図 2-26, 2-27)。

　こうした経済状況を背景に,震災直後に悪化した預貸比率は徐々に上昇を続け,2018 年には震災前を超える水準まで高まってきている。労働市場は有効求人倍率,失業率とも好調が続いており,大型小売店販売額は駆け込み需要による反動減が見られた後も震災前よりも高い水準を維持している。

　一方で,貿易や人口動態においては懸念材料も残る。輸出額は震災直後の落ちこみから回復しつつあったが,2018 年においても震災前の水準には至っていない。人口動態も,2015 年までは流入超過であったが,2016 年以降は徐々に流出超過に転じておりそのトレンドは加速している。

第 2 章 東日本大震災による間接経済被害の推計

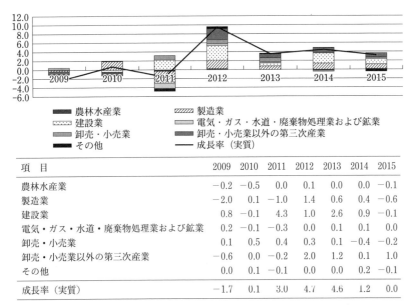

図 2-25 岩手県の県内総生産（実質（連鎖方式））の成長率と産業別寄与度（％）

データ出所：県民経済計算

注 1：電気・ガス・水道・廃棄物処理業と鉱業，また卸売・小売業以外の第三次産業の寄与度は，産業別に寄与度を計算した上で合算して算出している。

注 2：その他は，「輸入品に課される税・関税」「（控除）総資本形成に係る消費税」の合計により寄与度を計算している。

注 3：各項目の寄与度は，内閣府[18]に従い，前年度総生産（名目）における各項目の構成比に，当該年度の総生産（実質）の増加率を乗じて計算している。

　福島県の県内総生産は，震災後，厳しい局面が続いていたものの 2013 年度以降は震災前の水準を上回って推移している（表 2-10, 2-11）。この間，建設工事額は 2015 年第 3 四半期まで大幅な増加が続いており，建設業の総生産も顕著に増加しているものの，他の二県とは異なる経済動向が見られた原因は，電気・ガス・水道・廃棄物処理業の総生産が大幅に減少したことにある。産業

---

[18] 内閣府経済社会総合研究所国民経済計算部「実質 GDP（支出系列）における連鎖方式の導入について」平成 16 年 11 月

表 2-8 宮城県県内総生産（名目）の時系列推移（単位：百万円）

	2008	2009	2010	2011	2012	2013	2014	2015
農林水産業	143,313	138,848	139,979	118,143	132,656	126,072	109,833	124,764
鉱業	2,716	2,689	2,701	4,468	5,045	7,539	8,562	11,066
製造業	1,096,149	1,076,003	1,220,638	1,004,459	1,154,970	1,222,408	1,340,150	1,429,224
電気・ガス・水道・廃棄物処理業	227,863	256,252	251,334	158,771	195,740	212,832	220,747	244,705
建設業	452,420	463,980	427,760	600,028	849,873	901,996	1,106,084	1,214,373
卸売・小売業	1,230,948	1,073,397	1,058,254	1,138,118	1,206,286	1,285,750	1,262,748	1,266,923
運輸・郵便業	436,407	417,711	405,472	331,153	455,866	460,213	484,633	499,070
宿泊・飲食サービス業	208,324	205,373	195,219	186,896	186,050	199,597	210,281	219,587
情報通信業	357,662	350,397	350,010	382,552	370,875	366,834	355,232	350,366
金融・保険業	330,114	323,720	312,364	304,593	316,509	320,546	317,580	328,853
不動産業	1,001,355	1,015,326	1,010,329	989,165	985,078	1,032,836	1,037,141	1,040,185
専門・科学技術, 業務支援サービス業	614,026	575,644	569,385	607,071	619,823	653,655	670,461	695,714
公務	544,546	536,419	510,564	523,719	531,199	527,193	570,838	567,130
教育	404,966	399,080	402,619	420,235	411,998	399,125	401,533	405,478
保健衛生・社会事業	571,962	607,440	638,211	644,348	693,380	683,589	675,587	709,927
その他のサービス	389,627	377,181	371,610	361,043	369,781	373,153	385,396	385,283
県内総生産（名目）	8,021,486	7,823,443	7,881,369	7,751,064	8,493,773	8,794,098	9,184,061	9,481,621

データ出典：県民経済計算

表 2-9 宮城県の県内総生産（実質（連鎖方式））の時系列推移（単位：百万円）

	2008	2009	2010	2011	2012	2013	2014	2015
農林水産業	154,470	148,436	135,799	116,126	124,255	121,519	103,648	101,366
鉱業	4,615	2,720	2,716	4,390	4,754	6,886	6,870	7,726
製造業	1,001,517	993,972	1,169,815	1,011,906	1,193,311	1,270,960	1,380,626	1,406,577
電気・ガス・水道・廃棄物処理業	223,376	237,132	235,787	152,103	177,904	186,230	180,377	185,199
建設業	439,402	462,311	426,137	599,074	852,623	897,702	1,077,591	1,164,823
卸売・小売業	1,186,620	1,074,761	1,059,590	1,138,118	1,219,978	1,290,937	1,235,143	1,249,260
運輸・郵便業	441,289	410,293	402,069	330,944	451,701	456,762	462,660	460,041
宿泊・飲食サービス業	211,026	198,212	191,441	187,039	186,058	203,646	207,906	211,542
情報通信業	344,524	344,820	347,244	383,784	373,535	376,095	359,034	355,952
金融・保険業	299,552	310,137	302,581	304,593	335,562	357,969	357,882	377,946
不動産業	988,043	998,712	1,002,138	991,393	992,019	1,047,173	1,059,825	1,068,175
専門・科学技術、業務支援サービス業	594,230	558,505	565,124	606,225	621,283	658,902	646,603	660,948
公務	521,922	529,207	509,101	523,719	538,647	538,752	567,181	563,038
教育	383,483	390,595	399,791	420,046	417,532	408,361	401,071	404,968
保健衛生・社会事業	589,003	617,055	639,278	644,284	686,544	680,924	665,686	696,562
その他のサービス	385,307	373,959	367,634	361,118	370,610	370,471	373,183	366,927
県内総生産（実質）	7,772,737	7,658,233	7,784,913	7,750,981	8,552,824	8,882,819	9,097,030	9,264,192

データ出典：県民経済計算

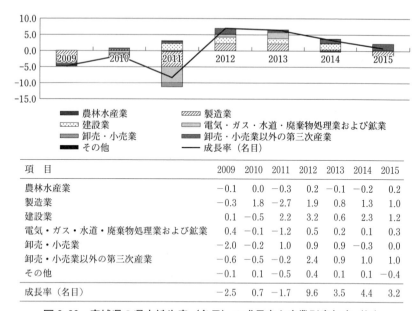

図 2-26　宮城県の県内総生産（名目）の成長率と産業別寄与度（%）
データ出所：県民経済計算
注 1：電気・ガス・水道・廃棄物処理業と鉱業，また卸売・小売業以外の第三次産業の寄与度は，産業別に寄与度を計算した上で合算して算出している。
注 2：その他は，「輸入品に課される税・関税」「（控除）総資本形成に係る消費税」の合計により寄与度を計算している。

別の寄与度を見てみると，建設業の寄与度はプラスで推移している様子が確認できるものの，2011 年度に電気・ガス・水道・廃棄物処理業の寄与度が大幅なマイナスとなっていることが分かる（図 2-28，2-29）。福島第一原発事故に伴う原子力発電所の停止による影響がうかがえる。

　その他，福島県の経済動向において顕著な動きは輸出の大幅な増加である。航空機のエンジン部品や医薬品の生産が好調であることから，2017 年度以降，輸出額は顕著に増加している。今後，これらは地域経済を主導する産業となることが期待される。加えて，預貸比率は預金額の増加が著しいため大きく低迷したが，2017 年以降は貸出金が増加しつつあり今後の改善が期待される。さ

第2章　東日本大震災による間接経済被害の推計

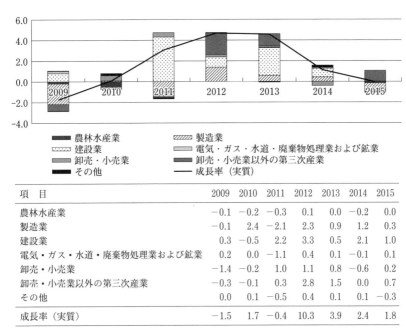

図 2-27　宮城県の県内総生産（実質（連鎖方式））の成長率と産業別寄与度（%）
データ出所：県民経済計算
注1：電気・ガス・水道・廃棄物処理業と鉱業、また卸売・小売業以外の第三次産業の寄与度は、産業別に寄与度を計算した上で合算して算出している。
注2：その他は、「輸入品に課される税・関税」「（控除）総資本形成に係る消費税」の合計により寄与度を計算している。
注3：各項目の寄与度は、内閣府[19]に従い、前年度総生産（名目）における各項目の構成比に、当該年度の総生産（実質）の増加率を乗じて計算している。

らに、労働市場は有効求人倍率だけでなく失業率も好調であり、大型小売店販売額は増税による駆け込み需要の影響を経た後も震災前よりも高い水準で推移している。

他方、経済動向において懸念される要因は、鉱工業生産指数の低迷と人口動態における流出超過である。鉱工業生産指数は震災による一時的な落ち込みか

19）　内閣府経済社会総合研究所国民経済計算部「実質 GDP（支出系列）における連鎖方式の導入について」平成 16 年 11 月

表 2-10 福島県県内総生産（名目）の時系列推移（単位：百万円）

	2008	2009	2010	2011	2012	2013	2014	2015
農林水産業	147,116	143,062	130,978	109,096	120,129	114,273	101,486	107,453
鉱業	3,767	3,175	3,014	3,421	4,439	5,476	5,857	6,260
製造業	1,975,607	1,839,395	1,867,817	1,534,172	1,672,735	1,830,501	1,860,659	1,758,312
電気・ガス・水道・廃棄物処理業	714,882	663,204	631,370	275,283	330,253	462,966	465,657	471,572
建設業	386,926	372,208	336,862	496,970	626,566	737,634	879,222	884,634
卸売・小売業	678,608	636,941	653,928	554,306	556,735	586,444	581,183	586,864
運輸・郵便業	325,707	315,189	296,293	288,186	351,003	334,801	350,450	357,812
宿泊・飲食サービス業	198,796	180,767	168,582	165,152	164,957	174,092	181,450	193,988
情報通信業	183,276	178,902	174,600	169,080	170,565	171,322	171,598	172,176
金融・保険業	262,380	259,170	251,433	246,652	252,952	257,911	249,815	272,990
不動産業	728,453	733,146	720,885	701,666	699,814	705,099	714,687	727,520
専門・科学技術、業務支援サービス業	450,211	400,911	411,444	452,180	440,583	450,310	452,259	484,701
公務	428,225	423,020	399,518	445,874	480,060	481,585	526,390	555,957
教育	283,617	277,401	275,754	282,748	279,328	276,803	284,809	286,748
保健衛生・社会事業	515,385	531,963	545,544	557,180	587,661	593,788	598,711	621,959
その他のサービス	339,944	313,414	285,772	270,247	274,898	277,053	284,024	287,447
県内総生産（名目）	7,654,382	7,292,956	7,181,542	6,588,198	7,045,248	7,501,909	7,760,975	7,823,559

データ出典：県民経済計算

第 2 章　東日本大震災による間接経済被害の推計

表 2-11　福島県の県内総生産（実質（連鎖方式））の時系列推移（単位：百万円）

	2008	2009	2010	2011	2012	2013	2014	2015
農林水産業	158,059	153,568	124,882	108,241	109,329	108,604	98,046	89,694
鉱業	5,515	3,219	3,028	3,360	4,214	5,030	4,784	4,573
製造業	1,737,533	1,642,218	1,783,972	1,552,548	1,708,672	1,863,834	1,883,928	1,704,049
電気・ガス・水道・廃棄物処理業	671,946	605,730	583,627	262,127	285,642	372,125	336,817	309,129
建設業	375,760	370,843	335,583	496,180	628,596	733,992	856,343	848,189
卸売・小売業	656,335	635,637	652,923	554,306	562,911	591,584	570,690	577,122
運輸・郵便業	326,674	310,053	293,964	288,008	347,970	332,059	334,278	330,781
宿泊・飲食サービス業	201,429	174,437	165,275	165,279	164,961	177,605	179,370	186,861
情報通信業	175,982	175,713	173,494	169,783	171,730	176,229	174,795	176,534
金融・保険業	238,094	248,293	243,554	246,652	268,172	288,002	281,488	313,669
不動産業	719,983	722,556	715,449	703,138	704,293	714,135	730,479	747,682
専門・科学技術、業務支援サービス業	435,692	389,154	408,445	451,560	441,615	453,811	436,164	460,637
公務	410,676	417,315	398,275	445,874	486,548	491,370	521,242	549,275
教育	268,690	271,632	273,890	282,625	283,030	283,054	284,311	286,237
保健衛生・社会事業	531,138	540,834	546,747	557,119	579,163	590,505	589,082	608,928
その他のサービス	335,794	310,827	282,908	270,301	275,528	275,021	274,896	273,930
県内総生産（実質）	7,297,035	7,017,620	7,051,112	6,592,552	7,051,335	7,493,864	7,589,360	7,498,311

データ出典：県民経済計算

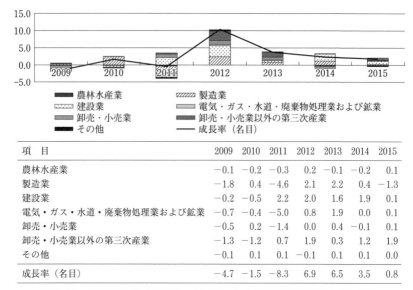

図 3-28　福島県の県内総生産（名目）の成長率と産業別寄与度（％）

データ出所：県民経済計算

注1：電気・ガス・水道・廃棄物処理業と鉱業，また卸売・小売業以外の第三次産業の寄与度は，産業別に寄与度を計算した上で合算して算出している。

注2：その他は，「輸入品に課される税・関税」「（控除）総資本形成に係る消費税」の合計により寄与度を計算している。

ら回復した後，2014年以降は徐々に低迷している。人口動態は一貫してマイナスであり流出傾向に歯止めがかかっておらず，その規模も他の二県に比べて深刻である。

　以上のことから，震災発生から2015年度までの間に被災三県の県内総生産を支えた最も大きな要因は，主に住宅再建や公共インフラの復旧に伴う建設需要であると考えられる。製造業の生産体制の復旧，港湾の復旧に伴う輸出の回復，小売販売の増加といったことも影響している可能性はあるものの，最も顕著な変化は膨大な建設需要の発生にある。

　ただし，2016年度以降は建設工事もピークアウトしており，今後，被災三県の経済動向は厳しいものとなる可能性がある。住宅再建や公共インフラの復

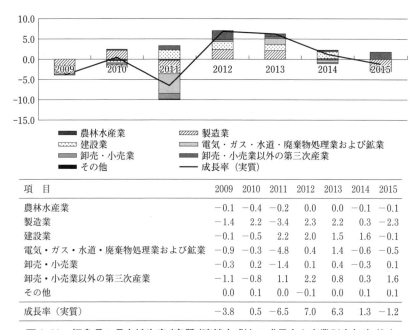

図 2-29　福島県の県内総生産（実質（連鎖方式））の成長率と産業別寄与度（％）
データ出所：県民経済計算
注1：電気・ガス・水道・廃棄物処理業と鉱業、また卸売・小売業以外の第三次産業の寄与度は、産業別に寄与度を計算した上で合算して算出している。
注2：その他は、「輸入品に課される税・関税」「（控除）総資本形成に係る消費税」の合計により寄与度を計算している。
注3：各項目の寄与度は、内閣府[20]に従い、前年度総生産（名目）における各項目の構成比に、当該年度の総生産（実質）の増加率を乗じて計算している。

旧需要にはいつか終わりが来る。今後の被災地経済の持続的な発展のためには，より生産性の高い新産業の創造，域外からの直接投資の引受け，雇用機会の拡大や賃金の上昇，人口流入の増加による需要の拡大といったことが必要となる。その際，福島県の輸出増を支えている航空機部品産業や医薬品産業といった新産業が地域経済の発展や産業構造の転換，雇用・賃金の増加をもたらすのか注

20）　内閣府経済社会総合研究所国民経済計算部「実質 GDP（支出系列）における連鎖方式の導入について」平成 16 年 11 月

目される。

2.7 結果と政策的含意

本章では，東日本大震災により大きな被害を受けた岩手県，宮城県，福島県の経済的復興を検証するために，Hsiao et al. (2012) が提案するカウンターファクチュアル分析の手法を用いて間接経済被害の分析を行った。得られた結果は以下の通りである。

第一に，岩手県と宮城県の県内総生産には震災に起因する間接経済被害が発生している様子は確認できないものの，福島県では間接経済被害の影響が現れていることが確認された。2015年度までの被災三県における県内総生産の実測値とカウンターファクチュアル値を比較した結果，岩手県と宮城県では実測値がカウンターファクチュアル値を上回っていることが分かった。この背景には，主に復興需要に伴う建設工事の大幅な増加がある。他方，福島県については県内総生産の実測値がカウンターファクチュアル値を概ね下回っており間接経済被害が深刻であることが確認された。電気・ガス・水道・廃棄物処理業における総生産の大幅な減少が大きな要因となっており，原発事故に伴う影響により経済活動が停滞している様子が確認できる。

第二に，2016年度以降の岩手県，宮城県，福島県の経済動向については停滞が懸念される。震災後，被災三県の経済活動を支えてきた最も大きな要因は，復興需要による建設工事の大幅な増加である。2015年度までの岩手県，宮城県，福島県の県内総生産にはこうした建設業の活性化による影響が反映されていた。しかし，2016年度以降はいずれの県においても建設工事額の伸びがマイナスに転じており，今後，被災三県の経済活動は停滞する可能性がある。加えて，被災三県の人口動態において流出超過の傾向が強まっている点も気がかりである。震災後から岩手県と福島県の人口動態は一貫して流出超過であり，宮城県は2016年以降，再び流出超過へと転じている。今後，こうした流出超過の傾向が続けば，内需の縮小に伴い被災地の経済的復興には一層の遅れが生

じる可能性がある。
　第三に，宮城県と福島県では経済的復興に向けた新しい動きも見られる。宮城県では鉱工業生産指数が震災前よりも高い水準で推移している他，預貸比率も改善が続いており，産業構造の変化や復興需要に依らない地域経済の活性化が起きている可能性がある。また，福島県では2017年以降，航空機部品や医薬品の生産好調に伴って輸出額が大幅に増加してきており，こうした新産業が地域経済の発展や産業構造の転換，雇用・賃金の増加を促すかが注目される。こうした動きが本格化していけば，建設需要のピークアウトや人口流出に伴う影響を軽減し，経済的復興が進む可能性がある。
　今後，被災三県の経済的復興を進めるためには，持続的な経済発展を追求する必要がある。岩手県，宮城県，福島県の県内総生産のカウンターファクチュアル値は震災前後を通じておおよそ横ばいであった。このような低成長シナリオに現実の経済動向が追いついたとしても，被災地の経済活動は停滞が続くことになる。経済的復興を進めるためには，復旧需要が収束した後も県内総生産の実測値がカウンターファクチュアル値を継続的に上回っている必要がある。そのためには，生産性の向上，新産業の創造，新しい市場へのアクセスといった課題を克服し，被災地の経済発展を通じて人口や資本の集積を促すことが復興政策の重要な目的として位置づけられる必要がある[21]。加えて，福島県では原発事故に伴う経済活動や人口動態への影響が十分に低減しなければ復興もままならない。除染活動や風評問題への対処にとどまらず，長期的な視点に立った被災地の将来像や被災者支援のあり方について議論する必要がある。
　最後に，本分析では，1975年から2015年までの県内総生産のデータを使用して，被災三県のカウンターファクチュアル値を推計した。しかし，国内総生

---

21) 例えば，災害で甚大な被害を受けた商店や宿泊施設が，懸命の努力により早期に事業を再開できたとしても，その後の需要の低迷等により倒産の憂き目に遭うのであれば復興したとは言えない。大規模な行政投資により被災地の復興を推進しようとしている以上，それがその後の経済発展の礎となり，長期的な経済発展につながっていくところまでを復興政策の政策課題として捉える必要がある。

産のデータとは異なり，県内総生産のデータは発表までに2年程度のタイムラグが存在するため，迅速な復興状況の把握を行うことができない。高島・林（1999）の問題意識もそこにある。今後，稲田・小川（2013）のような速報性の高いデータを使用した県内総生産の早期推計の手法を応用して，速報性の高いカウンターファクチュアル値の推計を行うことが課題となる。

第 3 章　災害復興と経済発展
——2013 年フィリピン台風「ハイアン」の復興支援における課題[1]

3.1　災害管理サイクルにおける災害復興の重要性

　これまでの各国における災害経験から，災害対応の過程には共通の枠組みが存在することが分かっている。Wisner and Adams (2002) によれば，災害後になされる政策対応は，(1) 緊急対応[2]，(2) 復旧復興[3]，(3) 減災対策[4]

---

[1]　本章は 2015 年度アジア太平洋研究所「日本，フィリピン，タイにおける災害復興のあり方」研究会報告書を元に加筆修正したものである。

[2]　発災直後は被災者の救助に向けた緊急対応の要請が高まる。人命救助や緊急物資の供給，医療サービスの提供，安否情報の提供，避難所の設置等がこれにあたる。こうした活動は人道支援の一環として，国際組織や非政府組織（NGO），住民組織やボランティアにより行われることもある。

[3]　緊急対応が続く中，次第に被災者の間で復旧復興に関する幅広い支援を求める声が大きくなってくる。この過程では，被災者の生活再建や地域社会の再生といった課題に取り組むことになる。そのためには，被災者への金融支援や住宅支援にとどまらず，被災した地域社会の経済発展を促し，市民の暮らしや文化の水準を持続的に向上させていくための一連の政策が求められる。

[4]　復旧復興の過程が進展していくうちに，将来の災害被害の軽減に向けた減災対策が求められるようになる。公共インフラや都市基盤の強靭化，環境改善や治山治水への投資，早期警戒警報システムの構築といったハード面での対応に加えて，建築基準の改定，防災訓練や防災教育の普及活動，ハザードマップの作成等，ソフト面も含めた幅広い領域で政策対応がなされることになる。なお，近年は政府が果たす役割の重要性に加えて，共助に

の3つの過程に区別され，一連の過程は災害管理サイクルと呼ばれる。復旧復興の過程はさらに初期復興[5]と長期復興[6]の二つの過程に分けることができる。

これら一連の災害管理サイクルが段階的に進展していけば，持続的な経済発展や災害に強い社会の構築といった長期目標の追求につながると考えられる。その際，緊急対応，復旧復興，減災対策といった各過程は，一見，それぞれが自己完結した政策目的を持ちつつ，互いに重なり合いながら時間軸に沿って展開していくように思える。しかし，減災対策を推進するためには地域社会の復旧復興に一定の進展が見られる必要がある。また，復旧復興に向けた政策対応を本格化していくためには，それに先立って迅速に緊急対応がなされていなければならない。つまり，各過程における政策目的には，災害管理サイクルの過程を一つ先に進めるための基盤を構築することが含まれる。これは，次の過程に向けた基盤構築が十分になされず各過程における政策対応が自己目的化すれば，災害管理サイクルの進展を通じて長期目標を追求することが困難となることを意味している。

近年，一連の災害管理サイクルにおける過程の中でも，長期復興に対する関心が高まっている。緊急対応や初期復興の過程において大規模な支援が行われ

代表される市民社会の役割が強調されることが多い。

5) 初期復興の過程では，被災者の生活再建や企業・公共セクターの事業再開を目的とした多様な支援がなされる。被災者に対しては，仮設住宅や恒久住宅の提供，生業のための設備や道具の現物給付，啓発活動や職業訓練等の技術支援，Cash For Work（CFW）と呼ばれる緊急雇用プログラム等の支援が行われる。企業や自治体に対しては，損壊した公共インフラの復旧，自治体への財政措置，企業の事業再開や再投資に向けた金融支援等がなされる。これらの支援は政府や自治体が行うことが多いが，国際組織やNGOが行う場合もある。

6) 初期復興が進展すれば，次第に長期復興の過程に社会的関心が移行することになる。この過程では地域社会や経済活動の持続的な発展のための諸政策が行われる。住民合意や復興ビジョンに基づく都市計画の立案，社会的課題の解決のための開発計画の策定，産業構造の転換に向けた行政投資や規制緩和等が行われる。主として政府による政策対応がなされるが，近年は市民社会が果たす役割に注目が集まっている。

た場合でも，その後の長期復興が進展しない事例が見られるようになってきたからである。例えば，2004年インド洋大津波では，インドネシア政府だけでなく数多くの国際組織やNGOといった支援団体が被災地であるアチェ州において支援活動を行ったが，結局，その後の同州における経済的復興は停滞している（McCawley, 2014）。

　しかし，緊急対応や初期復興の過程において，どのような支援を行えば長期復興に向けた基盤を構築することができるのか，過去の研究からは十分に明らかになっていない。これまでの災害対応における議論では，緊急対応や初期復興の過程が注目されていたが，反面，長期復興の過程は見過ごされがちであった（Comfort et al., 2010）。また，初期復興までの過程で行われる様々な復興支援がその後の長期復興にもたらす影響については，あまり考慮されてこなかった（Waugh and Streib, 2006）。緊急対応から初期復興を経て長期復興に至るまで，シームレスかつ効率的に災害管理サイクルを進めるために，どのような政策対応や支援が求められるのかを知るためには，大災害後の復興支援とその後の長期復興に関するケーススタディの蓄積が必要となる。

　そこで本章では，2013年11月にフィリピンで発生した超巨大台風「ハイアン（現地名ヨランダ）」を対象に，政府や支援団体による支援活動と長期復興の関連性についてケーススタディを行うこととする。ハイアンは同国の災害史上においても歴史的な被害をもたらした大災害である。その災害対応においてはフィリピン政府だけでなく，数多くの国際組織やNGOが海外から駆けつけて支援活動にあたった点が特徴的である。

　本研究の目的は，第一に，大災害の発生後に，緊急対応や初期復興の過程で政府や支援団体が行った支援が長期復興に与えた影響について明らかにすること。第二に，長期復興の過程に向けて求められる緊急対応や初期復興のあり方を明らかにすること。第三に，長期復興を推進するために必要な復興政策や支援の内容について明らかにすること，である。以上の目的を勘案すれば，調査分析は被災地におけるフィールド調査を基に行うことが適当だと考えた。なお，被災地の経済的復興の過程を確認するためにマクロ経済統計を用いた分析も行

うこととする。

　フィールド調査は東ヴィサヤ地域において実施することとした。同地域は台風ハイアンにより最も大きな被害を受けた地域である。現地の状況を考えれば，自治体や住民の自助努力による災害対応は困難であった。さらに言えば，同地域はフィリピンの中でも最も所得水準の低い地域の一つであるため，現地の経済・社会的状況には災害による被害や外部からの支援による影響が強く反映されていると考えられる。調査は2015年7月に実施した。これに先立つ2014年12月頃から外部の支援団体は撤収を開始しており，調査時点では初期復興の段階は終了しつつあった。したがって，この時期にフィールド調査を実施することは，初期復興までに政府や支援団体が行った様々な支援が長期復興の過程に与える影響を分析する上で適していると考えた。

　本章の構成は以下の通りである。次節では超大型台風ハイアンの概要と政府や支援団体の復興に向けた取り組みについて説明する。第3節では，復興支援に関する先行研究の整理を行う。第4節では，分析に先立ってフィールド調査の概要について説明する。第5節ではフィールド調査の結果とマクロ経済統計の観察から，被災地の復興とそのために求められる支援のあり方について分析する。第6節では結論を述べる。

3.2　超巨大台風ハイアンによる被害とその後の災害対応

3.2.1　超巨大台風ハイアンによる被害とその背景

　世界的な災害多発国であるフィリピンの災害史上においても，台風ハイアン（Haiyan，現地名Yolanda）の規模は歴史的なものであった。猛烈な勢力でフィリピンに襲来したこの台風の中心気圧は最大で895ヘクトパスカルにも達し，最大瞬間風速約90 m/秒を記録した[7]。2013年11月8日，東ヴィサヤ地域のギワン町において最初の被害が確認され，その後，11月9日にかけて西ヴィ

7）米軍の観測によれば最大瞬間風速は約105 m/秒であったとも言われている。なお2005年にアメリカで発生したハリケーン・カトリーナの最大瞬間風速は72 m/秒である。

第 3 章　災害復興と経済発展　　103

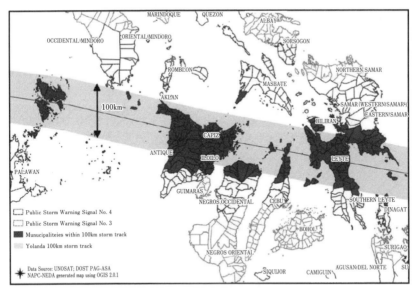

図 3-1　台風 Haiyan の通過地域

出典：NEDA, "Reconstruction Assistance on Yolanda- Build Back Better"

サヤ地域を横断し各所で被害が発生した（図 3-1）。被害をもたらした主な要因は，その猛烈な暴風だけでなく，沿岸地域を中心に発生した高潮であった。Tajima et al.（2014）によれば，主な被災地の一つであるタクロバン市で観測された高潮は最大で高さ約 6.5 m にも達したと推定される。

　台風ハイアンは，その被害規模においても記録的な災害であった。National Disaster Risk Reduction and Management Council（NDRRMC）の被害状況報告[8]によれば，死者数は 6,300 人，2014 年 4 月の時点で未だ行方不明者数は 1,062 人となっている。なお，これら被害者数の約 92% は東ヴィサヤ地域に集中している。被災者数は 1,607 万 8,181 人にも上ると言われており，家屋被害は全壊が 55 万 928 件，一部損壊が 58 万 9,404 件にもなった。National

---

[8]　出典：NDRRMC, "Final Report re Effects of Typhoon "Yolanda" (Haiyan)".

Economic and Development Authority（NEDA）[9]によれば，直接・間接の経済被害額は，それぞれ約 4,243 億ペソ（＝約 81.3 億ドル）[10]，約 1,468 億ペソ（＝約 28.1 億ドル）にも達するとされた。人的被害と経済被害の両面において，台風ハイアンは 1970 年以降のフィリピン災害史上で最大の被害をもたらした台風災害である。

　このように多くの被害が発生した理由の一つは，東ヴィサヤ地域の社会的脆弱性にあると考えられる。Kahn（2005）や Toya and Skidmore（2007）が示すように，所得水準の低い国々では，災害による死者数が多くなる傾向が統計的に確認されている。2014 年の東ヴィサヤ地域の一人当たり域内総生産は名目値ベースで 59,654 ペソであり，国内平均値の二分の一にも満たず，地域別に見ても二番目に低い水準となっている。実際に，Mas et al.（2015）によれば，東ヴィサヤ地域において多くの被害が発生した原因の一つに，住宅の屋根に軽素材が使用されており災害に対して脆弱であったことが挙げられており，被災地域の所得水準の低さがうかがい知れる。

3.2.2　政府による災害復興計画とその推進体制

　台風の襲来から 1 カ月後，フィリピン政府は NEDA に 'Reconstruction Assistance on Yolanda'（RAY）の作成を指示した [11]。これは被災地における復旧復興の総合計画を示したものであり，緊急対応時の被災者支援やその後の生活再建，地域社会の経済的復興がその目的として位置づけられている。計画では，住宅，交通インフラ，電気・ガス・水道等の資本ストックの復旧に加えて，雇用，教育，経済活動といった社会・経済的状況を，被災前の水準を上回って回復させることを目標とすることが明記されている。加えて，その計画には被災地域の自治体からの要求も取り入れるとしている。なお，RAY は

9）　出典：NEDA, "Reconstruction Assistance on Yolanda: Implementation for Results," 2014, September 29th.
10）　執筆時点の 2019 年 6 月 18 日の為替レートである 1USD=52.2PHP を基に計算。
11）　出典：NEDA, "Reconstruction Assistance on Yolanda," 8th December 2013.

NEDAが立案したPhilippines Development Plan 2011–2016 (PDP) をその基礎として作成されているため，その実施期間は発災後の2013年から2016年とされた。

RAYの実行に際して，フィリピン政府はMemorandum Order No.62により The Office of the Presidential Assistant for Rehabilitation and Recovery (OPARR) を設置した[12]。OPARRはRAYの推進における責任主体とされ，復興における戦略ビジョンの全体像を描いた上で，初期復興から長期復興にかけて実行される様々なプログラムをその中に位置づけることが求められた。

OPARRの主な役割は以下の三点である。第一に，NDRRMCや関連省庁と連携し，地方自治体と協議の上，復旧復興や被災地域の開発計画の立案を行うこと，第二に，計画の実施に先立ってその財源措置の支援を行うこと，第三に，RAYの計画実施において関係省庁の監督を行うことである。

RAYの推進に際して，フィリピン政府はクラスター・アプローチを採用している。これは，RAYの事業をクラスターごとに分類した上で，各クラスター内のプロジェクトに必要な関係省庁を配置するアプローチである。クラスターには，住宅[13] (Resettlement)，インフラ[14] (Infrastructure)，社会サービス[15] (Social Service)，生活再建[16] (Livelihoods)，支援 (Support) の5つが

---

12) その後，Memorandum Order No.72により，OPARRの役割はNEDAに引き継がれた。
13) 災害に強い住宅の建設，新設居住地域の開発，被災コミュニティ向けの能力開発プログラムの実施が目標とされている。事業内容には，恒久住宅の建設，安全で持続的な新設居住地域の開発，学校や広場等のコミュニティ施設の設置，新設居住地域における生活支援プログラムの提供が含まれる。
14) 被害を受けた公共インフラの改良復旧が目標とされており，事業対象には空港，道路，港湾，発電所，上下水道，学校や自治体の施設等が含まれる。
15) 教育支援，公衆衛生対策，食糧支援，環境保全，住宅サービスの提供やCash For Workプログラムの実施が目標とされている。事業としては学生に対する奨学金，教科書や食事の支給，殺菌処理水や医療サービスの供給，マングローブ林や森林の再生，仮設住宅の建設，農家への補助等が行われるとしている。
16) 農業，漁業・養殖業，製造業，サービス業への支援，緊急雇用支援，中小企業や農

存在し，各クラスターにおける事業計画の管理・監督を行う機関として OPARR が位置づけられている[17]。なお，被災地域の自治体や市民，民間組織や開発パートナー等，関係省庁以外のステークホルダーからの意見もクラスターを通じて協議することができるとしている。

　フィリピン政府は RAY の推進に向けた復興財源を準備しているが，その規模は十分とは言えない。OPARR によれば，2014 年から 2016 年にかけて RAY における復興予算の規模は，約 1,709 億ペソ[18]（約 32.7 億ドル）[19] となっている。他方，ハイアンによる直接経済被害額の合計は約 4,243 億ペソ[20]（約 81.3 億ドル）とされている[21]。Downton et al. (2005) や Cavallo et al. (2010) によれば，大災害においては直接被害額がその後の復興財源を考慮する上で重要な基礎情報として扱われている。RAY の復興財源の規模は直接被害額の数値の半分以下であり不足が懸念される。復興予算の不足は復興計画の

林漁業への技術支援，労働者の技能開発支援といった目標の下，農家への食料・現金支給，ココナッツ農家への技術支援，漁師への船舶・漁具の支援，養殖漁業の再生，中小企業への市場開拓支援や金融支援等が行われることになっている。

17) 各クラスターには主担当となる省庁が指定されており，住宅は Housing and Urban Development Coordinating Council (HUDCC)，インフラは Department of Public Works and Highways (DPWH)，社会サービスは Department of Social Welfare and Development (DSWD)，生活再建は Department of Trade and Industry (DTI)，その他の支援は NEDA と Department of Budget and Management (DBM) がその任にあたることになっている。

18) 出典：OPARR, "Yolanda Comprehensive Rehabilitation and Recovery Plan," 1st August 2014.

19) 執筆時点の 2019 年 6 月 18 日の為替レートである 1USD=52.2PHP を基に計算。

20) 出典：NEDA, "Reconstruction Assistance on Yolanda: Implementations for Result," 29th September 2014.

21) 政府は上記の復興予算の推計の他にも，Post Disaster Needs Assessment (PDNA) と呼ばれる推計を実施しており，ここでは直接被害額の規模を約 896 億ペソ（約 17.2 億ドル），求められる支援額の規模を約 1,046 億ペソ（約 20 億ドル）としている。しかし，PDNA の被害額は，主に公共インフラ等の被害額を推計したものであり，住宅や事業所，生産設備等の民間セクターの被害額が含まれていない。

立案やその執行を妨げ，復興過程の進捗を遅らせる可能性がある。

　実際に，RAY の進捗状況はクラスターごとに大きく異なり，十分な進展が見られないものも存在する。2014 年 7 月時点の OPARR による各クラスターの予算の執行状況のレポートを見ると，支出額ベースで見たインフラ，社会サービス，住宅，生活再建の各クラスターの復興計画の進捗状況は，それぞれ約 65.7%，36.7%，約 17.3%，約 11.5% となっており，被災者の生活に関わりの深い住宅クラスターや生活再建クラスターにおける進捗の遅れが目立つ[22]。その後も OPARR はウェブサイトで RAY の執行状況を随時アップデートしているが，住宅クラスターの進捗の遅れは解消されていない。NEDA の発表によれば，2015 年 12 月時点で住宅建設計画のうち完了したものは目標とする再建数 205,128 棟のうち 13,335 棟（約 6.5%）に過ぎず，79,219 棟（約 38.6%）が進行中，112,574 棟（約 54.9%）は着工にも至っていない[23]。また，最新の報告である 2017 年第 1 四半期の時点でも，50,791 棟（約 24.8%）が完了したものの，71,743 棟（約 35%）が再建中，25,724 棟（約 12.5%）が調達中，56,870 棟（約 27.7%）が未着手となっている[24]。

3.2.3　国際社会からの人道支援

　政府の対応に十分な進展が見られない中で，国際機関や NGO といった支援団体が災害対応において活躍したことも台風ハイアンの特徴の一つである。同台風の被災地はフィリピン国内でも開発が遅れている地域であり，緊急対応の過程から被災地外からの支援が必要であることは明らかであった。このため，フィリピン政府は発災当初から諸外国からの支援を歓迎する意向を示した。支援に到来した国際機関としては，アジア開発銀行（ADB），世界銀行（WB），

---

22)　出典：OPARR, "Yolanda Rehabilitation and Recovery Efforts," 28th July 2014.
23)　出典：NEDA, "Yolanda Updates Rehabilitation and Recovery Programs," December 2015.
24)　出典：NEDA, "Yolanda Updates: Selected Remaining Deliverables Per Cluster," 1st Quarter of 2017.

国際協力機構（JICA），米国国際開発援助庁（USAID），フランス開発庁（AfD），ドイツ国際協力公社（GIZ），国際移住機関（IoM）が挙げられ，他にも多くのNGOが人道支援に参加した。

　これら支援組織は緊急対応から初期復興の過程において活動した。活動内容は，食料や医療サービスの提供，生活用品や企業設備の現物給付，学校や仮設住宅の建設，被災者を対象とした啓発活動，企業や労働者への技術供与，Cash For Work（CFW）を通じた復旧復興プロジェクトの実施と被災者への雇用機会の提供等，多岐に渡る。OPARRはこれら国際機関やNGOにより1,289ものプロジェクトが実施され，約2.78億ドルが支出されたと報告している。こうした一連の支援活動は，金額の上では政府の支援規模には及ばないものの，被災者のニーズに即応して対応したという意味において政府支援の補完にとどまらない役割を果たしたと言える。なお，2014年12月以降，多くの支援組織は撤退を開始しており，この時期を境に初期復興の過程は概ね終了したと考えられる。次節では，災害後の緊急対応や初期復興に関する先行研究について整理する。

3.3　大災害後の緊急対応や初期復興に関する先行研究

　これまで災害対応においては，被災国の中央政府が主たるアクターと想定されてきた。しかし，近年では国際組織やNGO，ボランティアや市民団体といった支援団体が参加し，災害管理サイクルにおける緊急対応や初期復興の過程で活躍するようになってきた。Strömberg（2007）は，被災者や人的被害の規模が大きい災害ほど，国外から多くの支援団体が訪れることを明らかにしている。また，所得水準の低い国ほどより多くの支援を受け入れる傾向があると指摘している。例えば，2004年のインド洋大津波はまさにそのようなケースであった。Fink and Redaell（2010）によれば，同津波後に見られた国際人道支援の規模は，1992年から2004年の間に発生した災害事例の中では最も大きく，他の災害の7倍もの規模であったという。

しかし，緊急対応や初期復興の過程において大規模な支援を行えば，その後の長期復興が着実に進展していくとは限らない。むしろ，支援の規模が大きくなるほどに，支援活動のミスマネジメントや，支援物資・サービスの供給と被災者のニーズのミスマッチといった問題が見られるようになった（Older, 2015; Jayasuriya and McCawley, 2010; Reigner et al., 2008）。また，支援団体による災害支援は，しばしば供給側の論理に立って実行される。そのため，支援の受け手である自治体や住民組織，企業との連携を欠いてしまい，結果として，被災地の状況が悪化してしまう場合がある（Telford and Cosgrave, 2007）。

例えば，住宅再建支援は災害対応において最も急を要するテーマの一つであるが，初期復興の過程において大規模な支援を行っても，長期復興の過程で被災者の生活再建が進まない事例も存在する。Tafti and Tomlinson（2015）によれば，被災地の社会的状況や被災者の状態を踏まえずに住宅支援のために現金支給を行っても，生活費として消費される等，意図した目的のために資金が活用されない場合があるという。また，Takahashi et al.（2007）によれば，支援団体の間で連携がなされず組織が競い合って支援を行えば，被災地において労働者や建材の確保が困難となり，住宅再建が遅れるだけでなく，住宅価格の深刻な上昇をも引き起こしてしまうという。

他にも，近年，被災者支援の手法として Cash For Work（CFW）が注目を集めているが，初期復興の過程において大規模な CFW を行うことにより，かえって長期復興の過程において被災者の生活再建や地域社会の復興が阻害される場合もある。CFW は被災者が得た賃金を用いて自らのニーズや選好に基づいて必要な財・サービスを市場から調達することができる点で現物支給よりも費用対効果が高い（Harvey, 2005）。また，被災地で広範囲に CFW を実施すれば消費拡大による波及効果が期待できる（Doocy et al., 2006）。しかし実際には，CFW ではターゲット層に対して直接支援を行うことが難しい。また，場合によっては大規模に CFW を実施した結果，復旧需要の高まりに伴ってインフレーションを引き起こしてしまう可能性もある（Belasen and Plachek, 2008）。CFW の有効性については今後の大災害の事例の蓄積を待って検証する必要が

ある。

　初期復興における大規模な支援がその後の長期復興につながらない理由の一つには、災害管理サイクルの議論において長期復興の重要性が十分に認識されてこなかったことが挙げられる。これまでの災害政策やその研究においては、長期復興の重要性は過小評価されてきた（Kapucu, 2014; Rubin, 2009）。例えば、2005年に米国で発生したハリケーン・カトリーナにおいては、災害対応において連邦政府と州政府が適切な連携を欠いたことも問題となったが、被災地の復興を進めていく上で人口や地域経済といった社会的要因への目配りが十分でなかった（Waugh and Smith, 2006）。初期復興の過程を復興に向けた政策対応の焦点と定め、その後の長期復興の過程を視野に入れずに集中的に支援を行った結果、被災者、自治体、企業が支援に依存するようになってしまい、その後の長期復興が妨げられる例は珍しくない（Reigner et al., 2008; Thevenaz and Resodihardjo, 2010）。

　加えて、長期復興の過程を進める上で、持続的な経済的復興に向けた政策対応が十分に議論されていない点も問題である。例えば、被災した中小企業への支援は見過ごされてきた分野の一つと言える（Tierney, 2007; Waugh and Smith, 2006）。被災地域の中小企業への支援を通じて地域経済の持続的な復興を図ることは、長期復興における重要な政策目的の一つであるが、一連の災害管理サイクルにおける政策対応の中で、これまではその重要性が十分に認識されてこなかった（Kapucu, 2014）。また、これまでの研究から、大災害時に金融支援を行うことで短期的に中小企業が事業継続をする能力が向上することは分かっているものの（Resosudarmo et al., 2008）、中長期的に被災した企業の生産性を向上させるために有効な政策支援についてはまだ十分に明らかになっていない。

　さらに、長期復興を推進するためには、その政策目的に対応した固有の戦略が必要である。例えば、長期復興の過程で被災社会の持続的な発展を図りつつ被災者の生活再建を進めるためには、緊急対応において災害直後の被災者のニーズを満たす、あるいは初期復興において公共資本の復旧を行い、被災者の損

失を補塡するといった支援とは，次元の異なる政策対応とそのための戦略が必要となる。しかし，Mulligan and Nadarajah（2012）によれば，初期復興が進展する前に，長期復興に向けた戦略や計画が立案されることは少ない。

このように，これまでの研究から大災害後の緊急対応や初期復興において大規模な支援が行われても，長期復興の推進において困難を抱える事例があることが分かってきている。また，長期復興に向けた政策対応のあり方，特に持続的な経済的復興のための政策対応のあり方については十分に検討がなされていない。加えて，これまでの大災害の事例では，被災社会の長期的な開発目標を設定した上でそれに対応した包括的な復興政策を立案・実施した例は多くない[25]。次節では，本調査の概要とその目的について説明する。

3.4 東ヴィサヤ地域におけるフィールド調査の目的と概要

本研究の目的は以下の三つである。第一に，大災害後の緊急対応や初期復興の過程において，政府や支援団体によりなされた災害対応がその後の長期復興に与えた影響について明らかにする。第二に，長期復興に向けて求められる緊急対応や初期復興のあり方について検討する。第三に，長期復興を推進するために必要な復興政策や支援の内容について明らかにする。これらの研究目的に鑑み，調査は被災地におけるインタビュー調査にて実施することとした。

調査は，台風ハイアンによる被害が最も大きかった東ヴィサヤ地域において行うこととした。発災後，同地域では政府，国際組織，NGO等による大規模な支援が行われている。調査対象は主要な支援の受け手である自治体，市民，企業に加えて，支援活動を行った住民組織や支援団体も含めた。

調査時点は2015年7月とした。2014年12月以降，支援団体の多くが撤退を開始しており，この頃を境に災害管理サイクルが初期復興から長期復興に移

---

[25] 1995年に発生した阪神・淡路大震災はその数少ない例の一つと言える。兵庫県を中心に被災した自治体は復興に向けたビジョンとそれに基づく阪神・淡路震災復興計画を策定し，被災後から10年間に渡ってこれを実施した。

りつつあった。この時点で調査を行うことは，初期復興までの過程で行われた様々な支援活動がその後の長期復興の過程にどのような影響を与えるのか分析する上で適していると考えた。

　本調査の概要は以下の通りである。第一に，災害対応と支援の受け入れを担当する自治体職員に対して，政府や国際組織，NGO といった支援団体に関する評価について尋ねた。インタビュー対象には，主要な被災地域であるタクロバン市，タナウアン町[26]，ギワン町，メイドロン町，バランカヤン町の首長や行政職員が含まれる。なおインタビュー対象者の多くは被災時に行政職員として緊急対応にあたっていた。

　第二に，被災地の市民に対して政府や支援団体の活動に対する評価について尋ねた。インタビューは，タクロバン市，ギワン町，ボロンガン市の一般市民や企業経営者を対象に行った。特に，被災前から事業を継続している企業経営者に対する調査は，政府や支援団体の支援が地域経済に与えた影響を理解する上で重要となる。なお，支援側から見た支援活動の評価についても知るために，国際組織の職員や被災地で支援活動を行った住民組織の幹部に対してもインタビューを実施した。

　第三に，長期復興に向けた課題について知るために，被災地の持続的な復興に向けて必要な政策支援について尋ねた。調査にあたっては上記のインタビュー対象者に加えて，タクロバン市で活動している復興支援コンサルタントにも聞き取りを行った。なお，一連の調査対象者数は計 12 人である。

　最後に，インタビュー調査の中で聞かれた政府や支援団体による支援活動が被災地に与えた影響について，東ヴィサヤ地域のマクロ経済統計を観察しながら確認することとする。同地域は，同国の中でも最も所得水準の低い低開発地域の一つであるため，復旧復興の過程や被災地の経済・社会的状況には緊急支援や初期復興における支援の影響が強く反映されていると考えられる。

---

26) 英語表記では Municipality とあるがここでは町と訳す。なお，フィリピンの地方における行政区分は州，市・町，バランガイの3層が存在する。

3.5 東ヴィサヤ地域における復興支援の評価と長期復興に向けた課題

3.5.1 東ヴィサヤ地域の地理的環境と台風ハイアン後の状況

　調査結果の紹介に先立ち，まず被災時の東ヴィサヤ地域の地理的・社会的環境について説明する。第一に，東ヴィサヤ地域は主にレイテ島，東サマール地域，ビリラン島からなる。レイテ島には同地域の主要都市であるタクロバン市が立地しており，商業，金融機関，大学，政府機関等の機能が集積している。タナウアン町はここから程近い地域に位置している。これに対して，東サマール地域は開発が遅れている地域であり，例えば，メイドロン町，バランカヤン町といった地域の近郊では，サリサリと呼ばれる個人商店のようなものは存在するが外食店のようなものは存在しない。東サマール地域の主要都市はボロンガン市，ギワン町であり，これら地域では小売業や宿泊サービス等の集積が見られるものの，その規模はタクロバン市には及ばない。

　第二に，タクロバン市，タナウアン町，ギワン町といった地域は沿岸部に立地しているため，台風による突風だけでなく高潮によっても地域一帯が甚大な被害を受けた。タクロバン市の行政職員によれば，「'storm surge（高潮）'という言葉の意味を住民が理解していなかった」ことも，住民の避難行動に影響したという。なお，避難勧告の発令に先立って行政の対応に混乱が見られたことも犠牲者の増加の背景にあるという声が聞かれた[27]。

　第三に，調査対象の地域の中には壊滅的な被害を受けている地域も多く，被

---

27) 台風による被災前にタクロバン市で開かれた災害対策本部における会議に，内務自治省 Mar Roxas 長官や国防相兼 National Disaster and Risk Management Center (NDRMC) 局長の Voltaire Gazmin 氏が同席していた。しかし，その会議の場で Roxas 長官は，会議時間が既に午後10時を回っており，台風の襲来は明日の午前12時の予定とされていることから，以後の避難活動は明日に行うよう指示した。しかし，結果として台風は，予想よりも早く襲来したため多くの人間が犠牲となった。（出典：The Manila Times, "Exposed: The govt's biggest boo-boo on the Yolanda fiasco," November 6th, 2014.）

災地の自治体の人員や予算では災害対応を行うことは困難であった。タクロバン市の行政職員によれば，同市の被害は壊滅的であり，「道路は瓦礫で覆われ，船は全て押し流されてしまった」「通信も3週間は途絶していた」という。タナウアン町の行政職員によれば，「町役場の建物も浸水し，備蓄してあった物資は全て水に浸かってしまったため，外部からの支援なしには被災後の状況を切り抜けることは極めて困難だった」という。ギワン町の行政職員も，「通信は途絶し，物流や交通も途絶し，瓦礫がそこら中に散乱する事態だった」「もし，市が被災者に必要な支援を行うことができなければ，直ちに無秩序状態が生まれかねない状況だった」と述懐している[28]。

第四に，被災後の支援活動や支援物資の受け入れには空港を頼るほかなかった。これら地域では，沿岸部の幹線道路に代替路線がなく，被災地へのアクセス方法は限られていた。さらに，タクロバン市の行政職員によれば，「タクロバン市の道路は瓦礫で埋め尽くされ，船は全て高潮で流されてしまった」ため，同市近郊に立地するダニエル・Z・ロモワデス国際空港がレイテ島周辺では唯一の外部への窓口となった。また，ギワン町の近郊には，民間用ではないが空港施設が存在しており，ここが支援の受け入れ窓口となった。次では，緊急対応や初期復興における政府に対する評価について見ていく。

3.5.2 政府の災害対応に対する評価

自治体職員や市民からの政府の災害対応に対する評価は厳しいものであった。実際には，被災後24時間以内には政府からの支援が現地に到着しているが，被災地域の自治体職員や市民からは多くの批判が聞かれた[29]。特に政府による住宅再建に向けた支援には強い批判が寄せられた。

一連のインタビュー調査の結果から分かってきたことは，政府に対する批判

---

[28] なお，ギワン町は町内一帯が甚大な被害を受けたものの，町長主導による事前の避難が成功したため犠牲者は少なかった。

[29] タクロバン市の行政職員によれば「政府から直ちに支援を受けたという実感はない。住民たちの目から見てもそのことは明らかだ」とのことであった。

の背景には，支援活動のミスマネジメントや現地社会との連携不足に起因する問題だけでなく，復興支援において平時から問題視されてきた行政プロセスに起因する問題があるということである。超大型台風ハイアンにより，行政機構に過度の負荷がかかった結果，政府の効率性に関連する問題が浮き彫りになったものと考えられる。

(1) 政府による緊急対応と初期復興に対する評価

　政府の対応については被災地域の自治体や市民から多くの批判が聞かれたが，その第一は，緊急支援物資の供給における問題である。タクロバン市の行政職員によれば，政府が支給した緊急支援物資の量は，約束されたものに満たないものであったという[30]。さらに，支援物資の配給に関しても問題が生じた。当初，政府からの支援物資は指示なく配給することはできなかった上，配給に関して政府は自治体に具体的な指示を与えなかった。また，自治体も被災していたため物資を配給するための設備や機能を喪失していた。この間，支援物資は積み上げられたままになっており，被災者の間に不信感が募っていったという[31]。

　また，政府は外部から緊急支援物資を持ち込むことには熱心であったが，被災地の企業と連携し，現地に存在する物資を活用することについては十分な関心を払わなかった。タクロバン市の企業経営者によれば，実際，現地の企業が所有する倉庫の中には約45日分の緊急支援物資に相当する蓄積があったという。しかし，これらの物資は，被災後に発生した略奪行為によって収奪されてしまった。政府は略奪行為の抑止のために警察を派遣することはなかった。

　第二に，政府による仮設住宅や恒久住宅の提供のあり方も問題視された。政

---

30) 政府からの支援物資の供給自体も大幅に遅れた。同じタクロバン市の行政職員によれば，「2014年に発生した台風ルビー後に配給された支援物資も，元々は台風ハイアンの時に約束したものであったが，今になっても支援物資の納入は完了していない」とのことであった。
31) その後，タクロバン市長の判断と住民の協力により緊急支援物資の提供が始まった。

府は必要な時期に適切な量の建築資材の提供を行わなかった。東ヴィサヤ地域では大規模な家屋被害が発生したため，仮設住宅や恒久住宅といった家屋の再建需要は膨大であった[32]。しかし，先のタクロバン市の行政職員によれば，政府が仮設住宅の建設に着手し始めたのは被災から約1年2カ月もの時間が経過した後であった。

　政府による住宅再建のための現金給付にも遅れが見られた。ギワン町の行政職員によれば，被災地域の自治体は政府から住宅再建のための資金を割り当てられていた[33]。しかし，被災者がその資金に応募を始めた時期には，既に国際組織やNGOらが仮設住宅の建設に着手しており，中には既に入居を始めている市民もいたという[34]。

　さらに，政府により建設された住宅の質にも問題が見られた。同じタクロバン市の行政職員によれば，恒久住宅の建設のためには上下水道の整備といったインフラ事業が欠かせないが，その着工も遅れているとのことであった。なお，タクロバン市の復興支援コンサルタントによれば，政府は恒久住宅の建設における上下水道の整備の重要性を十分に認識していないとのことであった。

　第三に，政府による中小企業対策の欠如には強い批判が寄せられた。現地企業にとって被災後に起きた最も大きな問題の一つは略奪行為の発生である。政府は警察や軍隊を派遣して治安を回復することの重要性に気づかなかった。タクロバン市の企業経営者によれば，現地企業に大きな損害をもたらした原因は，台風による被害よりもむしろ略奪行為であったという[35]。大規模な略奪行為

---

32) この背景には，被災後に設定された居住禁止地域（No Build Zone）の影響も存在する。政府はハイアンの発生後，台風や地すべり，洪水といった気象災害により大きな被害が発生する蓋然性が高いと考えられる地域を居住禁止地域に指定したため，これら地域に居住していた住民は転居を余儀なくされた。

33) 緊急住宅支援のために3億ペソの予算を割り当てられ，自宅が一部破損したものには1万ペソ，全壊したものには3.5万ペソが融資された。

34) 結果的に，融資を受け取った人々はバイクや衛星テレビといった嗜好品を買う例が多かったという。今後，資金の返済が始まれば返済不能になる等，被災者の生活再建が一層困難になることが懸念される。

により企業在庫に大きな損失が発生しただけでなく，略奪行為の発生を知った被災地外の企業は現地への商品の発送を停止した。この結果，被災地の企業の経営再開は遅れ，経済的な損失がかさんだ[36]。

もう一つの問題は，当初，中小企業に対する金融支援が手薄であったことが挙げられる。先のタクロバン市の企業経営者によれば，現地企業の多くは財務基盤が脆弱であり，手持ち資金が少ない上に，銀行に多くの負債を抱えているものが多かったという。そのため，多くの場合，自己資金により事業再開に向けた再投資を行うことができない状況にあった。そのような中，銀行は台風の被害により融資の裏付けとなる担保の価値が毀損されたという理由で，企業向けの融資の信用枠を縮小し口座を凍結した。このため，地元企業の経営者からは，中小企業支援策として政府による無担保融資の必要性が強く訴えられた[37]。しかし，被災当初，政府は無担保融資の重要性を認識していなかった。結局，被災後7カ月が経過してようやく政府による無担保融資が開始された後，「まるでドミノ現象のように多くの企業がこの金融支援を申請した。その約99％が地元企業からの申請であった」という[38]。

---

35) しかも国税の徴収に関しては略奪行為による事業損失は考慮されなかったという。
36) 略奪行為はギワン町でも見られた。インタビューを行ったギワン町の企業経営者が所有する雑貨店ではあらゆる在庫が被災2日目には略奪されてしまったという。結局，その雑貨店は閉店することになった。
37) 東日本大震災においては企業に対するグループ補助金のような措置が取られたが，台風「ハイアン」においては，補助金による中小企業支援を求める声は聞かれなかったという。企業が補助金を受け取れば，その使途制約や申請上の条件を満たす必要があり，かえって事業活動上のコストとなるため弊害が多いとのことであった。
38) 融資の利息は6％の金利逓減型であったが，「フィリピン経済の現状を考えれば高いが払えなくはないし，何もないよりは余程良かった」とのことであった。政府による債務保証は総額2億ペソ，また200万ペソまでは無担保の政府保証による金融支援を行う旨が説明された。これを受けて，2014年6月第1週から第2週にかけて，地元企業におよそ3億ペソもの資金供給がなされたという。

(2) 初期復興における政府の質に対する評価

　現地にてインタビューを行った行政職員の多くが，自治体が災害対応を進める上で，政府の質に起因する問題が隘路となったことを指摘している。タナウアン町の行政職員によれば，OPARR が復興計画の認可と予算措置に要する時間は被災自治体にとっては長すぎるとのことであった。被災地に存在する自治体の多くは小規模であるため，災害対策のために行政支出を増やす余地が少ない[39]。したがって，多くの自治体が OPARR に復興計画と予算の申請を行うことになる。しかし，先の行政職員によれば，申請した復興計画とその予算が大統領に認可されているにも関わらず，申請から 1 年半が経過した時点においても復興予算が届いていないとのことであった[40]。政府からの予算の調達に遅れが生じれば，被災地域の自治体は必要な災害対応を行うことができない[41]。

　この背景には，平時から見られたフィリピン政府の行政の非効率性の問題が存在する。OPARR の行政手続きは政府における既存の枠組みをベースにしている。しかし，被災前から政府の行政手続きには長い時間が必要であり，また自治体からの予算承認も遅れがちであった。このため，自治体からの要望に対する OPARR からの回答も遅れることとなった。さらに，行政計画の執行においては，Commission on Audit（COA）による事業の会計検査のプロセスが終了しない限り，次の事業に着手することができない。災害後は自治体が実施する災害対策に関連する事業が大幅に増加したため，COA の処理能力不足が問題となり，自治体による災害対応はそれだけ遅れることとなった。

　RAY の計画立案においても政府の質に起因する問題があるという。RAY

---

[39] 加えて，自治体は行政予算の 5% までしか緊急対応や復興支援に使用することができないとのことであった。

[40] タクロバン市においても同様の現象が見られたという。

[41] 他にも，政府から自治体へ復興に向けた交付金が配分されたとしても，少なくない金額がその途上で流出し，自治体は約束された額の交付金を受け取ることができない例も見られたという。

第3章　災害復興と経済発展　　　　　　　　　　　119

はPDPを基礎にして作られた復興計画であるが，被災前からNEDAが作成したPDPによる地域開発計画はトップダウン方式により作成されていたため支援の内容が地域の実態にそぐわないものが多く，行政投資の効率が低かったという[42]。そのため，現地の経済団体を中心に，RAYを被災地に合ったものにするためには現地社会のニーズを反映させることが必要だという訴えがなされた。しかし，先のタクロバン市の企業経営者によれば，被災地の考えや将来像に寄り添ったボトムアップによる復興計画の策定は現状では難しかったという[43]。調査時点においては，現地の商工会議所とNEDAとの間で対話がなされ，今後の被災地の成長戦略とそれに必要な復興政策についてディスカッションが行われているとのことであったが，既にRAYの基礎となるPDPは2016年までの計画が定まっているため，現地の声が反映される時期は最短でも2017年以降とのことであった。

　なお，RAYの事業計画について言えば，今後の新産業の創造に向けた政策が含まれていないことも問題であった。タクロバン市の企業経営者によれば，東ヴィサヤ地域において将来性のある産業は養殖漁業をベースにした水産加工産業だという。養殖漁業は台風からの影響を受けにくく，域外への輸出を図ることで付加価値の高い産業となる可能性がある。そこで，商工会議所は水産加工企業の誘致活動を行った。同地域には進出を検討している企業にとって魅力的な条件が揃っていることは認められたものの[44]，最終的には現地に輸出港が存在しないことが問題になったという[45]。現在のところ，RAYの中には新たな輸出港の建設計画は含まれていない。また，ギワン町の元行政職員によれば，現地はサーフィンを軸にした観光振興に芽が出つつあるという[46]。しか

---

42) 典型的な事例は農業の生産性向上プログラムである。例えば，政府は台風の多い現地においてトウモロコシの栽培を奨励していたという。
43) 「当初，NEDAでさえも我々の批判に反論するばかりだった」とのことであった。
44) 東ヴィサヤ地域の賃金水準が低く労務コストが小さい点，地熱発電が盛んなことから同地域の電力需給に余裕がある点が好感されたという。
45) なお，陸路での輸送に可能性があるか質問したところ，「高コストであるため収益を上げることが難しい」とのことであった。

し，本格的な観光産業の新興を図るためには，幹線道路の整備を進めるだけでなく陸路以外の交通アクセスを整える必要があるとのことだった。また，現地の魅力を発信するため観光地や滞在先の情報が必要となるが，現地では情報インフラが脆弱であるため情報発信が十分に行われていないとのことであった。したがって，東サマール地域の観光振興のためには情報インフラの構築が欠かせないが，そうした事業計画は RAY には含まれていない。次では，国際組織や NGO といった支援団体に対する評価について見ていく。

3.5.3　国際組織や NGO による災害対応に対する評価

　国際組織や NGO の活動に関する評価については賛否両方の意見が聞かれた。一方では，これら支援団体は幅広い領域において迅速で時宜を得た対応を行ったという声が聞かれた。支援物資や食料の供給，仮設住宅や恒久住宅の建設，学校や病院の建設，CFW による緊急雇用プログラムの提供，労働者への技術供与等の支援活動は，被災地の自治体，市民から企業まで高い評価を得ていた。

　他方，初期復興までの過程でなされた支援団体による支援活動では，それが長期復興の過程に与える影響が十分に考慮されていないという指摘もあった。多くの支援団体が供給側の論理に立った支援活動を展開し，また互いに競い合って支援活動を行ったために，短期的な活動成果が志向されるケースが見られた。また，域外から訪れる支援団体と現地の住民組織との間で連携が取れなかったために，現地社会のニーズや実情が支援団体の活動内容に反映されず，その後の長期復興において問題となる例も見られた。

(1) 国際組織や NGO による緊急対応に関する評価

　発災後，国際組織や NGO といった支援団体は早い段階で現地活動を展開したため現地では高く評価されていた。ギワン町の行政職員によれば，発災 4 日

---

46)　同じ元行政職員によれば，東サマール地域はプロからアマチュアまでが楽しめる多様なサーフィン好適地が狭い地域に立地している世界的に見ても珍しい場所であるという。現在では若者の間でサーフィン観光業を生業とするものも現れてきている。

後までの間に支援に到来した組織はNGOだけであったという。さらに，これら支援団体は，瓦礫の撤去，仮設住宅，学校，病院の建設といった幅広い領域で迅速に活動を行っていた。支援団体が自らの判断で，訪れるコミュニティや自治体を選択していたからである[47]。タクロバン市の行政職員も，政府の支援が遅れがちであった中でNGOによる支援は重要なものであったと指摘している。

なお，こうした支援団体による活動を円滑に展開するために，自治体は独自の対策を行った。ギワン町役場は被災者の中で支援の受け入れに偏りが出たり，二重給付が行われないようにある工夫を行った[48]。支援団体が到着する入り口である空港において，団体の名前や活動内容，支援先について情報を提供してもらうと同時に，自治体が把握している被災者の情報を支援団体に提供した。またそのような支援受け入れ状況を地図情報にして公開したという[49]。こうして支援団体が行う支援活動と被災コミュニティのニーズのマッチングを図ることで，支援団体は現地で迅速に活動を展開することができた。

被災地の住民組織も重要な役割を果たした。ボロンガン市のある住民組織の幹部によれば，この団体は地元コミュニティにおける人々のつながりを活かして被災後に結成されたという。活動においては，外部からの寄付金を原資として，食糧や水，医薬品等の提供を始め，電気機械の修理，奨学金の支給，仮設住宅や生活物資の提供，教会の修繕等，多様な支援を行った。加えて，この団体はNGO，被災自治体，市民を交えて定期的なミーティングを開催し，支援

---

47) なお，支援団体が訪れる自治体を選択する際には組織に対する信頼が重要な要素となるとのことであった。タナウアン町やタクロバン市の行政職員は，「(支援団体の受け入れを進めるためには)支援先の自治体が良いパートナーとなり得るという証拠を示す必要がある」と指摘している。
48) それでも，あるコミュニティには二重に支援がなされる一方で，支援を受けられないコミュニティが出る等，緊急対応のコーディネーションにおいては問題が起きたという。
49) タクロバン市でも同様の工夫が見られた。こうした手法は，支援が殺到する現場の咄嗟の判断で行われたものであり，被災前からそのような緊急対応のあり方を学んでいたわけではなかったという。

側と支援の受け手を繋ぐ一種のハブ機能を発揮したと言える。

　ただし，住民組織と支援団体の連携においては課題も指摘された。先の住民組織の幹部によれば，いくつかの国際組織は彼らの緊急支援に関する連携会合に出席しなかったという[50]。また，接する機会があったとしても現場の要望を聞くことは少なく，むしろ現場に対して指示を出すことの方が多かったという。

　こうした支援団体の活動とその考え方について知るために，ある国際組織の職員に対してインタビューを行った。この支援団体はタクロバン市，オルモック市，ギワン町といった被災地において，仮設住宅や医薬品の提供，避難所に滞在する人々を対象とした啓発活動，災害避難や防災準備に関する教育等を行ってきた。支援活動においては，国際組織で構成される支援クラスター[51]の他に，Department of Social Welfare and Development（DSWD）を始めとする省庁と連携していたという[52]。

　この国際組織はフィリピンの行政組織と協業するにあたって，政府との関係を優先していた。行政機構の上流に位置する政府との連携を確認した上で，下流に位置する州，市・町，バランガイ[53]といった自治体に向けて支援を行うというアプローチを取ったという。その理由はいくつかあるが，一つには，国際組織は常に当該国政府に対して活動報告の義務があるため，自分たちの意思で被災者に直接支援を行うことができないという。他にも，資金的制約もあり現地における活動期間が限られるため，撤退後には所轄官庁にその業務を引き継ぐ必要があるという実務的な事情もあるとのことであった[54]。

50）　フィリピン国民の多くはカトリック教を信奉しているが，「イスラム教のグループでさえ出席してくれた会合に，彼ら（国際組織）は出てこなかった」とのことであった。
51）　Camp Coordination and Camp Management（CCCM）の名前が挙げられていた。
52）　国際組織等の支援団体が所属するクラスター・ミーティングにおいては，必要な支援物資についての情報を提供したり，また支援物資の融通を行ったりしているとのことであった。
53）　フィリピンの自治体単位の一つで，最も小さい区分。村に相当。
54）　他にも，被災者や被災自治体に対して直接支援に赴くことで，支援活動が政治的な

(2) 初期復興における国際組織やNGOの活動に対する評価

　初期復興の過程における国際組織やNGOに対する評価では，支援団体が供給側の論理に立って活動している点が問題視された。例えば，ギワン町の企業経営者によれば，外部からの支援団体が被災地で活動拠点を確保するために地元の企業に対して店舗を借り上げる申し出があった。賃料は極めて高額であり魅力的な提案ではあったものの，その条件として営業活動を中止しなければならなかった。営業活動を中止すれば従業員を解雇しなくてはならず，支援活動が終了し賃貸契約が終了された後，事業再開を行うことも困難となる。このため，結局はこの申し出は断らざるをえなかったという。

　支援プロジェクトの中身についても現地の事情を十分に勘案しない事例が見られた。ギワン町の行政職員によれば，あるNGOは仮設住宅を建設する際，ココナッツの木を建材として使用したという。しかし，そのような仮設住宅は災害に対して脆弱な構造を有しているため，将来ハイアンと同等の台風が襲来すれば容易に倒壊してしまう恐れがあった。さらに，こうした仮設住宅の建設費用は一戸あたり約8万ペソと見積もられたが，同程度の費用でコンクリートの住宅を建設することも十分に可能であった。他にも，あるNGOが病院建設を行った際，設備として空調機を設置した。しかし，現地の所得水準を考えれば空調機の電気代は高額であり施設の運用において問題となったという。

(3) 長期復興から見る国際組織やNGOの活動に対する評価

　長期復興の過程を見据えた時に，初期復興における支援団体の活動が疑問視されるケースも聞かれた。例えば，被災地の社会的ニーズとは関係なく支援活動が行われる例が見られた。タクロバン市の企業経営者によれば，ある海外の支援団体は将来の高潮災害に備えるために現地で防潮堤の建設を進めるプロジェクトを実施しているという。しかし，被災地の持続的な復興の観点から言えば，防潮堤よりも道路，港湾，上下水道といった公共インフラの整備の方が政

　駆け引きに利用されることを避ける必要があるという理由も挙げられた。

策上の優先順位が高いと考えられていた[55]。現地の自治体や住民組織は外部からの支援団体が持ち込んだ資金の用途を決定する立場にないが，支援団体が現地の政策ニーズや優先順位に配慮しない支援を行えば，長期復興を推進する上で影響が出る可能性がある。

　他にも同様の事例として，ココナッツ林の再生支援が挙げられる。先の企業経営者によれば，ある支援団体は現地の基幹産業であるココナッツ農業の再生のために苗を提供するプログラムを実施した[56]。東ヴィサヤ地域では植樹されている約3,300万本ものココナッツの木のうち，約3,000万本までもが台風により被害を受けていた。しかし，ココナッツ林の再生には，植樹から収穫までおよそ7年もの時間を要する。また，ココナッツ林の再生を進めても，農業セクターの生産性が向上し，地域経済の産業構造が変化するわけではない。復興のためには，より付加価値の高い新産業の創造か既存の産業を高度化させるための支援が求められていた[57]。

　なお，長期復興に向けた支援については，後日，台風ハイアンにおける復興支援に参加したある国際組織を訪問した際に，現地の労働者に対する技術供与の例について聞くことができた。そこでは被災地の農家を対象に対してより付加価値の高い野菜の栽培や有機農法の実践に関する技術支援を行っているという。こうした人的資本への投資を通じて農業の生産性が向上すれば，農家の所得も上昇し生活再建のための収入を得やすくなると考えられる。しかし，この取り組みは農家の間でまだまだ理解が得られておらず，プログラムが広く展開

---

[55] 先の企業経営者によれば，「防潮堤が果たす役割には疑問はない。しかし，（被災地の復興には）輸出港の方が重要であると考えている。その次は上下水道システムだろう。（防潮堤は）われわれの生活水準を引き上げてくれるだろうか？」とのことであった。

[56] 政府も農業再生支援プログラムにおいてココナッツの苗を提供するプログラムを実施した。しかし，他の支援団体も同様のプログラムを実施していたため，苗の供給に余剰が生じたという。もし苗の提供を企業に委ねていたならばビジネスチャンスとなった上に，需給の調整もより効率的であっただろう。

[57] ボロンガン市の住民組織の幹部は，こうしたココナッツ林の再生に対して「元の貧困状態に戻るだけだ」とコメントした。

第 3 章　災害復興と経済発展

しているとは言えない状況にあるとのことであった。

　支援活動が被災地の経済状況に大きな影響を与える例も見られた。様々な支援団体により幅広く CFW が実施された結果，多くの被災者が賃金を得ることができただけでなく，域内の消費が喚起され地域経済は活性化した。他方，大規模な CFW の実施により労働市場は逼迫した。ギワン町近郊の住民によれば，住宅や店舗の再建のために経験のある大工を雇おうとした際，被災前までは大工の日給の相場は約 350 ペソであったが，被災後は日給 500 ペソを支払っても未経験労働者も雇用することができない状況となった[58]。結果，被害を受けた住宅の再建は遅れ，企業は事業再開に向けた投資を行うことが難しくなる等，長期復興を進める上で問題が生じた。

　なお，こうした大規模な CFW の実施により，副次的な影響としてインフレーションが発生し問題となった。CFW により賃金を得た被災者の旺盛な消費力により，一部の生活消費財で物価の高騰が見られた。先の住民によれば，被災前にはペットボトルの水の価格は 1 本 10 ペソ程度であったが，本調査の実施時点では 20 ペソ程度とおよそ倍になったという。被災地において急激なインフレーションが続けば，所得や資産に乏しい被災者ほどその後の生活再建が困難となる。

　大規模な CFW の実施は被災地の心理的状況にも影響を与えたという。ギワン町の企業経営者によれば，CFW プロジェクトの中にはしばしば職務内容が安易なものが含まれていた。このため，多くの被災者が職を得ることができた反面，現地の企業は勤労意欲の高い労働者だけでなく未経験の労働者を雇用することさえも難しくなったという[59]。結果，被災企業の中には事業の再開を断念する事例も見られた。また，ギワン町の行政職員によれば，住民の間には

---

[58]　タクロバン市の復興支援コンサルタントによれば，ある国際組織は日給 500 ペソでの CFW による緊急雇用を行っていた。市場への影響を考えて支払い賃金を下げてもらえないか交渉したところ，プロジェクトを実施できないなら撤退すると言われたという。

[59]　同じ企業経営者は「例えば，瓦礫を持って歩けば賃金が貰えるというなら，これは Cash For Work ではなく，むしろ Cash For Walk だ」と批判した。

外部からの支援を待つような雰囲気が広がったという。もしこの状況が続けば，被災地が自らの意思と行動により，今後の長期復興を追求することが難しくなることは容易に想像されたという[60]。

今後の長期復興の推進において最も大きな課題は，支援団体の撤退である。タクロバン市の企業経営者によれば，被災後の好調なタクロバン経済の背景には，政府や支援団体による支援活動だけでなく，国際機関やNGO等の支援団体自身が消費の新たな担い手となっていることが挙げられるという。ギワン町の行政職員も同様の指摘をしており，NGO等の支援団体が到来して以降，現地でCFWや被災者への現金給付を行うプロジェクトが多く実施され，地域経済は活況を呈した。しかし，2014年12月以降，多くの支援団体が被災地から撤退を始めており，CFWや住宅再建といった被災地における支援プロジェクトの継続性だけでなく，被災地の旺盛な消費力を支えてきた需要が失われることが懸念された[61]。大規模な支援活動が行われた期間は経済活性化の恩恵に与るとしても，支援活動の終了とともに深刻な不況が訪れるという事態となれば，長期復興の推進が困難となる可能性がある。次は，初期復興までの政府や支援団体による支援が東ヴィサヤ地域の経済活動に与えた影響について，マクロ経済統計を基に観察する。

3.5.4 マクロ経済統計に見る東ヴィサヤ地域の経済動向

ここでは東ヴィサヤ地域の経済活動の推移について，域内総生産，消費者物価指数，平均日給額の時系列データを元に観察する。フィールド調査において，台風被害による農林水産業の生産能力の低下，復興政策や人道支援に伴う復興需要の発生，CFWの実施による賃金の上昇，物価の高騰，略奪行為の発生，

---

[60] 同じ行政職員は支援団体からの一方的な贈与に基づく被災地の経済状況を"fake economy"と表現した。

[61] 先の企業経営者によれば「Cash For Workのような活動は持続可能なものではないことは明らかだった。もし，人道支援組織が被災地から去り，かつ政府が適切な対策を講じることができなければ，被災地経済は停滞に陥ることは明らかだ」とのことであった。

支援団体の撤退による内需の停滞といった現象が聞かれた。こうした現象がマクロ経済統計から確認できるのか，被災地の経済的復興がどのような影響を受けているのかを統計データにより観察する。

　東ヴィサヤ地域の域内総生産を見ると，台風発生の翌年である2014年に一時的な落ち込みが見られた後は増加傾向が続いている（表3-1）。ただし，同地域の域内総生産の成長率は，2014年から2018年にかけて前年比−2.4％，同＋4.6％，同＋12.0％，同＋1.8％，同＋5.9％と推移しており，年ごとに大きな変動が見られる。中でも，政府や支援団体による支援活動が実施されたにも関わらず2014年の成長率はマイナスであった。同じ期間の国内総生産の成長率を見てみると，2016年以外の全ての年で東ヴィサヤ地域の成長率が全国平均の値を下回っていることが分かる。同地域の経済的復興は着実に進行しているとは言えない。

　東ヴィサヤ地域の域内総生産を産業別に見ていくと，基幹産業である農業・狩猟・林業および漁業が台風により深刻な影響を受けている様子が確認できる。ココナッツ林に大きな被害が出たこともあり，2014年の同産業の成長率は前年比−12.7％と前年（同−6.5％）から大幅に低下した。また，2014年の域内総生産に対する寄与度も大幅なマイナスであった（図3-2）。その後，2015年から2018年にかけて同産業の成長率は同−3.5％，同＋2.4％，同＋0.1％，同−0.5％と推移しており，その後も低成長が続いている。

　製造業にも台風による影響が見られる。2014年の同産業の成長率は前年比−16.0％と大幅なマイナスとなっており，成長率に対する寄与度もマイナスであった[62]。台風により工場や事業所，物流等が被害を受けたことで生産活動に影響が出た可能性がある。なお，2015年から2018年にかけて成長率は同−3.0％，同＋19.7％，同＋13.3％，同−5.7％と推移している。2016年と2017

62）台風発生前の2012年度にも製造業の成長率は大幅なマイナスとなっているが，タクロバン市の企業経営者によれば，これは「Philippine Associated Smelting and Refining Corporation（PASR）という銅生産を行う大企業の主要工場が火災事故にあった」ためであるという。

表 3-1 東ヴィサヤ地域の産業別実質総生産の推移（2000年固定価格，上段：実数（千ペソ），下段：前年比伸び率（％））

項目	2012	2013	2014	2015	2016	2017	2018
農業、狩猟、林業および漁業	32,247,971 / -4.1	30,145,334 / -6.5	26,314,710 / -12.7	25,385,477 / -3.5	25,987,393 / 2.4	26,018,779 / 0.1	25,899,227 / -0.5
農林業	24,665,127 / -2.7	23,569,735 / -4.4	20,934,062 / -11.2	20,177,427 / -3.6	20,538,710 / 1.8	21,122,312 / 2.8	21,364,835 / 1.1
漁業	7,582,844 / -8.3	6,575,609 / -13.3	5,380,648 / -18.2	5,208,050 / -3.2	5,448,683 / 4.6	4,896,466 / -10.1	4,534,392 / -7.4
産業部門	54,711,923 / -18.9	62,506,983 / 14.2	60,430,739 / -3.3	63,413,567 / 4.9	75,758,962 / 19.5	74,413,541 / -1.8	77,014,683 / 3.5
鉱業	285,244 / 7.6	216,021 / -24.3	271,428 / 25.6	317,044 / 16.8	327,124 / 3.2	286,754 / -12.3	529,558 / 84.7
製造業	24,341,876 / 40.4	32,497,248 / 33.5	27,283,301 / -16.0	26,476,216 / -3.0	31,696,031 / 19.7	35,910,011 / 13.3	33,870,060 / -5.7
建設業	10,240,026 / 29.0	11,243,558 / 9.8	14,328,381 / 27.4	16,093,918 / 12.3	22,916,934 / 42.4	18,065,905 / -21.2	21,204,107 / 17.4
電気、ガス、水道業	19,844,777 / 7.7	18,550,125 / -6.5	18,547,630 / -0.0	20,526,390 / 10.7	20,818,872 / 1.4	20,150,870 / -3.2	21,410,978 / 6.3
サービス部門	56,460,202 / 6.9	57,420,300 / 1.7	59,731,340 / 4.0	64,425,641 / 7.9	69,863,909 / 8.4	74,219,013 / 6.2	82,027,863 / 10.5
輸送・倉庫・通信業	12,811,667 / 6.3	13,837,994 / 8.0	14,709,210 / 6.3	16,318,729 / 10.9	17,759,904 / 8.8	18,175,104 / 2.3	19,918,790 / 9.6
自動車・オートバイ、個人及び家庭用品の修理・販売業	7,553,302 / 10.2	8,064,193 / 6.8	7,836,626 / -2.8	8,398,732 / 7.2	8,883,235 / 5.8	9,305,823 / 4.8	9,995,555 / 7.4
金融業	5,512,823 / 13.5	6,291,134 / 14.1	6,746,381 / 7.2	7,332,853 / 8.7	8,159,273 / 11.3	8,996,201 / 10.3	9,970,529 / 10.8
不動産業	9,325,117 / 7.2	7,782,316 / -18.3	8,106,590 / 4.2	8,200,341 / 1.2	8,699,793 / 6.2	9,236,321 / 6.2	9,817,440 / 6.3
行政・防衛業	8,068,922 / 4.8	8,374,185 / 3.8	8,839,881 / 5.6	9,040,548 / 2.3	9,535,406 / 6.1	10,335,747 / 7.7	11,798,347 / 14.2
その他	12,988,371 / 3.6	13,070,478 / 0.6	13,492,452 / 3.2	15,134,438 / 12.2	16,766,298 / 10.8	18,169,817 / 8.4	20,527,202 / 13.0
東ヴィサヤ GDP	143,420,096 / -6.8	150,072,628 / 4.6	146,476,790 / -2.4	153,224,685 / 4.6	171,610,264 / 12.0	174,651,332 / 1.8	184,941,774 / 5.9
東ヴィサヤ GDP（名目）	231,078,427.0 / -4.0	250,224,112.0 / 8.3	258,688,281.0 / 3.4	271,914,849.0 / 5.1	311,740,929.0 / 14.6	320,959,419.0 / 3.0	354,550,767.0 / 10.5
東ヴィサヤ 一人あたり GDP	33,850 / -8.0	35,002 / 3.4	33,771 / -3.5	33,771 / 0.0	37,144 / 10.0	37,121 / -0.1	38,598 / 4.0
フィリピン GDP	6,305,228,511 / 6.7	6,750,631,383 / 7.1	7,165,477,851 / 6.1	7,600,175,069 / 6.1	8,123,375,304 / 6.9	8,665,818,041 / 6.7	9,206,888,993 / 6.2
フィリピン 一人あたり GDP	65,332 / 4.8	68,746 / 5.2	71,741 / 4.4	74,833 / 4.3	78,682 / 5.1	82,593 / 5.0	86,370 / 4.6

出典：Philippines Statistics Authority

第3章 災害復興と経済発展

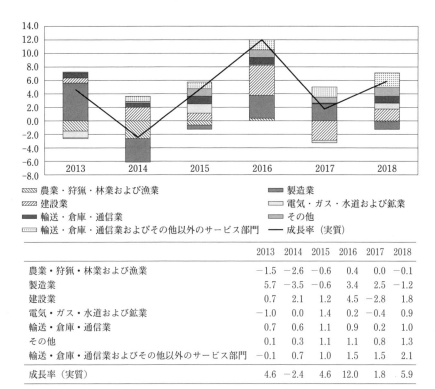

図 3-2　東ヴィサヤ地域の成長率（実質）に対する産業別寄与度（%）
データ出所：Philippines Statistics Authority
注：電気，ガス，水道業及び鉱業の寄与度は両者の寄与度を合算して算出している。また輸送・倉庫・通信業およびその他以外のサービス部門の寄与度は，自動車・オートバイ，個人及び家庭用品の修理・販売業，金融業，不動産業，行政・防衛業の寄与度を合算して計算している。

年に成長率の大きな上昇が見られるが，これは銅の国際相場が高騰したことで企業の業績が改善したことによる[63]。

　自動車・オートバイ，個人及び家庭用品の修理・販売業は，台風発生の翌年である 2014 年のみマイナス成長（前年比 −2.8%）となった後は，2015 年から

---

63) 出典：SunStar Tacloban, "Eastern Visayas economic growth dips in 2017; reversal seen in 2018," 26th April, 2018.

2018 年にかけて同＋7.2％，同＋5.8％，同＋4.8％，同＋7.4％ と堅調な成長を見せている。2014 年の総生産については，台風後に発生した略奪行為や政府による企業向けの金融支援の遅れといった要因が影響した可能性がある。なお，CFW を始めとして国際組織や NGO といった支援団体は内需拡大につながる支援活動を行ってきたが，これら支援団体が撤退を開始した 2014 年 12 月以降も同産業の成長率は堅調に推移しており，国際支援の終了に伴う内需の停滞は確認できない。

　建設業においては復興需要による経済活動の活性化が起きている様子が見られる。台風発生後の 2014 年に前年比＋27.4％ もの成長率を記録している。政府や支援団体による大規模な支援活動の影響がうかがえる。2016 年には成長率が同＋42.4％ とさらに上昇しているが，これは政府が RAY の住宅再建プロジェクトの積み残しを駆け込み[64] で実施したことによる[65]。結果，2014 年から 2016 年までの域内総生産の成長率に対する建設業の寄与度は一貫してプラスであった。その後，復興需要のピークアウトに伴い 2017 年の建設業の成長率は同－21.2％ と大幅に下落した。2018 年には同＋17.4％ の二桁成長となったが，今後の成長は予断を許さない。

　その他産業も台風の発生以降は好調が続いている。2014 年の成長率は前年比＋3.2％ に過ぎないが，2015 年から 2018 年にかけて成長率は同＋12.2％，＋同 10.8％，＋同 8.4％，＋同 13.0％ と高い伸び率を示している。この背景には観光客や航空便の発着数の増加，ホテルやレストランといった観光関連企業の発展がある[66]。台風の発生以降，東ヴィサヤ地域を訪問する人々の数は増加しており，こうした外部からの需要を取り込むことで同産業の成長につなが

---

[64] RAY は 2011 年から 2016 年までに実施される PDP を基礎に作成されたため，その実施期間も PDP と連動していた。

[65] 出典：Philippine News Agency, "Region 8 shows post-'Yolanda' economic gains," 8th November 2018.

[66] 出典：Philippine News Agency, "Eastern Visayas economy posts 5.9% growth in 2018," 25th April, 2019.

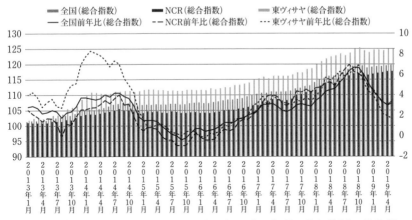

図 3-3 全国，National Capital Region (NCR)，東ヴィサヤ地域の月次消費者物価指数（総合）とその上昇率（左軸：消費者物価指数，右軸：前年比伸び率（%））
出典：Philippines Statistics Authority

っている可能性がある。実際，東ヴィサヤ地域の域内総生産の成長率に対する寄与度も 2014 年から 2018 年にかけて一貫してプラスとなっている。

ここで，東ヴィサヤ地域の名目と実質の域内総生産の成長率を比較すると，2014 年の名目成長率は前年比＋3.4% であるが，実質成長率は同 −2.4% のマイナス成長と両者の乖離が大きい。この背景には急速な物価の上昇があると考えられる。図 3-3 は全国，首都圏，東ヴィサヤ地域の消費者物価指数（総合）の推移とその伸び率を示しているが，同地域における消費者物価は 2013 年末頃から全国平均や首都圏の伸び率を超えて高騰しており，このトレンドは国際組織や NGO 等の支援団体が撤退を開始した 2014 年 12 月頃まで続いている。このことから，台風襲来後から 2014 年末にかけて見られた被災地における急速な物価の上昇は，政府や国際組織，NGO といった支援団体により実施された住宅再建やインフラ復旧，CFW プログラムといった支援活動に起因するものと考えられる。

東ヴィサヤ地域では物価だけでなく賃金水準も大きく上昇している。図 3-4

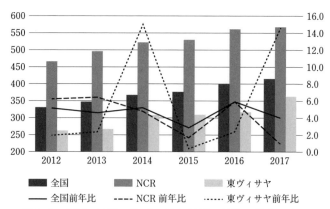

図3-4 全国，NCR，東ヴィサヤ地域の平均日給額の年別推移（左軸：日給額（ペソ），右軸：前年比伸び率（%））

出典：Philippines Statistics Authority

* 日給データは社会保険料や税金引前の値であり，手当，歩合，残業代，福利厚生等は含まれていない。

* 年次データは1，4，7，10月調査の平均をとっているが，2014年の東ヴィサヤ地域は1月調査の結果を含んでいない。

* 2014年1月から2015年4月までの東ヴィサヤ地域の調査では，レイテ島は調査対象となっていない。

は全国，首都圏，東ヴィサヤ地域の平均日給額の年別推移を示しているが，2014年の伸び率は全国平均や首都圏の伸び率を大きく上回っている。同年には政府や支援団体によりCFWや住宅再建を始めとする支援活動が多く実施されており，労働市場が逼迫したことで賃金が上昇したと考えられる。なお，RAYの駆け込み実施が終了した翌年である2017年にも平均日給額の伸び率が高くなっている。同年の農業・狩猟・林業および漁業，建設業の成長が停滞していることから，その他産業を中心にサービス産業における労働需要が旺盛となり，賃金の上昇につながった可能性がある。

しかし，こうした賃金上昇も所得水準の向上には結びついていない。東ヴィサヤ地域の一人あたり域内総生産の成長率は，2014年から2017年にかけてそれぞれ前年比 −3.5%，同 +0.0%，同 +10.0%，同 −0.1%，同 +4.0% と，2016年と2018年を除いてほとんど成長していない。名目上の賃金上昇が起き

てもインフレーションが発生したことにより実質的な所得水準の向上につながっておらず，被災者の生活再建が順調に進む環境にあるとは言えない。

3.5.5 分析結果
(1) 政府，国際組織，NGO の支援がその後の長期復興に与えた影響

　東ヴィサヤ地域の長期復興を進めるにあたって，現状，被災地の経済・社会的状況には以下の二つの課題があると考えられる。第一に，政府や支援団体による復興支援において長期復興を推進するための基盤を十分に構築することができていない。緊急対応から初期復興の過程にかけて政府や国際組織，NGO といった支援団体は様々な支援を行ってきた。中でも，フィリピン政府は復興計画の基本的な枠組を RAY にまとめた上で，その責任主体として OPARR を設置し包括的な復興政策を推進してきた。しかし，事業の進展には遅れが見られる。公共インフラの復旧に関する事業においては一定の進捗が見られるものの，特に住宅再建プロジェクトの遅れは深刻であり，2017 年度第 1 四半期が終了した時点で過半数が未達となっている。住宅再建が遅れればその後の被災者の生活再建にも影響が出る可能性がある。

　さらに，復興政策において長期的な地域開発の視点に立った事業が少ない。RAY の事業内容を見れば，被災者や中小企業に対する被害補償や現物支給，公共インフラや住宅の再建に関する内容が含まれているものの，その多くは被災者の生活再建や個別企業の事業再開に向けた短期的な支援，あるいは住宅や社会資本の復旧といった被災前の社会的状態への回帰を目指す内容が多い。経済的復興を進めるためには新産業の創造や産業構造の転換が重要となるが，これらに対応した事業計画は見られない。

　国際組織や NGO 等の支援団体の中にも，長期復興の過程に与える影響を十分に考慮せずに支援活動を行うものが見られた。例えば，災害に脆弱な建材を用いて住宅の再建を行った他，病院の新設に際して高額な維持費を要する空調機を設置する等，その後の施設の運用や維持管理を考慮していないプロジェクトが見られた。こうした実態に合わない支援を行ったとしても，その後の過程

で成果が活用されない可能性がある。

　復旧を図ったことで経済的復興につながりにくい支援に資源が投じられたこともある。東ヴィサヤ地域においてココナッツ農業は基幹産業の一つであるが，台風によりココナッツ林は大きな被害を受けた。そのため被災地の産業再生に向けて支援団体によるココナッツの植林が実施された。しかし，ココナッツ林の再生には長期的な時間を要する上に，付加価値の低い同産業を再生させても地域経済の生産性や所得水準の向上につながらないことが指摘されている。

　被災者の心理に外部からの支援に対する依存心が生まれているという懸念も聞かれた。被災地において多様な復興支援プログラムが大規模に実施されたことで，復興に向けたプロジェクトの推進やそれに伴う雇用機会の提供を外部の支援団体に頼る雰囲気が生まれているという。政府や支援団体の活動期間に限りがあることを考えれば，長期復興の過程を推進する主体は被災地の市民をおいて他にない。被災者の間に依存心が生まれてくれば，長期復興の過程を進めることが難しくなる。

　第二に，政府や支援団体により様々な復興支援が行われたものの，東ヴィサヤ地域の経済的復興に向けた動きは力強さを欠いている。台風直後の2014年には，農業・狩猟・林業および漁業，製造業の総生産はそれぞれ前年比－12.7％，同－16.0％と大きなマイナス成長を経験しており，台風による被害の大きさがうかがえる。さらに，自動車・オートバイ，個人及び家庭用品の修理・販売業も同－2.4％と伸びはマイナスとなっており，略奪行為の発生や政府による中小企業への金融支援の遅れが影響した可能性がある。結果，2014年の東ヴィサヤ地域の成長率は同－2.4％と前年（同＋4.6％）から落ち込んでおり，成長率に対する寄与度を見ると農業・狩猟・林業および漁業，製造業が大幅なマイナスとなっている。

　その後，復興需要による影響もあり被災地の経済活動には一時的に持ち直しの動きが見られた。2015年から2016年にかけて東ヴィサヤ地域の成長率は前年比＋4.6％，同＋12.0％と推移している。この間，建設業の成長率は同＋12.3％，同＋42.4％と大幅なプラスとなっており，後年にかけてその成長率は

加速している。政府が復興計画の遅れを取り戻そうと2016年に集中的に復興事業を実施したことも後押しした。さらに、観光客や航空便の発着増加に伴う観光関連産業の発展により、その他産業の成長率は2015年、2016年に同＋12.2％、同＋10.8％と堅調に推移している。なお、銅の国際相場の高騰に伴って、製造業の成長率は2016年に同＋19.7％と大幅なプラスを記録している。結果、2016年、2017年の東ヴィサヤ地域の成長率に対する寄与度を産業別に見ると、建設業、製造業、その他産業が貢献している様子が確認できる。

しかし、復興需要がピークアウトした2017年には、東ヴィサヤ地域の経済的復興は停滞した。同年に建設業の成長率が前年比−21.2％と大幅に下落したことを受け、東ヴィサヤ地域の成長率は前年比＋1.8％まで落ち込んだ。この間、製造業、その他産業の成長率はそれぞれ同＋13.3％、同＋8.4％と順調に成長していたが、復興需要の終了に伴う影響が上回ることとなった。復興政策を短期的に集中して実行すれば、このような復興需要に伴う景気の変動は避けられない。

その後、2018年に同地域の成長率は再び同＋5.9％まで上昇した。しかし、今後の経済的復興に向けた力強さは見られない。建設業の成長率は同＋17.4％と二桁成長となったが、2016年度の総生産の水準を回復することはできていない。加えて、製造業の成長率は同−5.7％となっており、国際市況の影響により成長軌道が不安定になっている可能性がある。なお、その他産業は同＋13.0％と高い成長率を示しており、今後はこの部門の成長が同地域の経済発展の牽引役となることが期待される。

ここで2014年から2018年までの同地域の成長率を全国平均と比較してみると、2016年を除いて東ヴィサヤ地域の成長率は全国平均を下回っていることが確認される。政府による復興政策や多くの支援団体による支援活動が行われたにも関わらず、東ヴィサヤ地域の経済発展に向けた動きは力強さを欠いている。2016年までに復興需要が収束したことも考え合わせると、今後、被災地の経済的復興が順調に推移するか予断を許さない。

さらに、復興需要が旺盛であった期間には賃金の上昇だけでなく消費者物価

の高騰も見られたため，2014年から2018年にかけて同地域の一人あたり総生産の成長率は同−3.5%，同＋0.0%，同＋10.0%，同−0.1%，同＋4.0%と安定した推移が見られない。今後，被災地において経済的復興が進んでいくためには，農林水産業や製造業に代わる新産業の登場や既存産業の高度化が必要と考えられる。

(2) 長期復興に向けて求められる緊急対応や初期復興のあり方

フィールド調査の結果，緊急対応や初期復興の過程において長期復興に向けた基盤を構築するためには二つの視点が重要であることが分かった。第一に，被災前の社会的状態への回帰を志向する復旧支援よりも，被災後の現実に立って地域社会の持続的な発展を目指す復興支援が必要となる。

復旧支援により長期復興を推進することには限界がある。例えば，復旧支援によってココナッツ林の再生を行い，漁業を生業とする漁師に新しいボートを提供しても，農業や漁業の生産性が向上し所得水準が向上するわけではない。また，CFWは雇用を通じて被災者に生活資金を提供するという点で有効な措置ではあるものの，それ自体が労働者の技能形成を促し，賃金を高める効果があるとは限らない。企業に対する金融支援も，それによって生産性の向上や産業の高度化が進むとは一概には言えない。つまり，一連の復旧支援により被災前の社会的状態への回帰が実現しても，東ヴィサヤ地域の所得水準を考えれば被災地は「元の貧困な状態に戻る」他ない。

したがって，東ヴィサヤ地域で長期復興を進めるためには，経済開発を通じて所得水準を向上させながら貧困率の削減を図るアプローチが必要である。かねてから同地域においては貧困や所得水準の低さが問題となっていた。そのような地域において被災者の生活再建や被災社会の再生を進めるためには，長期復興の過程で所得水準を向上させ貧困を削減するような手段を講じる必要がある。加えて，恒久住宅，学校，病院を始めとして，被災地には支援活動によって多くの施設や設備が新設されたが，それらを維持管理するためにも地域社会における所得水準の向上が求められる。また，被災者も自らの暮らしぶりが着

実に改善していく様子が見られなければ復興を実感することができない。結局，長期復興を推進するためには，初期復興の段階から社会資本の整備や技術革新の促進に向けた取り組みを実施し，地域社会の持続的な開発により所得水準の向上や貧困の削減を図るような経済発展による復興を目指すことが必要となる。

　第二に，被災後の現実に立って長期復興を目指していくためには，地域社会が中心となって復興計画の推進体制を構築することが必要である。地域社会の持続的な開発を進めるためには，被災地の将来像を見据えた上で実態に合った復興支援を講じることが重要である。そうした復興支援を実施するためには被災地の自治体，市民，企業の声や提案を受けて復興計画や支援活動の内容を修正していく作業が欠かせない。さらに，政策の継続性を担保するためにも現地のアクターが中心となって復興政策を推進する体制の構築が求められる。

　現状，政府が主導して策定した復興計画であるRAYには被災地の実情やニーズに沿った事業が十分に含まれているとは言えない。RAYでは破壊された社会資本や住宅資本の復旧にその重点が置かれており，例えば，観光産業の振興に向けた情報通信の整備や交通インフラの拡張，水産加工業の誘致に向けた輸出港の新設といった事業は含まれていない。

　国際組織やNGOといった支援団体も，被災地の社会的課題の優先順位を考慮して支援内容を決定している様子は見られない。例えば，防潮堤の建設に投じられる資金を上下水道や輸出港の整備に充てることができれば，被災地の社会的ニーズに沿った支援活動が可能となっただろう。また，ココナッツの建材を用いた住宅建設に相応のコストをかけるよりも，同程度のコストでコンクリート製の恒久住宅を建設した方が防災上の効果は確かなように思われる。

　このような供給側の論理に立った支援が実施される理由は，政府の復興政策や支援団体の活動計画に，被災地の自治体，経済団体，市民の声を反映する仕組みが欠けているからである。政府の復興政策であるRAYはPDPをその基礎としており，PDPは従来からその計画立案にあたって現地の実情やニーズを事業内容に反映させることが難しいことが指摘されていた。つまり，RAYにはそうしたPDPにおける制度的課題がそのまま持ち込まれていると言える。

さらに，国際組織やNGOといった支援団体は，活動期間が限られているため短期的な成果が求められるという事情もあるが，被災地の将来像や現地の実情を考慮することよりもそれぞれの活動目的に合った支援を優先する傾向がある。このため，必ずしもその支援内容に被災地の実情やニーズが反映されているとは限らない。また，政府や支援団体の活動資金に対して，被災地の自治体，市民，企業がその用途について指示することもできない。

したがって，長期復興の過程で地域の実態にあった復興政策を推進するためには，政府が主導する復興政策の計画立案のプロセスに，被災地の自治体や市民が参加できるような体制を確立し，制度化することが必要となる[67]。また，支援団体の活動を長期復興に向けた事業として位置づけていくためには，被災地の自治体が中心となって市民や企業の意見を集約し，地域社会の将来像と地域開発の原則を定めた上で，復興計画の全体像の中に支援団体を招き入れることが望ましい。

なお，政府による復興計画の策定過程に被災地のアクターが参加するだけでなく，復興政策を計画・実施するための予算と権限を被災地域の自治体に委譲することも検討の価値がある。被災前から，フィリピン政府はその行政の非効率性を指摘されてきた。長期復興の推進に際してそうした非効率性を回避するためには，透明性の確保を義務付けた上で，一定の権限と予算を被災地域の自治体に委譲することも選択肢の一つと言える。

(3) 長期復興に向けて求められる復興支援

今後，被災地において長期復興を推進するためには，地域社会の持続的な経済発展を促すような復興計画やそのための事業を策定することが求められる。復興政策を呼び水として付加価値の高い産業を創出し，より良い雇用機会を市場に供給できるようになれば，被災地の経済発展を通じて社会の再生が進むだ

---

[67] 例えば，阪神・淡路大震災の後，日本政府は阪神・淡路復興委員会を設置し被災地の支援のあり方について検討を行った。この委員の中には当時の被災自治体の首長である兵庫県知事の貝原俊民氏，神戸市長の笹山幸俊氏が含まれている。

けでなく，賃金水準の上昇を通じて被災者が生活再建に向けた原資を確保しやすくなる。

　被災地の経済発展に向けて，政府は復興政策において新しい社会資本の整備を検討する必要がある。タクロバン市近郊では，今後，養殖漁業に将来性があると考えられており，同産業の振興を図るために水産加工企業を誘致する必要がある。関連企業が東ヴィサヤ地域に進出する際に重視している要因の一つに地域の物流機能が挙げられるが，現在のところ，タクロバン市の近郊には主要な輸出港が存在しないため，水産加工企業は生産した製品を低コストで最終消費地に輸送することができない。このため，養殖漁業の振興に向けて水産加工企業を誘致するためには，復興計画を通じて地域に主要な輸出港を新設する必要がある[68]。また，ギワン町近郊はサーフィンを軸にした観光開発を進めている。しかし，現地への交通アクセスの手段は陸路に限定されており，現地の観光や滞在先に関する情報発信についても，情報通信インフラが脆弱であることから進んでいるとは言えない状況にある。今後，同地域に観光客を誘致するためには，陸路・空路による交通アクセスの整備に加えて情報通信インフラの構築が必要となる。これらは一例に過ぎないが，社会資本の整備を通じた復興の推進は重要な政策課題である。

　国際組織やNGO等の支援団体には，被災地の市民や企業に対して技術供与を図ることで技術革新や生産性の向上を促し，長期的な地域開発を促進する手段が求められる。今後，東ヴィサヤ地域が持続的に経済発展を進めていく上では，製造業やサービス業といった産業に軸足を移していくことも重要であるが，農林業・漁業を中心とした第一次産業の生産性向上も重要な課題となる[69]。

---

68) なお，タクロバン市の企業経営者によれば「地域内に複数の港が複数設置されて，その合計で取扱量が確保できたとしても，それではコスト競争力のある港湾機能とならない」とのことであった。

69) JICAは東ヴィサヤ地域においてミルクフィッシュや牡蠣の養殖業，またこれらの加工食品業の振興に向けて，浮沈式生簀や混合養殖の技術指導を行った事例を紹介している。新産業の創造と生産性の向上に向けた技術指導の一例と言える。（出典：JICA「【東日本大震災から5年】日本の技術が立役者！ミルクフィッシュとカキで台風ヨランダの被

国際組織の復興支援活動においては，被災地の農家に有機農法の技術供与を行い，付加価値の高い農産物を生産できるように支援したケースも見られる。今後は，こうした関連産業における人的資本投資を拡大するために，CFW のプログラムを通じて被災者に幅広い技能形成の機会を提供することも重要となる。

3.6　結　　論

本研究では，2013 年にフィリピンを襲った超大型台風ハイアンの復興過程に着目し，長期復興の推進に向けた政策対応のあり方について分析した。本研究の目的は，第一に，大災害後の緊急対応や初期復興の過程において，政府や支援団体によりなされた災害対応がその後の長期復興に与えた影響について明らかにすること。第二に，長期復興に向けて求められる緊急対応や初期復興のあり方について検討すること。第三に，長期復興を推進するために必要な復興政策や支援の内容について明らかにすることである。

東ヴィサヤ地域におけるフィールド調査と同地域のマクロ経済統計の分析から得られた結論は以下の通りである。第一に，政府や支援団体による復興支援において長期復興を推進するための基盤を十分に構築することができていないことが分かった。フィリピン政府は復興計画である RAY を立案・推進しているが，特に住宅再建プロジェクトの遅れは深刻であり，その後の被災者の生活再建に対する影響が懸念される。さらに，RAY の事業内容の多くは被災前の社会的状態への回帰を目指す内容が多く，新産業の創造や産業構造の転換に対応した事業計画が含まれていない。こうした点は，今後，長期復興の過程で経済的復興を追求する上で課題となる可能性がある。国際組織や NGO 等の支援団体についても，住宅や病院の建設にあたってその後の施設の運用や維持管理を考慮していない事例が見られた。地域社会で施設の活用が進まない場合，初期復興までに実施した支援事業はその後の長期復興の過程にインパクトをもた

災地復興」，2016 年 2 月 29 日）

らさないことになる。他にも，ココナッツ農業の再生に向けた植林事業も実施されたが，ココナッツ農業の生産性が低いことは以前から指摘されており，長期復興の過程において経済的復興を進める牽引産業としての役割は期待しづらい。なお，被災地では多様な支援が大規模に展開されたことで，被災者の心理に支援への依存心が生まれているという懸念も聞かれた。

　第二に，政府や支援団体により様々な復興支援が行われたが，東ヴィサヤ地域の経済的復興に向けた動きは力強さを欠いていることが確認された。2014年から2018年までの同地域の成長率を全国平均と比較してみると，2016年を除いて東ヴィサヤ地域の成長率は全国平均を下回っていることが確認される。この間，同地域の経済活動は台風による影響から徐々に立ち直ってきていたものの，経済活動の中身を見れば建設業を中心とした復興需要による経済活性化と，その後の復興事業のピークアウトに伴う景気の低迷の両方を経験していることが分かる。復興政策を短期的に集中して実行すればこのような景気の変動は避けられない。さらに，その他産業のように観光業の振興に伴って堅調な成長が見られる分野もあるが，今のところ地域経済の成長を牽引するような産業の登場は見られない。こうしたことから，被災地の経済的復興が順調に進んでいるとは言えない。加えて，復興需要が旺盛な期間には賃金の上昇だけでなく消費者物価の高騰も見られたため，同地域の一人あたり総生産は安定して成長しているとは言えない。2016年までに復興需要が収束したことも考え合わせると，今後，被災地の経済的復興が順調に推移するかは予断を許さない。

　第三に，緊急対応や初期復興の過程において長期復興に向けた基盤を構築するためには，被災前の社会的状態への回帰を志向する復旧支援よりも，被災後の現実に立って地域社会の持続的な発展を目指す復興支援が必要となることが分かった。東ヴィサヤ地域は被災前から開発の遅れと貧困が主な社会的課題として認識されてきた。台風被害からの復興にあたって，一連の復旧支援により被災前の社会的状態への回帰が実現したとしても，被災地は「元の貧困な状態に戻る」他ない。例えば，ココナッツ農業は以前からその生産性の低さが指摘されてきたが，被害を受けたココナッツ林の再生を行っても農家の所得水準が

向上するわけではない。したがって，東ヴィサヤ地域で長期復興を進めるためには，経済開発を通じて所得水準を向上させながら貧困率の削減を図るために，初期復興の段階から社会資本の整備や技術革新の促進に向けた取り組みを実施し，地域社会の経済発展による復興を追求する必要がある。

　第四に，被災後の現実に立って長期復興を勧めていくためには，地域社会が中心となった復興計画の推進体制を構築することが必要であることが分かった。長期復興を推進するためには，被災地の実情に合った復興支援を講じる必要があるが，現状，政府の復興計画や国際組織，NGOといった支援団体の活動内容を見ると，被災地の実情やニーズ，政策課題の優先順位に沿って事業が実施されているとは言えない。このような供給側の論理に立った支援が実施される理由は，政府の復興政策や支援団体の活動計画に，被災地の自治体，経済団体，市民の声を反映する仕組みが欠けているからである。今後，被災地の将来像を見据えた上で実態に合った復興支援を講じていくためには，政府が主導する復興政策の計画立案のプロセスに，被災地の自治体や市民が参加できるような体制を確立し，制度化することが必要となる。また，支援団体の活動を長期復興に向けた事業として位置づけていくためには，被災地の自治体が中心となって市民や企業の意見を集約し，地域社会の将来像と地域開発の原則を定めた上で，復興計画の全体像の中に支援団体を招き入れることが望ましい。

　第五に，今後，被災地において長期復興の過程を推進するためには，政府が復興政策において社会資本の整備を行うことで新産業の創造に向けた呼び水とするだけでなく，国際組織やNGOといった支援団体が市民や企業に対する技術供与を通じて既存産業における生産性の向上を促す必要がある。東ヴィサヤ地域では沿岸部を活用した養殖漁業やサーフィンを軸にした観光産業に将来性があると考えられており，こうした新産業の創造のためには，輸出港の新設による物流の改善，陸路や空路による交通アクセスの整備，情報通信インフラの普及といった政策対応が求められる。また，基幹産業である農林業・漁業を中心とした第一次産業の高度化に向けて，有機農法や沿岸地域における養殖技術に関する技術移転を進める必要がある。その際，そうした技術の習得に向けた

人的資本投資が重要となるが，CFW を通じて被災者に幅広い技能形成の機会を提供することも検討の余地がある。

　本研究では，台風ハイアンの被災地である東ヴィサヤ地域において，初期復興の段階が終了した後の 2015 年 7 月にフィールド調査を行ったが，今後の被災地の長期復興が進展するかは長期的に検証する必要がある。その際，被災地の産業構造や所得水準に着目しつつ，復興過程と地域開発計画の関連性について分析するために，追加的なフィールド調査が必要となる。

第4章　2004年インド洋大津波からの経済的復興
——インドネシア・アチェ州の経済発展とその軌跡[1]

4.1　国連における災害政策に関する議論の進展

　近年，世界的な災害発生の高まりに合わせて，災害政策に関する議論が国際的に進展してきている。国連の場において最初に災害政策に関する議論が始まったのは1987年の国連総会である。ここでは，1990年代を「国際防災の10年（International Decade for Natural Disaster Reduction（IDNDR））」とすることが決議された。自然災害は人命や財産に対する脅威であるだけでなく，特に途上国を中心として国や地域レベルの持続可能な開発を妨げる事象であるという問題意識がその背景にあった[2]。その後，1994年に横浜市において防災分野で初となる「国連防災世界会議」が開催され，IDNDRの中間レビューとして各国における取組状況を評価した上で，防災政策における戦略と行動計画に係るガイドラインを定めた「横浜戦略とその行動計画[3]（以下，横浜戦略）」が

---

1) 本章の内容は，2016年度アジア太平洋研究所報告書「災害復興の総合政策的研究」を元に，加筆修正したものである。
2) 出典："Recognizing that the effects of such disasters may damage very severely the fragile economic infrastructure of developing countries, especially the least developed, land-locked and island developing countries, and thus hamper their development process." (United Nations General Assembly, A/RES/42/169, 96th plenary meeting, 11th December 1987)

採択された。さらに「横浜戦略」の点検と締めくくりの場として，阪神・淡路大震災から10周年を迎える2005年1月に，2回目となる国連防災世界会議が神戸市で開催され，防災政策の推進に向けた具体的な行動指針を示した「兵庫行動枠組（Hyogo Framework for Action（HFA））」[4] が採択された。なお，会議開催の直前にインド洋大津波が発生したことで，同会議は世界各国から政府代表，国際機関，閣僚，NGO，市民が参加する大規模なものとなり，HFAは多数の参加国からの合意得ることとなった[5]。さらに，2011年の東日本大震

---

[3] 横浜戦略では，世界各国において持続可能な経済発展のためには災害に強い社会の構築に向けた取り組みが欠かせないという認識の下，災害リスクの軽減は，国，地域，国家間の全てのレベルにおいて，開発計画に欠くことのできない要素であること，災害救援の必要性を削減する上で災害リスクの軽減は最も重要な要素であること，効果的な災害リスクの軽減ためには，国，地域，国際レベルに至るまで，全てのアクターの参加が不可欠であること等，10の原則が共有された。さらに，こうした問題意識を元に，各国に対して10年間の行動計画とそのフォローアップが要請された。(UNDRR, "Yokohama Strategy and Plan of Action for a Safer World: guidelines for natural disaster prevention, preparedness and mitigation"（https://www.unisdr.org/we/inform/publications/8241）参照。)

[4] HFAでは，第2回国連防災会議に参加した国々は，今後10年間，「災害による国やコミュニティレベルの人命，経済，社会，環境への被害の大幅な削減」に向けて，政府，また国際機関やボランティアを含む市民社会が全面的に取り組む必要があるとしている。その上で，そうした成果の実現に向けて，(a) 持続可能な開発の取組みに減災をより効果的に取り入れること，(b) 全てのレベル，特にコミュニティレベルで防災体制を整備し能力を向上させること，(c) 緊急対応や復旧復興の段階においてリスク軽減の手法を体系的に取り入れること，といった3つの戦略目標が掲げられている。さらに，そうした戦略目標の実現に向けて，(1) Disaster Risk Reduction（DRR）を国や地方の政策上の優先事項に位置付け，実行に向けた強力な制度的基盤を確保すること，(2) 災害リスクを特定化，評価，監視し，早期警戒を強化すること，(3) 知識，技術革新，教育を用いて安全文化やレジリエンスの構築をあらゆるレベルで進めること，(4) 潜在的なリスク要因を削減すること，(5) あらゆるレベルにおいて効果的な緊急対応を行うために災害準備を強化すること，といった5つの優先行動が採択されている。この他にも，各優先行動における重要活動も合わせて示されている（UNISDR, "Hyogo Framework for Action 2005-2015: Building the resilience of nations and communities to disasters"（https://www.unisdr.org/we/inform/publications/1037）参照）。

第 4 章 2004 年インド洋大津波からの経済的復興　　　　147

災の発生を受けて，2015 年 3 月には仙台市で第 3 回国連防災世界会議[6]が開催された。そこで採択された「仙台防災枠組（SFDRR）」[7]では，兵庫行動枠組をベースに更なる災害対応の進展を目指すとした上で，具体的な政策ターゲットやその数値目標，そのための優先行動や指導原則が示されている。

このように国際的な災害政策に関する議論が進展する中で，近年，災害復興に対する関心が高まっている。SFDRR は 4 つの優先行動[8]を定めているが，その中の一つに「より良い復興（Build Back Better, i.e. BBB）」が位置付けられている。SFDRR では復旧復興は BBB のための重要な機会であり，その追求に向けて開発計画の中に Disaster Risk Reduction（DRR）を位置付ける等，国やコミュニティのレジリエンスを向上させる必要があるとしている[9]。自然

---

5)　第 2 回国連防災世界会議には，世界各国から 168 カ国の政府代表，78 の国際機関，50 名以上の閣僚，161 の NGO 団体に加え，4 万人以上もの市民が参加した。（松岡，2015）。

6)　会議には，187 の国連加盟国から 6,500 人以上が参加し，これまでに日本で開催された中では最大級の国連関係の国際会議となった。

7)　SFDRR では，今後 15 年間で，HFA と同様に，「人命，暮らし，健康，個人，企業，コミュニティ，国の経済的，物理的，社会的，文化的，環境的資産に対する災害リスク及びその損失の大幅な削減を図ること」が引き続き期待されるとしている。そして，そのための目標として「既存の災害リスクを削減し，新たな災害リスクを予防するために，統合的かつ包摂的な経済，構造物，法律，社会，健康，文化，教育，環境，技術，政治及び制度における各種手段を実施し，ハザードへの暴露及び脆弱性を予防・削減し，緊急対応及び復旧への備えを強化し，レジリエンスを強化すること」が掲げられている。加えて，こうした目標の実現のために，7 つの政策ターゲット，13 の指導原則，4 つの優先行動および各優先行動における重要事項が定められている。この他，ステークホルダーの役割，国際協力やグローバルパートナーシップのあり方に関する記述も存在する（UNDRR, "Sendai Framework for Disaster Risk Reduction 2015-2030"（https://www.unisdr.org/we/inform/publications/43291）参照）。

8)　(1) 災害リスクの理解，(2) 災害リスク管理のための災害リスクガバナンスの強化，(3) レジリエンスのための災害リスク軽減への投資，(4) 効果的な緊急対応のための災害準備の強化と「より良い復興（Build Back Better）」の推進，の 4 つが挙げられている。

9)　原文は以下の通りである。"…Disasters have demonstrated that the recovery, rehabilitation and reconstruction phase, which needs to be prepared ahead of a disaster,

災害が発生すれば，人命や資本ストックに大きな被害が発生するのみならず，市民の社会活動や企業の経済活動が影響を受ける。加えて，そうした復旧復興のためには多額の投資が必要となる。そして，こうした事態に上手く対処できない場合，被災地の持続的な開発は困難となってしまう。さらに，地域によっては自然災害が多発することを考えれば，復旧復興の過程から，将来発生の蓋然性が高い災害によりもたらされると想定される被害を減じておくことは重要である。SFDRRではBBBを通じてこうした課題に対処する必要があるという認識が示された。

こうした流れは災害管理サイクル（Disaster Management Cycle）と重なる部分が多い。Wisner and Adams（2002）によれば，災害後になされる政策対応は，緊急対応から復旧復興を経て減災対策へと展開していくとしている。発災直後は政府や国際組織，NGOといった支援組織による人命救助や支援物資の提供といった緊急対応の必要性が高まる。そうした緊急対応が続く中，次第に被災者の間で復旧復興に関する幅広い支援を求める声が大きくなってくる。復旧復興は，初期復興と長期復興の二つの過程に分けられ，初期復興の過程では，短期的に被災者の生活再建や企業の事業再開，公共インフラや社会資本の復旧を目的とした多様な支援がなされる。また，長期復興の過程では地域社会や経済活動の持続的な発展に向けて，都市計画の立案，開発計画の策定，規制緩和等，様々な政策が実施される。そして，復旧復興が進展していくうちに，将来の災害被害の軽減に向けた減災対策が求められるようになる。公共インフラや都市基盤の強靭化，建築基準の改定，市民社会における防災訓練や防災教育の普及，地域の環境改善や治山治水への投資，ハザードマップの作成や早期警戒警報システムの構築等，幅広い領域において政策対応がなされることになる。災害管理サイクルに置き換えて言えば，BBBとは復旧復興から減災対策の過程を通じて災害に強い社会の構築を目指す一連の政策対応を指すものと考えら

---

is a critical opportunity to "Build Back Better", including through integrating disaster risk reduction into development measures, making nations and communities resilient to disasters."（Sendai Framework for Disaster Risk Reduction 2015–2030, p.21）

れる。

　災害復興の過程で BBB を進めるためには，復旧復興の過程に進展が見られる必要があり，中でも経済的復興の推進は BBB に向けた重要な基盤となる。被災地の経済的復興が停滞すれば，被災者の生活再建や地域社会の再生に遅れが生じるばかりではなく，市民が復興を実感することもできない。被災地の復旧復興に十分な進展が見られない中では，政策対応の優先順位や市民のセンチメントを考慮すれば，その後に続く減災対策を進めることは困難である。また，復旧復興の過程で都市基盤の高度化[10]や建築基準の改定[11]等，ハード面での政策対応を行ったとしても，社会資本の維持管理や新制度への対応を図るには一定の経済成長が必要となる[12]。加えて，市民による防災準備に向けた行動や支出を促すには所得水準の向上に伴う生活の安定が欠かせない[13]。

　BBB の推進においては復旧復興の進展が重要な前提となるが，SFDRR にはどのような政策課題を解決すれば復旧復興が可能となるのか具体的な記述が存在しない[14]。関連する記述としては，BBB の推進を掲げた第四の優先行動における重要事項の中に，緊急対応，初期復興，長期復興といった各過程の関連性を深め，災害復興の過程で災害リスクの軽減に向けた諸政策を実施しつつ，被災地の持続的な経済発展に向けた一連の政策の中に災害復興を位置づけるこ

---

[10] 阪神・淡路大震災ではその復興過程で阪神高速道路の地下化が検討されたことがあるが，早期復旧を求める声が大きかったこともあり，最終的に断念した（森津（2005））。
[11] 阪神・淡路大震災においても住宅再建において既存不適格の問題が大きな課題となった。
[12] 例えば，公共インフラの新設・高度化を行えば，それに合わせて維持管理に要する費用も増加するため，それを賄うためには経済活動の活性化による税収や料金収入の増加が必要となる。また，地域社会において新しい建築基準に対応した住宅や商業建築を増やすためには，その新設に向けた投資を増やすことで地域に存在する建造物の新陳代謝を促す必要がある。
[13] 例えば，所得水準が低い貧困層や失業者が多い地域では，市民の防災準備や防災行動を促すことは現実的に難しい。
[14] 長期的な復興に向けて具体的な方針が示されていない点は，東日本大震災復興基本法も同様である。

とが，災害復興を通じて災害リスクマネジメントを深化させる上で重要であるとする記載があるに過ぎない[15]。

さらに，大災害によっては長期復興の過程で経済的復興が進展しない事例も見られる。近年，カウンターファクチュアル分析を用いた大災害の経済的復興に関する研究が見られるようになってきており，Dupont and Noy（2012）やFujiki and Hsiao（2013）は，阪神・淡路大震災の発生直後を除いて，被災地では長期に渡って間接経済被害が生じていることを明らかにしている。同震災では被災自治体によって相応の財政規模を伴う 10 カ年の復興計画が立案・推進されたが，長期的に見れば経済的復興は未だ道半ばと言える。

このように，BBB を推進するためには復旧復興の過程が進展している必要があるが，大災害後の長期復興の過程において経済的復興が進むかは事例ごとに異なる。大災害はその頻度が多くないことも考えれば，大災害の事例研究を通じて経済的復興が進んでいるかを長期的な観点から検証し，求められる政策支援のあり方について研究することは，災害を機に BBB に向けた基礎を作る上で重要となる。

そこで本章では，2004 年のインド洋大津波で大きな被害を受けたインドネシアのアチェ州を対象に，カウンターファクチュアル分析により経済活動の長期的復興を検証する。さらに，2004 年のインド洋大津波の後のアチェ州の経済的復興や地域経済の実態について知るために現地でのフィールド調査も実施

---

15) 原文は以下の通りである。"To promote the incorporation of disaster risk management into post-disaster recovery and rehabilitation processes, facilitate the link between relief, rehabilitation and development, use opportunities during the recovery phase to develop capacities that reduce disaster risk in the short, medium and long term, including through the development of measures such as land-use planning, structural standards improvement and the sharing of expertise, knowledge, post-disaster reviews and lessons learned and integrate post-disaster reconstruction into the economic and social sustainable development of affected areas. This should also apply to temporary settlements for persons displaced by disasters."（Sendai Framework for Disaster Risk Reduction 2015–2030, p.21）

する。インド洋大津波は21世紀の中でも最大の被害をもたらした自然災害の一つであり，中でもアチェ州は最も大きな被害が発生した地域である。津波発生から約15年が経過しているが，アチェ州の経済的復興の過程について間接経済被害の観点から長期的に分析した研究は少ない。また，インドネシアのように経済発展が著しい国においては，災害後の復興過程も順調に推移すると考えられてきた。しかし，実際は発災後から現在に至るまでアチェ州の経済状況は停滞が続いている（McCawley, 2014）。被災地における質的分析を通じて経済的復興に向けた政策対応のあり方を研究することの意義は依然として失われていない。

本章の構成は以下の通りである。次節では，自然災害と経済成長の関連性に関する先行研究について紹介する。第3節では，インド洋大津波の概要と政府や国際社会の対応について紹介する。第4節でインド洋大津波後のアチェ州の経済的復興に関してカウンターファクチュアル分析を行う。第5節で結論を述べる。

4.2 自然災害と経済成長の関連性に関する先行研究

自然災害と経済成長の関連性については，過去にも研究が行われてきているが（Albala-Bertrand, 1993; Dacy and Kunreuther, 1969），近年，主にマクロ経済との関連性において，実証・理論的な研究の蓄積が見られるようになってきた[16]。先駆的な研究であるToya and Skidmore（2002）は，国際比較分析の結果，より多くの気候災害を経験している国々では，全要素生産性や経済成長率を押し上げる効果があることを発見している。これは物理的資本の収益性が災害により減少したとしても，企業が代替的に人的資本への投資を行うためである。他にも災害により破壊された資本が再投資により更新され，より高度な産業構造や技術資本を備えることで，結果的に全要素生産性が押し上げられる

---

16) 災害と企業行動やミクロの分析も重要な領域であるが，これらの研究についてのレビューはChang and Rose（2012）に詳しい。

ためであるとも説明している。ただし，地質災害については，その後の経済成長との間に負の関係が認められるとしている。

　災害をきっかけにして経済活動が停滞するという実証研究も存在する。Benson and Clay（2004）は，国別にケーススタディを行い，大規模災害は短期的に経済活動に負の影響を与えるとしている。さらに，災害が頻発するような場合においては，長期的に見れば経済発展や貧困の削減等にも負の影響をもたらすとしている。Jarmillo（2009）も，大規模災害に直面した国々においては，長期的に成長率が低下することを実証分析から明らかにしている。Loayza et al.（2009）は，災害が経済成長に与える影響は災害の規模ごとに異なるとしており，比較的規模の小さな災害はその後の成長に寄与する場合もあるが，規模の大きな災害ではそのような結果が観察されないとしている。朱（2010）は，中国の長期的な経済成長と自然災害の関係について実証分析を行っており，地質災害はその後の経済成長に負の影響を与えるが，気候災害は経済成長に正の影響を与えることを発見している。

　自然災害とその後の経済成長に関する理論的な分析も存在する。Hallegatte and Dumas（2009）は，災害の被害に応じて復興のための資本を十分に準備することができなければ，短期的には資本制約が発生し「貧困の罠」に陥るとしている。その際，資本が政府支出によるか保険金をベースにするかは区別されないとしている。その上で，長期的には，その後の経済成長は技術進歩に依存するとしている。

　金融制約がその後の成長の足枷となると主張する研究も存在する。McDermott et al.（2011）は，被災国のGDPに占める金融セクターから民間部門に供与された資金の比率が被災後の経済成長に与える影響を推定している。その結果，資金制約に直面する国々では，中期的にその後の成長が減速することを発見している。また，McDermott（2012）では，各国のパネルデータを用いて，災害が人的資本形成に与える影響について分析している。その結果，被災国のGDPに占める金融セクターから民間部門に供与された資金の比率が大きいほど，その後の就学率が向上するとしている。教育水準の向上はマクロ経済

の成長に長期的に影響を与えることから,資金制約に直面するような途上国においては災害後の経済成長が減速する可能性を示唆している。

地域間の代替生産により被災地の経済的復興が停滞する場合もある。Fisker (2012) は,地震災害による経済成長への影響について実証分析を行っている。その結果,地震災害が国全体のマクロ経済に与える影響は観察されないが,被災地においてはその後5年間にわたって成長率を低下させることを発見している。同時に,災害により被災地の近隣地域で成長が加速していることも発見している。こうした近接地域において代替的な生産が行われることで,被災地における経済活動への負の影響が相殺され,マクロ経済全体への影響が軽減されるとしている。

自然災害による経済成長の停滞は,被災後の政治的混乱に起因するという研究も存在する。Cavallo et al. (2013) は,Abadie et al. (2010) の手法を用いて国際比較分析を行っている。分析の結果,大規模災害はその後の所得水準に短期的,長期的に影響をもたらさないことを発見している。ただし,その後,負の影響が認められるのは,災害が引き金となって政治的混乱が見られたケースであるとしている。

このように,自然災害がその後の経済成長にどのような影響を与えるかは,その経路も含めて様々であり実証的な課題と言える。そこで,本章では,Dupont and Noy (2012),Fujiki and Hsiao (2013) にならい,Hsiao et al. (2012) の手法に基づき,2004年に発生したインド洋大津波で甚大な被害を受けたインドネシア・アチェ州の経済的復興の過程について,カウンターファクチュアル分析を行う。Dupont and Noy (2012) と,Fujiki and Hsiao (2013) は,それぞれ Abadie et al. (2010) および Hsiao et al. (2012) の手法に基づき,阪神・淡路大震災の間接経済被害の推計を行っている。結果,長期的に見ても被災地である兵庫県において間接経済被害が発生していることを発見している。次節では,インド洋大津波の概要について紹介する。

4.3 インド洋大津波の概要とインドネシア政府による災害対応

4.3.1 インド洋大津波による被害と国際支援

2004年12月26日に発生したM9.0の大地震とその後に発生した大津波により,インドネシアのスマトラ島アチェ州を中心に甚大な被害が発生した[17]。被害はスリランカやタイにも拡散し,インド洋周辺の国々が大きな被害を受けた(図4-1)。USAIDによれば最終的に各国の犠牲者数は,インドネシアで16万7,540人,スリランカで3万5,322人,インドで1万6,269人,タイで8,212人等,合わせて22万7,898人にも上るとされる。また,26万4,650人もの人々が主たる生計を失い,6万2,794人もが精神的外傷を受ける結果となった。世界銀行によればその被害額は約44.5億ドルと推定され,うち6割が直接被害,4割が間接被害であった。なお,全体の8割までもが民間の被害とされた (Jayasuriya and McCawley, 2010)。

このような津波による甚大な被害を前にして,世界各国からこれまでの災害支援と比較して最大規模の支援が寄せられた (Fink and Redaell, 2010)。Flint and Goyder (2006) の推定によれば,国内外の政府および支援組織によって用意された復興資金の規模は合わせて約177億ドルにも上るという。さらに Jayasuriya and McCawley (2010) によれば,2007年末までに約99億ドルが現地に供給された。次では,大津波発生後の政府による災害対応について見ていく。

4.3.2 インドネシア政府の災害対応と自由アチェ運動との和平協定

インド洋大津波の発生後,政府による災害復興に向けた動きの中で重要な変

[17) 2005年3月28日にはニアス島付近で別の地震が発生し,スマトラ島西部が被害を受けた。地震の規模はマグニチュード8.7であり,800人以上が死亡した。ニアス島の主要都市であるグヌンシトリでは70%以上もの建物が倒壊した (Jayasuriya and McCawley, 2011)。

第 4 章 2004 年インド洋大津波からの経済的復興

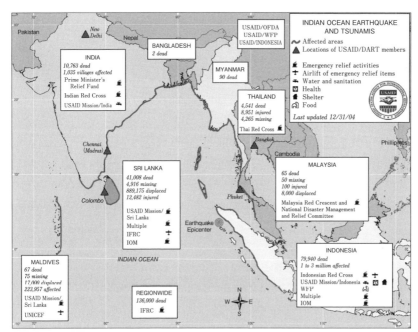

図 4-1 インド洋大津波による各国の人的被害と主な支援団体（2004 年 12 月 31 日時点）
出典：US Agency for International Development
注：被害状況は津波発生から一週間以内の初期情報となっている

化は主に以下の 3 つである。第一に，インドネシア政府は緊急対応や復旧復興の実施に向けて包括的なマスタープランを作成した。インド洋大津波に対するマスタープランは Badan Perencanaan Pembangunan Nasional（BAPPENAS，国家開発計画庁）が中心となって作成した[18]（Jayasuriya and McCawley, 2010）。

---

[18] 2005 年 4 月時点で作成されたマスタープランの中には，コミュニティの復興，経済活動の復興，インフラの復興，自治体の復興に関する節が設けられており，これらの下に個別の事業項目が示されている。また，他にもマスタープランの基本原則，被災地域の都市計画，復興における諸問題，官民協働，財源等に関する記述がある。（出典：Republic of Indonesia, "Master Plan for the Rehabilitation and Reconstruction of the Regions

復興期間は 5 年とされ，その間の政策対応は時間軸に沿って緊急対応，初期復興，長期復興の三つの過程に区別された。緊急対応は 2005 年 4 月までに終了することとし，人道支援を目的に食料や医療物資の提供，遺体の埋葬，インフラや基礎設備の改修等を行うことが主な事業であった。初期復興は緊急対応が終了してから 2 年間が活動期間とされ，公共サービスの充実を目的に公共インフラや民間企業設備また銀行や金融機能の復旧，仮設住宅の提供，被災者のトラウマや土地所有権の問題に関する事業が行われることとなった。さらに，長期復興は 3 年目から 5 年目が実施期間とされ，コミュニティや地域の再開発を目的に，経済活動の活性化，交通網や通信網の整備，社会的・文化的機能の回復，住宅の再建等に関する事業が進められることとなった。復旧復興の過程においては，支援団体と被災者の間のコーディネーションに関連する諸問題を含め様々な課題が指摘されたが (Telford and Cosgrave, 2007 ; Telford et al., 2006)，2009 年に BRR は解散し政府による復興政策は終了した。

　第二に，復興政策の責任主体として Badan Rehabilitasi dan Rekonstruksi（インドネシア・アチェ・ニアス復興庁，以下 BRR）が政府により設立された。BRR は復興政策の計画立案・推進に責任を持ちながら，各支援組織との連携を図ることがその役割とされた[19]。その際，復興政策に被災地の声が反映されるよう，BRR はマスタープランの計画立案にあたってボトムアップ型のアプローチを採用した[20]。その理由は，BRR が作成するマスタープランの内容

and Communities of the Province of Nanggroe Aceh Darussalam and the Islands of Nias, Province of North Sumatra," April 2005.)

19）しかし，実際は BRR が諸機関と適切に連携できていたかは疑問が残る。Badan Kordinasi Nasional（BAKORNAS，国家災害対策本部）の元職員にインタビューを行ったところ，津波後に国内外から訪れた緊急支援のコーディネーションを引き受けていた BAKORNAS の役割は，後に BRR に引き継がれたという。しかしその際，BRR との間で明確なコミュニケーションはなかったという。また，BRR が内部でどのような意思決定を行い，どのような政策目標を立てそれを実行しようとしていたのか，BAKORNAS 側から見れば明瞭ではなかったとのことであった。

20）だが BAPPENAS の職員とのインタビューによれば，BRR は被災地の自治体との関係を良好に保つことに苦慮していたようである。例えば，BRR は被災した自治体の職

と地域住民が望む復興政策との間に乖離があったためである。Jayasuriya and MacCawley (2010) によれば，2005年3月以降，BAPPENAS はマスタープランが被災地の期待に適うものであるかを確かめるために，被災地のコミュニティや支援団体との話し合いの場を設けた。地方自治体や Syiah Kuala 大学等を通じてヒアリングを行い，様々なコミュニティ・レベルで復興に関するアイディアを交換した。しかし，多くの住民はマスタープランに自分たちのニーズやアイディアが反映されていないという感想を持ったという。これを受けて，BRR 長官である Dr. Kuntoro は，マスタープランはあくまでスケッチであり，それを元に地域住民が自ら意思決定に関わりながら復興を推進する体制が必要であるという声明を出すに至った[21]。

第三に，2005年に自由アチェ運動（GAM）とインドネシア政府の間で和平協定が成立した。両者の対立は1970年頃から始まり，2000年頃からは先鋭化してきていたが，自由アチェ運動は2005年8月15日，ヘルシンキにおいてインドネシア政府と「和平のための共同覚書」を調印した（Jayasuriya and McCawley, 2010）。2005年1月に交渉の席について以降，自由アチェ運動側は議論の過程で独立要求を取り下げ，インドネシア政府側もそれ以外の自由アチェ運動の要求に歩み寄りを示していた。こうした和平の実現によって地域の安定がもたらされ，被災地の経済発展が進むことが期待された[22]。

このように，2004年のインド洋大津波の発生後，政府は BRR を設置し復興に向けた5年計画の包括的なマスタープランを実施した。このマスタープラン

員を招聘し業務経験やトレーニングを施し，そうした職員を出向元の自治体に帰すことで被災地の復興を支援しようとしていた。しかし，出向元に帰還した職員は必ずしもその経験やスキルにふさわしい役割を与えられなかったという。
21) 2005年4月，BRR 長官である Dr. Kuntoro はその就任式の数日後に，マスタープランにはまだ十分でない点が含まれていることを認めた上で，これは柔軟に変更され得る参考資料だという認識を示した。
22) Syiah Kuala 大学の研究者に聞いたところ，GAM と政府の和平合意は津波後のアチェ州に平和をもたらし，これにより被災地の経済活動が軌道に乗ってきたと現地では認識されているという。

には被災地の声やニーズが反映されるような配慮もなされた。さらに，国外から多くの国際組織や NGO といった支援団体が訪れ現地で支援活動を行った。インドネシア政府と GAM との和平もこうした復興過程の推進に貢献したと考えられた。最終的にマスタープランが終了する 2009 年を以って復興期間は終了した。次節では，インド洋大津波以降のアチェ州の長期的な経済的復興の過程について，カウンターファクチュアル分析を行う。

4.4 カウンターファクチュアル分析によるアチェ州の間接経済被害の推計

4.4.1 推定モデルとデータ

アチェ州の域内総生産に関するカウンターファクチュアル分析に先立って，Hsiao et al. (2010) の手法に基づいて，以下の推定式①を考える。y_{it} は，実質域内総生産である。i は地域，t は年を指す。f_t は地域の共通因子，$\underline{b}'_i$ は定数ベクトルを示す。α_i は地域に固有の固定効果，ε_{it} は誤差項であり，$E(\varepsilon_{it})=0$ である。

$$y_{it}=\alpha_i+\underline{b}'_i \underline{f}_t+\varepsilon_{it}, \quad i=1,...,N, \quad t=1,...,T. \qquad ①$$

ここで，インド洋大津波の発生時点を T_1+1，津波発生時点までのアチェ州の域内総生産を y^0_{1t} ($t=1,...,T_1$)，津波発生後の同州の域内総生産を y^1_{1t} ($t=T_1+1,...,T$) とする。Hsiao et al. (2012) によれば，大災害の被災地域における総生産のカウンターファクチュアル値は以下の式②で推定できる。なお，$\tilde{y}_t$ は，インド洋大津波による被害を受けていない地域の域内総生産である。

$$\widehat{y^0_{1t}}=E(y^0_{1t}|\tilde{y}_t)=a+\underline{b}'\tilde{y}_t, \quad t=T_1+1,...,T. \qquad ②$$
$$\text{ただし，} \tilde{y}_t=(y_{2t},...,y_{Nt})'$$

Hsiao et al. (2012) は，津波発生前までの期間のデータを用いて，最小二乗法により y^0_{1t} を $\tilde{y}_t$ に含まれるいくつかの地域の域内総生産で回帰し a, $\underline{b}$ を推定することを提案している。説明変数に採用する地域の組み合わせは，決定係

第 4 章　2004 年インド洋大津波からの経済的復興

数の他，AIC（赤池情報量基準），BIC（ベイズ情報量基準）を考慮して決定する。インド洋大津波による間接経済被害を $\widehat{\Delta}_t$ とすると，$\widehat{\Delta}_t$ は上記の方法で推計された $\widehat{y}^0_{1t}$ と実測値である y^1_{1t} を用いて，以下の式③により抽出される。

$$\widehat{\Delta}_t = y^1_{1t} - \widehat{y}^0_{1t} = y_{1t} - (\hat{a} + \hat{b}'\tilde{y}_t), \quad t = T_1+1, ..., T. \quad ③$$

　推定に用いるデータは，インドネシア統計局から得た 1993 年から 2017 年までのインドネシアにおける州別実質域内総生産のデータを使用する[23]。実質域内総生産の系列には，2010-17 年，2000-2013 年，1993-2000 年，1983-92 年の 4 つの系列が存在する。各系列のデータを見てみると，2000 年と 2010 年に系列間の重複が存在するのでそれぞれの年で系列間の比率を取り，これを旧系列全体に乗じて調整することとした。なお，1983-92 年の系列と 1993-2000 年の系列には重複年度が存在しないため，92 年以前のデータは使用しないこととした。

　加えて，インドネシアではこれまで州の再編が進められてきたため，州によっては推定に使用するデータの中に欠損値が含まれている。そのため，1993 年以降に新設された州であるバンカ・ブリトゥン州，リアウ諸島州，バンテン州，ゴロンタロ州，北マルク州，西パプア特別州のデータは推定から除外することとした。また，2004 年以降に州の分離・新設を経験した北カリマンタン州，東カリマンタン州，西スラウェシ州，南スラウェシ州のデータも分析には用いないこととした[24]。基本統計量は以下の表 4-1 の通りである。

---

[23]　なお，2016 年，2017 年の域内総生産のデータは速報値である。
[24]　インドネシアの州は，1945 年にはスマトラ州，西ジャワ州，中部ジャワ州，東ジャワ州，カリマンタン州，スラウェシ州，小スンダ列島，マルク州の 8 つであったが，その後，現在にかけて大きく増加してきている。本稿の分析対象期間である 1993 年以降で言えば，1999 年にマルク州から北マルク州，パプア特別州から西パプア特別州，西ジャワ州からバンテン州，2000 年にリアウ州からバンカ・ブリトゥン州，北スラウェシ州からゴロンタロ州，2002 年にリアウ州からリアウ諸島州，2004 年に南スラウェシ州から西スラウェシ州，2012 年に東カリマンタン州から北カリマンタン州が分離・新設されている。

表 4-1 基本統計量

地域	サンプル数	平均値	標準偏差	最小値	最大値
アチェ州	25	119453.1	13004.04	98833.54	144352.5
北スマトラ州	25	277963.7	103802	146266.5	487531.2
リアウ州	25	334196.6	81639.61	220617.3	471419.9
ジャンビ州	25	75385.65	30895.89	37604.78	136556.7
南スマトラ州	25	167471.8	55589.21	98114.1	281544.4
ブンクル州	25	23950.89	8928.43	13191	42080.01
ランプン州	25	128384.8	45304.99	69265.93	220657.3
ジャカルタ首都特別州	25	920945.8	334171.3	530858.5	1635856
西ジャワ州	25	781609.9	268380.9	459902.7	1342953
中部ジャワ州	25	531256.6	174929.1	317342.6	894050.5
東ジャワ州	25	850296.6	299837.4	501602.4	1482148
バリ州	25	81108.1	29780.22	43356.8	144964.2
西ヌサ・トゥンガラ州	25	54145.39	21053.21	23958.6	94644.99
東ヌサ・トゥンガラ州	25	37336.73	12706.47	19309.25	62788.08
西カリマンタン州	25	73540.7	24955.91	38911.8	124306.7
中部カリマンタン州	25	48296.98	19015.56	24844.15	89565.1
南カリマンタン州	25	71712.26	25675.2	32641.64	121863.9
北カリマンタン州	25	42383.49	17741.2	20471.92	79495.34
中部スラウェシ州	25	43654.88	23306.91	17972.83	97551.64
南東スラウェシ州	25	40345.18	20166.29	18490.03	83038.5
マルク州	25	17532.03	4489.446	11999.86	27811.63
パプア特別州	25	99090.63	23944.01	51301.05	148823.6

4.4.2 分析結果

分析の第一段階として，2004年のインド洋大津波が発生する以前のデータを用いて，津波により被害を受けたアチェ州の実質域内総生産を，インド洋大津波により被害を受けていない州の説明変数により推定する。推定の過程で，決定係数（調整済）および BIC の値が良好な組み合わせを発見する。なお，推定に使用したサンプル期間は 1993 年から 2003 年である。良好な結果が得られた説明変数の組み合わせと推定結果は表 4-2 の通りである。

第二段階として，表 4-2 により得られた係数に，説明変数に採用した州の 2004 年から 2017 年までの実質域内総生産を乗じることで，同期間のアチェ州の実質域内総生産のカウンターファクチュアル値を推定する。得られた結果は

表 4-2　カウンターファクチュアル推定結果（被説明変数：アチェ州実質域内総生産（10 億ルピア），データ期間：1993-2003 年，サンプル数 11）

説明変数	係数／標準誤差
中部カリマンタン州	10.760***／0.55
リアウ州	4.255***／0.18
南カリマンタン州	-7.357***／0.20
中部スラウェシ州	6.858***／0.59
南スマトラ州	-9.955／0.36
西ジャワ州	-0.960***／0.05
ジャカルタ首都特別州	1.106***／0.04
定数項	-113671.9***／12043.89
決定係数（調整済）	0.997
BIC	176.46

注：*** は有意水準 1％ で有意。

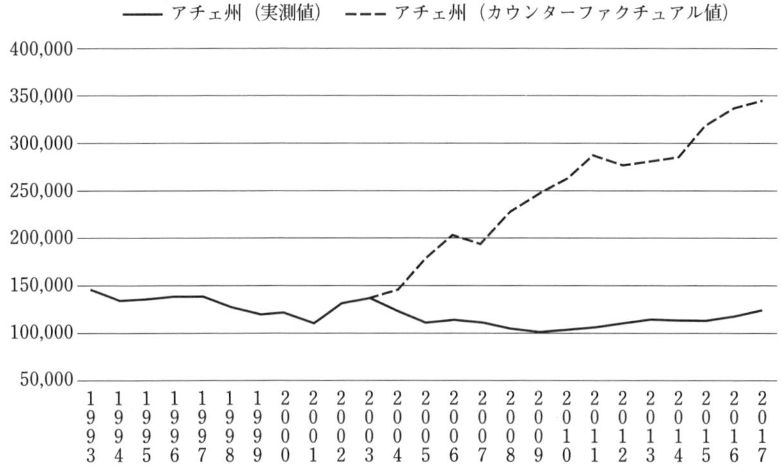

図 4-2　アチェ州実質域内総生産のカウンターファクチュアル値と実測値（単位：10 億ルピア）

図 4-2, 表 4-3 の通りである。1993 年から 2003 年まではアチェ州の実質域内総生産とカウンターファクチュアル値に乖離は見られない。本モデルにより津波発生までのアチェ州の域内総生産は説明できていると考えられる。

表 4-3 アチェ州の域内総生産（実質）とカウンターファクチュアル値の推移（10 億ルピア，実質，固定基準年方式，2000 年価格）

	アチェ州域内総生産	アチェ州域内総生産カウンターファクチュアル値
1993	144,353	144,358
1994	133,618	133,369
1995	135,132	135,127
1996	138,917	139,578
1997	138,689	138,206
1998	125,849	126,061
1999	120,577	120,419
2000	121,172	121,361
2001	108,171	108,261
2002	129,876	129,459
2003	137,049	137,204
2004	123,850	142,247
2005	111,315	176,745
2006	113,051	202,694
2007	110,380	193,967
2008	104,597	227,117
2009	98,834	244,630
2010	101,545	262,619
2011	104,874	288,959
2012	108,915	278,619
2013	111,756	280,701
2014	113,490	285,424
2015	112,666	318,538
2016	116,384	337,442
2017	121,263	345,604

　最後に，津波発生以降の期間のアチェ州の域内総生産の実測値とカウンターファクチュアル値を比較する。結果，2004 年から 2017 年までアチェ州の域内総生産のカウンターファクチュアル値は一貫して実測値を上回っていることが確認できる。また，その差は年々拡大しており，津波による間接経済被害が深刻化してきていることが分かる。次節では，アチェ州において間接経済被害が発生している背景について分析する。

第4章 2004年インド洋大津波からの経済的復興

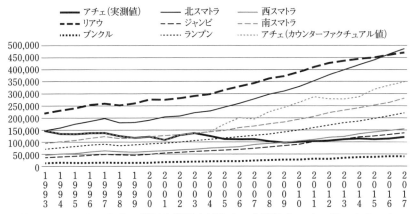

図4-3 スマトラ島内の州別実質域内総生産の実測値とアチェ州のカウンターファクチュアル値の推移（単位：10億ルピア）
出典：インドネシア統計局

4.4.3 アチェ州の経済的復興の過程に関する考察

津波の発生以降アチェ州の経済的復興の過程が長期にわたって停滞していることは，スマトラ島の他州の経済状況と比較すれば明らかである。1993年から2017年にかけてスマトラ島の州別実質域内総生産の推移を観察すると，インド洋大津波の発生以降，アチェ州以外の地域では概ね堅調な経済発展の様子が確認される（図4-3）。反面，アチェ州の経済発展は長期的に停滞している。実際，1993年にはスマトラ島内で同州の規模は第3位であったが，2017年には第7位にまで落ち込んでいる。なお，アチェ州の域内総生産のカウンターファクチュアル値を見れば，2017年時点では北スマトラ州やリアウ州に次ぐ第3位となっており，津波を経験しなければアチェ州の経済発展は順調に推移していたと考えられる。

アチェ州の実質域内総生産が停滞している理由は，主要産業である原油・天然ガス産業が世界経済の変動により大きな影響を受けたためであるとされている（McCawley, 2014）。しかし，リアウ州，南スマトラ州といった同様の産業が盛んな地域の域内総生産を見れば，1997年のアジア経済危機以降も上昇ト

表 4-4　アチェ州の産業別総生産の推移（単位：10 億ルピア，実質，固定基準年方式，2000 年価格）

産業	2004	2005	2006	2007	2008	2009
農業，林業，漁業	8,069	7,755	7,873	8,158	8,224	8,434
鉱業・採石業	12,264	9,490	9,245	7,294	5,308	2,798
うち原油，天然ガス，地熱	12,072	9,297	8,900	6,892	4,903	2,389
製造業	7,407	5,755	4,997	4,492	4,118	3,795
うち石炭・原油・石油精製業	6,041	4,459	3,687	3,069	2,671	2,255
電気・ガス産業	60	59	66	82	91	104
建設業	1,514	1,270	1,885	2,147	2,162	2,230
商業，ホテル，レストラン業	4,864	5,187	5,571	5,666	5,921	6,214
交通倉庫業	1,517	1,735	1,926	2,136	2,175	2,281
金融保険業	488	442	494	523	545	588
サービス産業	4,191	4,595	4,798	5,484	5,554	5,776
アチェ州総生産	40,374	36,288	36,854	35,983	34,098	32,219

データ出所：インドネシア統計局

レンドにあり世界経済の変動による影響は見られない[25]。実は，津波の発生以降，アチェ州においては天然ガス開発からの企業の撤退が進んでいる。アチェ州の天然ガス採掘施設[26]は津波からの被害は免れたものの，採掘年数が長いためガス産出の枯渇が進んでいた[27]。実際，津波発生後に，開発企業である米エクソンモービル社は2018年を目処にアチェ州のガス田開発からの撤退を表明している[28]。

---

[25] 佐藤（2008）によれば，2004年時点でインドネシアに存在する主要な製油所のうち，スマトラ島内のものは，Musi（南スマトラ州），Dumai（リアウ州），Sungai Pakning（リアウ州），Pangkalan Brandan（北スマトラ州）である。また，坂本（2006）によれば，インドネシアのガス埋蔵量は，スマトラ島内では南スマトラ州，アチェ州，リアウ州の順に大きい。

[26] アチェ州ロクスマウェ市周辺のアルン地区には天然ガス田が存在する（山本他，2015）

[27] 出典：日本経済新聞「インド洋大津波から26日で1年・被災地経済の苦境続く」2005年12月25日

[28] 出典：日本経済新聞「米エクソン，インドネシア・アチェ州の3ガス田から撤退」2006年2月15日

表 4-5 アチェ州の産業別総生産の推移（単位：10 億ルピア，実質，固定基準年方式，2010 年価格）

	2010	2011	2012	2013	2014	2015	2016	2017
農業, 林業, 漁業	25,580	26,515	27,685	28,980	29,691	31,186	32,360	34,047
鉱業・採石業	15,582	15,267	14,890	14,121	12,800	9,320	8,125	8,584
うち原油，天然ガス，地熱	10,741	10,686	10,371	9,565	8,207	4,956	4,276	4,511
製造業	8,983	9,065	9,282	8,838	8,165	6,475	6,094	5,911
うち石炭・原油・石油精製業	4,726	4,343	4,253	3,985	3,126	1,182	1,031	1,071
電気・ガス産業	112	120	130	136	148	159	176	184
水道, 産業廃棄物業	25	27	29	30	32	34	37	39
建設業	8,206	8,691	9,265	9,695	10,278	10,777	12,157	11,653
卸売小売業, 自動車修理業	13,862	14,616	15,533	16,402	17,087	17,754	18,310	18,954
交通倉庫業	7,388	7,754	8,166	8,519	8,738	8,929	8,879	9,329
宿泊飲食業	911	982	1,060	1,125	1,201	1,281	1,388	1,545
情報通信業	3,278	3,413	3,658	3,839	3,996	4,081	4,195	4,318
金融保険業	1,466	1,590	1,621	1,719	1,745	1,797	1,974	2,063
不動産業	3,149	3,283	3,445	3,628	3,906	4,180	4,506	4,863
ビジネス活動業	539	565	593	617	671	686	735	770
公益業および防衛業, 社会保障業	7,187	7,520	7,695	7,922	8,487	9,066	9,950	10,808
教育業	1,991	2,036	2,109	2,202	2,337	2,487	2,736	3,009
健康社会サービス業	2,160	2,257	2,515	2,683	2,834	3,003	3,219	3,516
その他の産業	1,127	1,174	1,240	1,299	1,376	1,450	1,543	1,670
アチェ州総生産	101,545	104,874	108,915	111,756	113,490	112,666	116,384	121,263

データ出所：インドネシア統計局

　アチェ州における天然ガス関連産業の衰退は，産業別の総生産の推移からも確認することができる。表4-4は，2004年から2009年にかけてのアチェ州における産業別の域内総生産の推移を示している。なお，2010年を境に産業分類の変更が行われたため，2010年から2017年にかけての産業別総生産は表4-5に掲載している。これを見ると，2004年の津波発生からBRRが解散する2009年までの間では，建設業，商業・ホテル・レストラン業，サービス産業[29]といった産業で成長が見られるものの，天然ガス関連産業である鉱石・採石業，製造業においては深刻な低迷が見られる。このことは，図4-4の成長

---

29) 2004年から2009年までのサービス産業の内訳は，一般公益業がそのほとんどを占めている。

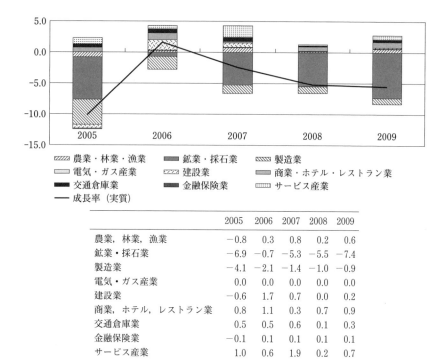

図 4-4 2005-2009 年のアチェ州の経済成長率に対する産業別寄与度(%)

率に対する各産業の寄与度を見ても確認することができる。さらに，2010 年以降の産業別総生産の推移を観察しても，第一次産業，第三次産業では成長が確認されるが，天然ガス関連産業は 2015 年以降大きく衰退している様子が確認される（図 4-5）。結果，アチェ州の産業構造の推移を見ると，第二次産業の比率が一貫して縮小しており，経済構造は第一次産業への依存を強めている（図 4-6）。

なお，仮に天然ガス関連産業が衰退しなかったとしても，その場合のアチェ州の域内総生産はカウンターファクチュアル値を上回らないことが確認される。

第4章 2004年インド洋大津波からの経済的復興

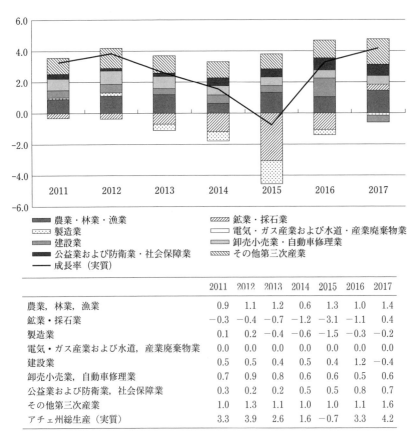

	2011	2012	2013	2014	2015	2016	2017
農業，林業，漁業	0.9	1.1	1.2	0.6	1.3	1.0	1.4
鉱業・採石業	−0.3	−0.4	−0.7	−1.2	−3.1	−1.1	0.4
製造業	0.1	0.2	−0.4	−0.6	−1.5	−0.3	−0.2
電気・ガス産業および水道，産業廃棄物業	0.0	0.0	0.0	0.0	0.0	0.0	0.0
建設業	0.5	0.5	0.4	0.5	0.4	1.2	−0.4
卸売小売業，自動車修理業	0.7	0.9	0.8	0.6	0.6	0.5	0.6
公益業および防衛業，社会保障業	0.3	0.2	0.2	0.5	0.5	0.8	0.7
その他第三次産業	1.0	1.3	1.1	1.0	1.0	1.1	1.6
アチェ州総生産（実質）	3.3	3.9	2.6	1.6	−0.7	3.3	4.2

データ出所：インドネシア統計局
注：その他第三次産業は，交通倉庫業，宿泊飲食業，情報通信業，金融保険業不動産業，ビジネス活動業，教育業，健康社会サービス業，その他の産業の寄与度を合計したものを示している。

図4-5　2011-2017年のアチェ州の経済成長率に対する産業別寄与度（％）

天然ガス関連産業の衰退が起きなかった場合のアチェ州の域内総生産について，以下の方法を用いて計算した。まず（1）2010年においてアチェ州の実質域内総生産の新旧系列間の比率を計算し，これを旧系列の各産業の総生産に乗じ，2004年から2017年までの産業別の域内総生産を算出した。次に，（2）2004年

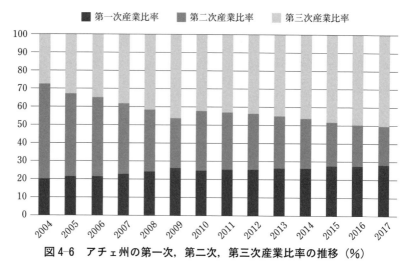

図4-6 アチェ州の第一次，第二次，第三次産業比率の推移（％）
データ出所：インドネシア統計局
注1：2010年以前は第一次産業には，農林水産業・畜産業，第二次産業には，鉱業・採石業，製造業，公益業（ガス・水道他），建設業，第三次産業には，小売・飲食・宿泊業，運輸・通信業，金融・不動産・ビジネスサービス業，サービス業が含まれる。
注2：2010年以降はそれ以前と産業分類が異なるため，第一次産業には，農業・林業・漁業，第二次産業には，鉱業・採石業，製造業，公益業（水道・下水道他），建設業，第三次産業には，卸売・小売業，運輸業，飲食・宿泊業，情報通信業，金融業，不動産業，ビジネスサービス業，公共サービス業，教育サービス業，医療・社会福祉活動，その他サービス業が含まれる。

時点の鉱業・採石業における原油・天然ガス・地熱産業および製造業における石炭・原油石油精製業の値がその後も維持されたと仮定して，2005年以降のアチェ州の実質域内総生産を再計算した（表4-6）。結果を見ると，再計算されたアチェ州の実質域内総生産は2004年から2017年にかけて徐々に拡大しているが，アチェ州の域内総生産のカウンターファクチュアル値を超えることはないことが確認された。したがって，アチェ州の実質域内総生産のカウンターファクチュアル値と実測値との乖離は，天然ガス関連産業の衰退による影響だけでなく，津波に起因する地域経済への間接的な影響が含まれていると考えられる。

表 4-6 天然ガス関連産業が維持された場合のアチェ州の実質域内総生産とカウンターファクチュアル値の推移（単位：10億ルピア）

	アチェ州域内総生産	カウンターファクチュアル値
2004	123,849	142,247
2005	124,680	176,745
2006	130,006	202,694
2007	135,383	193,967
2008	136,926	227,117
2009	140,153	244,630
2010	141,640	262,619
2011	145,407	288,959
2012	149,853	278,619
2013	153,768	280,701
2014	157,719	285,424
2015	162,090	318,538
2016	166,639	337,442
2017	171,243	345,604

※ここに記載されているアチェ州域内総生産は、2004年時点の鉱業・採石業における原油・天然ガス・地熱産業、および製造業における石炭・原油石油精製業の値が維持されたと仮定して計算された値となっている。

4.4.4 アチェ州の経済的状況に関するインタビュー調査

　アチェ州の経済的復興や地域経済の動向について知るため、2016年11月にジャカルタ首都特別州、バンドゥン市、アチェ州バンダ・アチェ市においてインタビュー調査を実施した。インタビュー先は、Badan National Pananggulangan Bencana（BNPB、国家防災庁）職員、BAPPENAS職員、Badan Koordinasi National（BAKORNAS、国家災害対策本部）元職員、国際組織職員、大学研究者、Aceh Badan Perencanaan Pambangunan Daerah（BAPPEDA Aceh、アチェ州地方開発企画局）職員、Banda Aceh Badan Perencanaan Pambangunan Daerah（BAPPEDA Banda Aceh、バンダ・アチェ市地方開発企画局）職員、バンダ・アチェ市のビジネスオーナーを含む24人である。調査においてはアチェ州、またバンダ・アチェ市における近年の経済動向、津波発生後のマスタープランとその後の経済的復興における課題について質問した。

　調査の結果、津波災害後のアチェ州の経済的復興は復興需要や公共支出に依

存したものであり，現在までそうした経済構造から脱却することができていないことから，被災地の経済発展が進んでいるとは言えないという意見が多く聞かれた。BAPPEDA Aceh の職員によれば，津波発生後の 2006 年から 2007 年にかけて，アチェ州の景気は住宅再建による復興需要に沸いたが，2008 年にはそれが収束した。その後のアチェ州の経済構造は，政府からの財政支援に基づく公共支出に依存した状態が続いているという。また，BAPPEDA Banda Aceh の職員によれば，2009 年の BRR 解散以降，バンダ・アチェ市の経済は低迷が続いており，結果，アチェ州では失業問題が深刻な社会問題となっているとのことであった。

また，アチェ州では復興政策を通じて新たな社会資本整備が進められたが，企業はそうした資本ストックを十分に活用できていないとのことであった。ある大学の研究者によれば，津波により被害を受けた後，アチェ州では道路，港，空港等の公共インフラが整備・拡充されたものの，現地ではそうした公共資本の活用が進んでいない。その背景について BAPPENAS の職員は，新産業の創造が十分に進んでいない点が問題であると指摘していた。アチェ州の経済構造は徐々に第三次産業化が進んでいるものの，港湾や道路を活用する製造業の振興が十分に進んでおらず，そうした産業の発展のためには外部からの投資が必要とのことであった。BAPPEDA Aceh の職員は，実際のところアチェ州にはセメント工業を除けば目立った製造業は存在しないとコメントしていた。

ただ，近年，今後の経済発展に向けた動きが見られるようになってきている。BAPPEDA Aceh の職員によれば，水産資源の食品加工産業において新しい展開が見られるという[30]。バンダ・アチェ市のビジネスオーナーに聞いたところ，アチェ州はインド洋に突き出た地理的特徴を有しており，キハダマグロを中心とした魚種を豊富に確保することができるという。しかし，これまでは現地の漁師の間で確保した魚の品質を保つような知識やノウハウがなかったため[31]，鮮度を高く保ったまま他地域に水産加工品を出荷する事業を展開する

---

[30] この企業の立ち上げ支援を行ったのは日本人である。外部との社会ネットワークが新産業の創造に結びついた例と言える。

ことが難しかったという。なお，世界的な和食ブームを背景に，今後は最終消費地であるアジア地域に対してコールド・サプライ・チェーン[32]を通じた流通事業を拡大させるとのことであった。同社の事例は一例に過ぎないが，これまで州外の需要にアプローチすることが難しかったアチェ州において，漁業とその食品加工業の振興を通じて外需へアクセスする機会を拡大することができるようになれば，付加価値の高い産業と良質な雇用の創出を通じて同州の地域経済が発展し経済的復興が進む可能性がある。

4.5 結　論

　本章では，2004年のインド洋大津波で大きな被害を受けたインドネシアのアチェ州を対象に，カウンターファクチュアル分析により長期的な観点から経済的復興を検証した。合わせて，2004年のインド洋大津波の後のアチェ州の経済的復興や地域経済の実態について知るために，現地でのフィールド調査を元に分析を行った。

　得られた結論は以下の通りである。第一に，2004年のインド洋大津波の発生以降，アチェ州の実質域内総生産は長期に渡って停滞しており，経済的復興が進んでいるとは言えない状況にあることが分かった。同州の経済発展の推移をスマトラ島内の他地域と比較してみたところ，1993年には同州の経済規模はスマトラ島内で第3位であったが，2017年時点では第7位にまで落ち込んでいることが確認された。

　こうした経済的復興の停滞の要因として，一つには，アチェ州の経済活動が

---

31)　釣った魚は血抜きを行った後，神経締めを行い，氷漬けにすることで品質の低下を防ぐことができる。しかし，現地の漁師にはそうした習慣がないため技術指導を通じて教育する必要があったが，漁師たちの反応は芳しくなく苦労の連続とのことであった。
32)　この水産加工企業の冷蔵倉庫の一部は，津波後に新設された漁港の目前に立地している。復興政策により漁港が整備された後，その土地を利用する企業がなかったことから冷蔵倉庫の建設は容易であったという。

これまで依存してきた天然ガス関連産業の縮小が進んでいることが挙げられる。同産業は津波による被害を免れたものの，被災前から資源の枯渇が進んでいたため，主要な開発企業が事業からの撤退を決めている。このため，アチェ州の第二次産業は近年まで衰退が続いている。

　他にも，アチェ州の経済活動が公共セクターに依存してきたことにも原因がある。津波災害からの復興期間においては，住宅再建等に伴う復興需要により地域経済は一時的に活況を呈した。しかし，復興期間が終了した後もアチェ州の経済活動は公共支出に依存する構造が続いてきている。これは，製造業を始めとする新産業の創出が十分に進まなかったためである。結果的に，同州の産業構造の推移を見ると，津波発生後から現在に至るまで，第一次産業比率と第三次産業比率が一貫して上昇してきている。

　第二に，アチェ州の経済活動には現在に至るまで災害に起因する間接被害が残存していることが分かった。カウンターファクチュアル分析を行った結果，津波発生から2017年にかけて，アチェ州の域内総生産の実測値はそのカウンターファクチュアル値を一貫して下回っており，その差は年々拡大してきている。なお，2004年時点の天然ガス関連産業の域内総生産がその後も維持されたと仮定して，改めて再計算された実測値とカウンターファクチュアル値の比較を行ってみたところ，依然として両者の間には乖離があることが確認された。津波の発生から相応の時間が経過した後も，津波による経済活動への間接被害が存在することが示唆される。

　第三に，津波後にアチェ州で実施された復興政策は，その後の経済的復興を促すことができていないことが分かった。マスタープランに基づく復興政策により，アチェ州では道路，港，空港等の公共インフラが整備・拡充された。しかし，こうした社会資本を活用する製造業の振興が進まなかったため，復興に向けた公共投資がその後の地域開発に繋がっていない。ただし，近年，アチェ州では水産資源の食品加工業において新産業の萌芽が見られる。今後は同産業の発展に伴い，外需へのアクセス拡大や漁業，水産加工業の振興が進むことで，被災地の経済発展と経済的復興の進展につながることが期待される。

最後に，本研究ではインドネシアにおける経済開発と行政の役割について踏み込んだ分析を行うことができなかった。また，大災害からの復興政策のあり方を考える上では，現地社会の行政機構と市民社会の関係性について分析する必要があるが，これは今後の課題としたい。

第Ⅱ部

第 5 章　自然災害による直接経済被害と経済・社会的要因との関連性
――都道府県別パネルデータを用いた実証分析 [1]

5.1　はじめに

　近年，自然災害の発生の高まりを受けて，各国で災害政策への関心が高まっている。世界各国の災害データを整備している EM-DAT [2] によれば，世界全体の自然災害の発生回数は長期的に大きく増加してきている。例えば，1970年に世界で発生した自然災害の回数は 81 回であったが，2011 年にはそれが352 回にもなっている。さらに地域別に見ると，その多くがアジア地域で発生していることが分かる。1970 年から 2011 年にかけて同地域で発生した自然災害の頻度は，世界全体の実に約 38.8% に上り，これはアメリカ地域の約24.2% やアフリカ地域の約 19.4% よりも大きい。また，アジア地域では，台湾大地震，スマトラ島沖地震，四川大地震等多くの大規模自然災害が発生して

---

[1]　本章は，『経済論叢』（第 188 巻第 2 号，2014 年，査読付き）に掲載された論文「自然災害による直接経済被害と経済・社会的要因との関連性―都道府県別パネルデータを用いた実証分析―」を元に加筆修正を行ったものである。
[2]　ベルギーのルヴァン・カトリック大学は，1988 年に世界保健機関と連携して「災害疫学研究センター (CRED)」を設置し，自然災害を含む世界各国で発生した災害データベース (EM-DAT) を運営している。EM-DAT では，(1) 死者が 10 人以上，(2) 被災者が 100 人以上，(3) 緊急事態宣言の発令，(4) 国際救援の要請，のいずれかが該当した事象は全て「災害」として登録される。

おり，日本も阪神・淡路大震災や東日本大震災を始め，多くの地震・津波災害を経験している。

　従来，災害研究の領域では工学的な研究が主流であった。導かれる防災・減災政策も，「いかに自然災害に対して物理的に安全な状況を用意するか」という視点が中心であった。このため，災害により被害を受ける社会の脆弱性に着目した研究は少なく[3]，あっても定性的な考察や事例研究，被害状況のシミュレーション研究への応用に止まっていた[4]。

　しかし，UNDP（2004）が提示した被害分析モデルをきっかけに，自然災害による被害と各国の経済・社会的要因との関連性に関する国際比較分析が広く行われるようになってきた。Kahn（2005）らの一連の実証研究から，所得水準や教育水準，社会制度の質といった要因が，被害の軽減において重要であることが明らかになってきた。社会・経済の状態を改善し，社会的脆弱性を減じていくことが，防災・減災政策を考える上で重要であるという分析結果が示されたのである。

　国際比較研究に進展が見られる一方で，この分野の国内における実証研究は進んでいない。わずかに外谷（2009）が都道府県の防災政策投資と災害被害の関係を推定しているが，経済・社会的要因が果たす役割については明らかにされていない。

　そこで本章では，Kahn（2005）らの手法により，都道府県別パネルデータを用いて，自然災害による被害と経済・社会的要因との関連性について実証分析を行う。経済・社会的に脆弱な地域ほど被害が大きくなっているという仮説

---

[3] ただし，工学的災害分析の分野においても災害に対する社会的脆弱性の重要性は認識されていた。「重要なことは，社会の発展と共に災害が進化し，被災形態が変化するという歴史的事実である。このことは，自然災害の被害規模を決定するのは外力の大きさだけでなく，それを受ける側の抵抗力，すなわち被害を受ける社会の災害脆弱性にも依存していることを意味している。」（河田，1997，p.11）

[4] Schmidtlein et al.（2011）は，サウスカロライナ州チャールストン市を対象に，社会的脆弱性に着目した地震被害のシミュレーションを行っている。その結果，社会的に脆弱な地域ほど，大きな被害を受けることを明らかにしている。

を検証し，被害の軽減に有効な経済・社会的要因を発見することがここでの目的である。

社会的脆弱性（Social Vulnerability）の定義をめぐっては，研究者の間で合意があるわけではない（Weichselgartner, 2001）。どのような経済・社会的要因により被害が拡大しているのかは実証的な問題と言える。しかし，国際比較分析に用いられている教育水準や社会制度の質といった要因は，日本の都道府県間で大きな差があるとは考えにくい。そこで本章では，社会的脆弱性を表す変数の候補として，一人当たり県内総生産，一人当たり資本ストック（民間企業資本，社会資本），年少人口比率，災害復旧や治山治水への行政投資比率を採用し，これらが災害被害に与える影響を推定する。

自然災害による被害の特徴は国ごとに異なる。自然災害が多発する国々の中でも，日本のような経済規模の大きな国では，人的被害だけでなく，経済被害も大きな問題となっている[5]。しかし，経済被害と経済・社会的要因の関連性に関する先行研究は少ない。

そこで本章では，国内分析にあたって自然災害による経済被害を対象とする。経済被害は直接経済被害と間接経済被害に分けられる。直接経済被害とは，災害により滅失した社会インフラや民間資本，住宅や動産等といったストックの価値を指す。これに対して，間接経済被害とは，災害が生産や消費等の経済活動に与える影響のことを言う。このうち，日本の統計では，都道府県別に直接経済被害の状況について知ることができるため，本分析では直接経済被害を扱うことにする[6]。

結論を先取りすれば，以下の事実が確認される。(1) 発生した自然災害の規模を示す変数である市区町村数に占める災害対策本部設置団体数の値が大きいほど，被害が有意に大きくなっている。(2) 年少人口比率，一人当たり資本ス

---

5) 図5-1を参照のこと。
6) 自然災害による間接経済被害を推定した国内研究は多くある。うち，高橋他（1996），高島・林（1999），萩原（1998），芦谷・地主（2001），土屋他（2008）の研究は，阪神・淡路大震災や新潟県中越地震における間接経済被害の推定を行っている。

トック（民間企業資本，社会資本），一人当たり県内総生産，災害復旧や治山治水への行政投資比率，といった経済・社会的要因が，被害を有意に軽減している。(3) 特に，年少人口比率，一人当たり資本ストック，一人当たり県内総生産の弾力性が大きい。

　本章の構成は以下の通りである。次節では，自然災害多発国における被害状況を観察する。第3節では，先行研究を紹介する。第4節では，UNDPによる被害分析モデルを示し，第5節でデータの説明を行う。第6節で推定モデルについて説明し，第7節で実証分析の結果を示す。最後の第8節では実証分析から得られた含意についてまとめる。

5.2　自然災害多発国における被害状況

　自然災害による被害は，主に人的被害と経済被害に分けられる。国際比較分析の多くは経済・社会的要因と人的被害との関連性について分析している。これは，同じように自然災害を経験している国々の中でも，途上国を中心に災害による死者数が多いことに関心が集まっているためである。

　図5-1は，1970年から2011年にかけて世界で最も多く自然災害を経験した10カ国の「人口に占める累積死者数」と「国内総生産に占める累積経済被害額」のグラフを示したものである。これらの値は，1970年から2011年の間に生じた各国の人的・経済的被害の累積値を，2011年時点の人口や国内総生産で除したものである。国名は，左から2011年時点の国内総生産が大きい順に並べてある。

　図を見ると，インドネシア，フィリピン，バングラデシュといった国内総生産が小さな国々では，人的被害指標（「人口に占める累積死者数」）の水準が他の7カ国よりも高くなっている。これに対して，アメリカ，中国，日本といった国内総生産が大きな国々では，経済被害指標（「国内総生産に占める累積経済被害額」）の水準が，バングラデシュを除いた他の6カ国よりも高くなっている。さらに日本について見ると，経済被害指標は10カ国中2番目に高い水準とな

第5章　自然災害による直接経済被害と経済・社会的要因との関連性

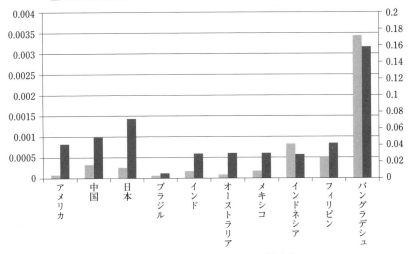

図5-1　自然災害多発国における被害状況

出典：EM-DAT, World Bank

っている[7]。

このように，日本を始めとする経済規模が大きな国々では，自然災害による人的被害だけでなく，経済被害も大きな問題となる[8]。次節では，自然災害に

[7) 1970年から2011年の間に，日本で突出した被害をもたらした自然災害は，阪神・淡路大震災と東日本大震災である。1995年の阪神・淡路大震災の死者数は6,434名であり，直接経済被害額は約9.9兆円とされている。東日本大震災の被害は，2013年10月10日時点で，死者数が15,883名，行方不明者が2,652名であり，内閣府（2011）による直接経済被害額の推定値は約16.9兆円とされている。

8) 自然災害により大きな直接経済被害が発生した場合，少なくとも災害前の状態に戻すためには，被害額と同程度の再建費用が必要となることが知られている。林（2005）は，1995年に発災した阪神・淡路大震災の復旧復興のために要した公的支出の規模について調査している。そこでは，1994年度から2004年度にかけて国と兵庫県の予算から合計で9.49兆円が支出されたことを確認している。これは阪神・淡路大震災の直接経済被害額である約9.9兆円に近い数値となっている。これらの費用は主に，避難所や応急仮設住宅

よる被害と経済・社会的要因との関連性について分析した先行研究を紹介する。

5.3　先行研究

　自然災害による被害と経済・社会的要因との関連性に関する国際比較分析は，UNDP（2004）による被害分析モデルをきっかけに広く行われるようになってきた。UNDPは，自然災害による被害の大きさは災害自体の規模だけでなく，被害を受ける社会の脆弱性によっても決定されるというモデルを提示している。

　Kahn（2005）はこのモデルに基づき，EM-DATによる自然災害被害のデータを使用して，所得水準と社会制度の質に着目した国際比較分析を行った。Kahnは，地震，洪水，異常気温，地すべり，暴風などの災害別に分析を行い，災害の発生頻度や地理的な要因を考慮しても，一人当たり国内総生産が大きい国ほど災害による死者が少ないことを発見した。さらに，私有財産の保護，民主主義の採用，規制の質，政治への参加，思想信条・表現の自由，法による支配，汚職への対処といった，社会制度の質が高い国ほど，自然災害による死者が少ないことも明らかにした。

　Toya and Skidmore（2007）は，各国の経済システムや経済・社会的状況が自然災害による被害に与える影響を分析した。その結果，一人当たり国内総生産や教育水準が高く，小さな政府を持ち，金融システムの整備が進んでおり，経済の国際開放度が高い国ほど，人的・経済的被害が小さいことを発見している。

　Kellenberg and Mobarak（2008）は，Kahnの結果に対して，経済発展の水準と自然災害被害との間には，非線形の関係があることを指摘した。災害別に各国の被害を比較分析した結果，所得水準がある程度高ければ一人当たり国内総生産の増加に伴い死者数は減少するが，所得水準が低い場合には，一人当

の設置を含む緊急・応急対応，瓦礫の処理，交通基盤施設・ライフライン施設の復旧，生活再建や経済復興，安全な地域づくり等の対策，被災者向け公営住宅家賃低減対策，交通・情報インフラの整備，産業復興支援，都市公園の整備等に支出されている。

第5章　自然災害による直接経済被害と経済・社会的要因との関連性　　183

たり国内総生産の上昇に伴って死者数が増加することを明らかにした。

　Padli and Habibullah (2009) は，アジアの国々を対象に比較分析を行った。その結果，一人当たり国内総生産と教育水準の高い国々では，災害による死者数が少なくなっていることを示した。

　これらの国際比較分析から，所得水準，教育水準，社会制度や経済システムといった経済・社会的要因が脆弱な国ほど，災害被害が大きくなっていることが分かってきた。ただし繰り返すが，これらの国際比較研究の多くは人的被害を対象としており，経済被害を対象とした分析は Toya and Skidmore を除いてまだ少ない。

　また，この分野の国内における実証研究の蓄積も多くない。同様の手法を用いた分析は，外谷 (2009) を除いてほとんど存在しない[9]。外谷は都道府県別パネルデータを使用して，行政投資による自然災害被害の軽減効果を推定している。災害復旧費用，治山治水投資，土木費，消防費が人的・経済的被害に与える影響を分析した結果，災害復旧費用が有意に被害を軽減していることを発見した。これは，被害を受けた地域において，災害復旧により公共インフラ等が更新されることで，その後の自然災害による被害が軽減される効果があることを意味している。しかし，どのような経済・社会的状況が自然災害に対して脆弱であるかは示されていない。

　このように，国内研究では社会的脆弱性に着目した実証分析の蓄積が少なく[10]，国際比較分析においても社会的脆弱性と経済被害の関係に着目した研

---

[9]　国内の自然災害による被害の経済分析としては，高橋他 (1996)，豊田 (1996)，豊田・河内 (1997)，高島・林 (1999)，萩原 (1998)，芦谷・地主 (2001)，土屋他 (2008) らの研究が挙げられる。しかし，これらの研究は，巨大自然災害の経済被害の計算や，発災後の経済変数間の相互関係に主たる関心が向けられており，災害被害の軽減に有効な経済・社会的要因の探求を目的としたものではない。

[10]　社会的脆弱性に着目した国内の災害研究としては，髙坂・石田 (2005)，宮原・森 (1998) を挙げることができる。髙坂・石田は，災害は社会の潜在的な脆弱性を表面化させるため，同じような災害に直面しても被害や復興の程度に違いが生じるとしており，自然災害による被害を理解する上で脆弱性という概念が必要であると主張している。宮原・

究は少ないのが現状である。次節では，本章の仮説検証に用いる UNDP による被害分析のモデルを説明する。

5.4 UNDP 被害分析モデル

自然災害による直接経済被害の推定を行うにあたって，ここでは Kahn らの実証分析の基礎となっている UNDP（2004）による被害分析モデルを示す[11]。以下の式を出発点とする。

$$[R]=[H]*[V]$$

R は Risk を表し，自然災害により発生した被害を表す変数が含まれる。H は Hazard を表し，発生した自然災害の規模を表す変数が含まれる。V は Vulnerability を表し，自然災害に対する地域の社会的脆弱性を表す変数が含まれる。この式は，災害による被害が，災害の規模だけでなく，被災地域の社会的脆弱性によっても決定されることを示している。

本章ではこの式に基づき，自然災害による直接経済被害を推定する。国内分析にあたって，都道府県別パネルデータを使用する。推定は対数変換された変数を用いて固定効果推定法により行う。次節では，使用するデータについて吟味する。

森は，阪神・淡路大震災の災害被害の事例研究を行っており，芦屋市内の被害を観察した結果，最も人的被害が大きかった地域では他の地域に比べて耐震性能が脆弱な住宅が多かっただけでなく，住民の経済的階層が低かったことを発見している。

11) ここでは両辺を都道府県の規模で除した変数を用いることで，Risk は Hazard と Vulnerability の積と考えることとした。

5.5 データ

5.5.1 Risk 変数

　Risk 変数には，自然災害により発生した被害を表す変数が含まれる。本章では，都道府県の自然災害による「直接経済被害額」を Risk 変数として扱う。

　直接経済被害額のデータは，消防庁『消防白書』の付属資料にある「自然災害による都道府県別被害状況」に掲載されている「被害総額」で確認することができる。毎年，『消防白書』では都道府県別に自然災害による被害状況を報告している。「被害総額」に算入される項目は，消防庁「災害報告取扱要領」に従うことになっている。その項目とは，公立文教施設，農林水産業施設，公共土木施設，その他の公共施設，農産被害，林産被害，畜産被害，水産被害，商工被害，その他の経済被害額であり[12]，これらの合計が「被害総額」として報告されている。しかし，この「被害総額」を，直接経済被害を示すデータとして扱うためには，以下の3点に留意する必要がある。

　第一に，「被害総額」には住宅を含めた民間の建築物における被害額が含まれていない。阪神・淡路大震災や東日本大震災では，直接被害額の大半が住宅被害によるものであったことが分かっている[13]。つまり，「被害総額」のデータでは，自然災害による直接経済被害がその実態と比べて過小に評価されてい

---

[12] 農林水産業施設，公共土木施設の被害額とは，それぞれ「農林水産業施設災害復旧事業国庫補助の暫定措置に関する法律」（昭和25年法律第169号），「公共土木施設災害復旧事業費国庫負担法」（昭和26年法律第97号）に基づく国庫負担の対象となる施設を対象にしており，補修費用をベースにしたものである。農産被害，林産被害，畜産被害，水産被害は在庫被害を扱ったものであり，農林水産省「作物統計」における被害調査に報告されているように，生産物の減収量と過去数年の平均価格を乗じることで，逸失額が算出されている。商工被害は，民間資本の生産設備や在庫等，動産の被害額を扱っている。

[13] 阪神・淡路大震災では，直接被害総額約9.9兆円のうち，民間のものを含む建築物被害が約5.8兆円にも上る。東日本大震災では，内閣府発表による被害額約16.9兆円のうち，約10.4兆円が建築物等の被害と推定されている。

る。真の直接経済被害額のデータを得るには，先ほどの「被害総額」に，住宅を含む民間の建築物の被害額を加える必要がある。

そこで，国土交通省『建築統計年報』に収録されている「建築物滅失統計調査」を参照し，「被害総額」の修正を行った。「建築物滅失統計調査」には，風水災，震災等により被害を受けた，住宅を含む建築物の「損害見積額」[14]が掲載されており，都道府県別に観察することができる。そこで，「被害総額」に「建築物滅失統計調査」にある「風水災，震災等による損害見積額」を加えて，「直接経済被害額」を算出した。本章では，この「直接経済被害額」を自然災害による直接経済被害を表すデータとして扱う。

第二に，「被害総額」のデータには，2004 年の新潟県中越地震，2007 年の新潟県中越沖地震といった大規模自然災害による被害額が含まれていない。消防白書に掲載されている 2004，2007 年の新潟県の「被害総額」の数値は，新潟県が独自に公表している両震災の直接経済被害額よりも小さい。そこで，新潟県が公式に発表している両震災における経済被害額を，先ほどの「直接経済被害額」に加えることで数値の修正を行った。2004 年の新潟県の「直接経済被害額」には 3 兆円[15]，2007 年の新潟県の「直接経済被害額」には 1.5 兆円[16]を加えた。

第三に，消防白書に掲載されている自然災害による被害状況は，災害の種類による分別がなされていない。そのため本分析では，自然災害全般により生じた被害を対象に分析を行うこととした。

なお，推定にあたっては都道府県の規模を調整するため，「直接経済被害額」を県内総生産（名目）で除したものを被説明変数として採用する。

---

14) 損害見積額は，災害前の状態に戻すために必要な費用を算定しているため，再取得価格がベースになっている。
15) 国土交通省北陸地方整備局「新潟県中越地震−北陸地方整備局のこの一年」
16) 新潟県「平成 19 年（2007 年）新潟県中越沖地震関連情報」

5.5.2 Hazard 変数

　Hazard 変数には，発生した自然災害の規模を表す変数を採用する。自然災害の規模は，経験した災害の強度や頻度により表現されると考えられる。ここではそれを示す変数として，都道府県内で災害対策本部を設置した団体数（市区町村単位）を採用する。

　災害対策本部は，地域が自然災害により被害を受けた場合に設置される。そのため，広範囲にわたって被害が発生するような大きな自然災害が発生した場合や，年によって自然災害が多発したような場合，それだけ多くの災害対策本部が設置されることになる。災害対策本部設置団体数はその地域が経験した自然災害の強度や頻度に比例すると考えられる。

　先行研究では，自然災害の強度を示す客観的な基準として，発生した地震の震度や台風の風速を利用した例もある。外谷（2009）では，震度5弱以上の地震が起きた頻度や，風速17.2 m/s以上の台風が通過した数といった，発生した中でも比較的規模の大きな自然災害の発生頻度を災害の規模を表す変数として採用している。しかし，自然災害には，地震や台風に限らず，豪雪，豪雨，土砂災害，洪水，津波等，他にも多くの種類が存在する。これら全ての自然災害に関して，その種類や強度別に，都道府県内の発生状況を観察できるデータは国内には存在しない。

　これに対して，災害対策本部は，自然災害の種類に関わらず被害が発生すれば設置される。Riskを示す変数である「直接経済被害額」が自然災害全般による被害を示すことからも，災害対策本部設置団体数は自然災害の規模を説明する上で適していると考えられる。

　なお，都道府県の規模を調整するため，災害対策本部設置団体数を市区町村数で除したものを説明変数として使用する。災害対策本部設置団体数は消防庁『消防白書』から得ることができる。市区町村数については，総務省「社会・人口統計体系」に掲載されている市区数と町村数を参照している[17]。

---

17) 本分析では1995年から2007年までの期間を対象に推定を行う。この時期に「平成の大合併」に伴い市町村数は大きく減少した。そのため，分母に使用する市区町村数には

5.5.3 Vulnerability 変数

　Vulnerability 変数には，自然災害に対する地域の社会的脆弱性を表す変数が含まれる。Weichselgartner (2001) は，脆弱性の定義について，研究者の間で合意があるわけではないとしつつも，大別すれば，災害が発生する以前から存在する状態と，災害が発生した後に発揮される対応力の両方が含まれると主張している。そして，自然災害による予想被害を計算する上では，Preparedness, Prevention, Response という三つの要素について考慮することが適切であると指摘している。

　どのような経済・社会的要因が災害に対する社会的脆弱性を表すのかは，実証的な問題と言える。本章の目的もその探索にある。そこで，直接経済被害額の推定結果を観察し，災害被害を拡大させる経済・社会的要因は何か，個別に判断していくことにする。以下では，社会的脆弱性変数の候補を，Preparedness, Prevention, Response の三つに分けて検討する。

　第一に，Weichselgartner (2001) によれば，Preparedness を示す変数には，自然災害に対する予防策に関する取組みが含まれる。例として，防災対策，災害危険に関する情報交換，防災訓練の実施等が挙げられている。本分析では，15歳未満人口比率を Preparedness を示す変数として採用する。子供を含む若い家族世帯が多い地域では，しばしば町内会活動や祭を始めとする行事など地域活動が活発となる傾向が見られる。このように住民の結びつきが強い地域では防災力が高いと考えられている。なぜなら地域活動を通じた市民間の情報交換や近隣の付き合い，緊急時の役割分担や連絡網の整備などを通じて社会関係資本が蓄積され，災害発生時に防災力を発揮することが知られているからである[18]。データは総務省による国勢調査を基にした人口推計値を参照する。

　第二に，Prevention を示す変数には，自然災害からの被害を軽減するための防災・減災体制に関する項目が含まれる。例として，防災インフラや災害に

　各年のデータを使用し，合併に伴う自治体数の減少を反映することとした。
18)　Aldrich (2012) は，大規模自然災害からの復興において，社会関係資本が果たす役割について実証分析を行っている。

対して頑健な建築物の構築，国土保全への取組み等が挙げられている。それらを示す変数として，ここではまず，民間企業資本ストックと社会資本ストックを採用する。内閣府は都道府県別にこれらの推計値を発表している。

民間企業資本ストックとは，産業部門のストックの合計価値であり，都道府県内の投資の蓄積や生産設備等の集積の水準を示す。民間企業資本ストックの蓄積が進んでいない都道府県では，高度に産業が集積している地域のように先進的な防災対応力を備えておらず，自然災害に対して脆弱であると考えられる。これに対して，社会資本ストックとは，道路，港湾，空港，住宅，都市公園，下水，治水，治山，海岸，学校等，公共領域における資本ストックの合計価値である。これは公共インフラの整備状況や防災対策の水準を示し，社会資本ストックの蓄積が進んでいない都道府県は，自然災害に対して脆弱であると考えられる。なお，推定では，両資本ストックの合計（以下，総資本ストック），または各資本ストックを人口で除したものを説明変数として使用する。

これに加えて，国土保全に関する行政の取組みを示す変数として，治山治水への行政投資比率を採用する。なお，行政投資に関する支出額は，国費，都道府県費，市町村費を合計した総投資額を使用する。データは総務省「社会・人口統計体系」を参照した。また，平均的な国土保全への行政投資比率の違いが将来の災害被害にどのような影響を与えているのかを観察するため，本分析では治山治水への行政投資比率の過去10年間の平均値を説明変数として使用する。

さらに，一人当たり県内総生産（名目）を説明変数に採用する。データは県民経済計算を参照した。Kahn (2005) らの一連の実証研究から，一人当たり国内総生産が低い国ほど自然災害による被害が拡大していることが明らかになっている。本分析でも，一人当たり県内総生産が災害被害に与える影響について観察する。

第三に，Responseを示す変数には，災害対応に関する項目が含まれる。例として，災害後の様々な緊急対応や復旧の取組み等が挙げられている。本分析ではResponseを示す変数として災害復旧への行政投資比率を採用する。推定

にあたっては，治山治水への行政投資比率と同様に，過去10年間の平均比率を用いる。災害被害に対して十分な復旧投資を行い，公共インフラ等を防災効果の高いものに更新することによって，自然災害による被害が軽減されると考えられる。データは総務省「社会・人口統計体系」から得ることができる。

5.5.4 記述統計

表5-1には，推定で使用する変数の記述統計と各変数の定義を掲げておいた。なお，本分析では，47都道府県の1995年から2007年までの13年分のデータを使用する。これは，1995年の阪神・淡路大震災の発生以降，全国的に防災対策の見直しが進んでいるためである。サンプルサイズは611である。

UNDPの被害分析モデルに基づいた推定では，各変数を対数化した変数を使用する。しかし，値がゼロの観測値は対数化できない。そのため，変数の作成にあたって，Risk変数である「直接経済被害額」とHazard変数である災害対策本部設置団体数の値に0.01を加えて修正を行うこととした。これらの値を修正した後，各変数を都道府県の規模で除したものを対数化し，推定に用いることにした。次節では，UNDPの被害分析モデルに基づいた固定効果推定法による推定モデルを提示する。

5.6 実証分析

推定の基礎モデルとして以下の三式を考える。なお，iは当該府県を表し，tは時点を示す。まず以下の（A）式について説明する。

$$ln(Economic\_Damage_{it}) = \alpha_1 ln(HQ_{it}) + \beta_1 ln(Under15_{it}) + \beta_2 ln(GRP_{it}) + \beta_3 ln(Recovery_{it}) + u_i + trend_t + \varepsilon_{it} \quad (A)$$

本分析では固定効果推定を行う。地理や環境の違いといった経年変化しない各都道府県の固有要因による影響を除去した推定を行うためである。

被説明変数には，Riskを示す変数である県内総生産に占める「直接経済被

第5章 自然災害による直接経済被害と経済・社会的要因との関連性　　191

表 5-1　記述統計

Factors	Variables	Description	Mean	Std.dev	Min	Max
Risk	Economic_Damage	(直接経済被害額（千円）+0.01)／県内総生産（名目：百万円）	4.194	26.435	0.000	480.897
Hazard	HQ	(災害対策本部設置団体数+0.01)／市区町村数	0.501	1.205	0.000	12.394
Vulnerability	GRP	一人当たり県内総生産（名目：百万円）	3.666	0.707	2.569	7.460
	Stck	一人当たり総資本ストック（百万円）	13.337	2.543	6.515	21.214
	Pstck	一人当たり民間企業資本ストック（百万円）	8.015	1.797	3.904	13.189
	Sstck	一人当たり社会資本ストック（百万円）	5.322	1.731	1.972	10.783
	Under15	15歳未満人口比率（%）	0.149	0.014	0.113	0.221
	Recovery	行政投資総額に占める災害復旧費用比率（%）の過去10年間の平均値	0.022	0.015	0.001	0.076
	Nature	行政投資総額に占める治山治水投資比率（%）の過去10年間の平均値	0.100	0.030	0.018	0.180
trend	trend	トレンド項	7	3.745	1	13

害額」の割合（*Economic_Damage*）を採用する。説明変数には Hazard 変数である市区町村数に占める災害対策本部設置団体数（*HQ*），さらに Vulnerability 変数には，Preparedness を示す変数として 15 歳未満人口比率（*Under15*），Prevention を示す変数として一人当たり県内総生産（*GRP*），Response を示す変数として行政投資総額に占める災害復旧費用比率（*Recovery*）を使用する。u_i は都道府県の固定効果を表す。また，トレンド項（*trend*）を導入し，各都道府県の防災力の向上に関するトレンドを除去する。ε_{it} は誤差項を示す。

災害の規模が大きくなれば，自然災害による被害は拡大すると考えられる。したがって *HQ* の係数は正と予想される。さらに発生した自然災害の規模を一定とすれば，都道府県が経済・社会的に脆弱であるほど被害が大きくなると考えられる。したがって *Under15*, *GRP*, *Recovery* の係数はすべて負であると予想される。

次に，以下の（B）式は，（A）式に Prevention を示す変数である一人当たり総資本ストック（*Stck*）と行政投資総額に占める治山治水投資比率（*Nature*）を加えた推定式である。*Stck*, *Nature* の係数も負になると予想される。

$$\begin{aligned}ln(Economic\_Damage_{it})=&\alpha_2 ln(HQ_{it})+\gamma_1 ln(Under15_{it})+\gamma_2 ln(GRP_{it})+\\&\gamma_3 ln(Stck_{it})+\gamma_4 ln(Recovery_{it})+\gamma_5 ln(Nature_{it})\\&+\mu_i+trend_t+\varepsilon_{it} \quad (B)\end{aligned}$$

民間資本ストックと社会資本ストックを区別した推定も行う。以下の（C）式では，*Stck* に代えて，一人当たり民間企業資本ストック（*Pstck*）と一人当たり社会資本ストック（*Sstck*）を採用する。いずれの係数も負となることが予想される。

$$\begin{aligned}ln(Economic\_Damage_{it})=&\alpha_3 ln(HQ_{it})+\delta_1 ln(Under15_{it})+\delta_2 ln(GRP_{it})+\\&\delta_3 ln(Pstck_{it})+\delta_4 ln(Sstck_{it})+\delta_5 ln(Recovery_{it})\\&+\delta_6 ln(Nature_{it})+\pi_i+trend_t+\tau_{it} \quad (C)\end{aligned}$$

なお，1995 年から 2007 年の間に，兵庫県と新潟県は阪神・淡路大震災や中

越地震，中越沖地震といった大規模自然災害を経験している。いずれの災害でも1兆円をゆうに超える被害が発生しており，そのような観測値を含むデータを使用した推定では結果が歪められている可能性がある。そこで分析にあたっては，兵庫県，新潟県のデータを除外した推定も行うこととする。次節では，これらのモデルに基づいて得られた推定結果を観察する。

5.7　推定結果

　表5-2には（A）-（C）式のモデルに基づく一連の固定効果推定による推定結果を掲載している。以下では，まず結果（1）-（4）について観察した後に，結果（5）-（7）について見ていくことにする。

　（1）-（4）の推定では，1995年から2007年までの47都道府県のデータを使用した。まず，（A）式に基づいて推定を行った結果（1）について観察する。

　Hazard変数である *HQ* の係数は有意水準1%で正に有意であった。発生した自然災害の規模が大きいほど，被害が大きくなっていることが確認された。次に，Vulnerability変数について見ると，*Under15* の係数は有意水準10%で負に有意であった。年少人口比率が高い地域では，被害が有意に小さくなっていることが示された。さらに，その弾力性はVulnerability変数の中で最も大きかった。*Under15* が1%ポイント増加すると *Economic_Damage* が約5.7%低下することが確認された。*GRP* の係数も有意水準10%で負に有意であった。弾力性は *Under15* に次いで大きく，*GRP* が1%増加すると *Economic_Damage* が約3.7%低下する結果が示された。国際比較研究と同様に，所得水準が高い地域ほど被害が抑えられていることが確認された。*Recovery* の係数は有意水準1%で負に有意であった。災害復旧への行政投資比率が高い地域では，その後の被害が軽減されていることが明らかになった。

　（2），（3）では，（B）式に基づき，（A）式の説明変数に *stck*, *nature* を加えた推定を行った。結果（2）を見ると，Hazard変数である *HQ* の係数は有意水準1%で正に有意であり，Vulnerability変数は *Under15*, *Stck*,

表 5-2　推定結果

被説明変数：ln（Economic_Damage）

推定方法	固定効果						
説明変数	(1)	(2)	(3)	(4)	(5)	(6)	(7)
ln（HQ）	0.242***	0.247***	0.246***	0.245***	0.235***	0.234***	0.233***
	(0.027)	(0.027)	(0.027)	(0.027)	(0.028)	(0.028)	(0.027)
ln（Under15）	-5.693*	-11.623***	-11.957***	-13.403***	-9.989**	-10.647***	-11.264***
	(3.323)	(4.033)	(3.944)	(4.308)	(3.765)	(3.641)	(3.885)
ln（GRP）	-3.720*	-2.868	-3.184	-3.400	-3.980*	-4.532**	-4.579**
	(2.110)	(2.201)	(2.245)	(2.233)	(2.155)	(2.080)	(2.092)
ln（Stck）		-7.258***	-8.300***		-6.433**	-7.951***	
		(2.704)	(2.666)		(2.636)	(2.635)	
ln（Pstck）				-4.421*			-4.769**
				(2.356)			(2.146)
ln（Sstck）				-6.264**			-5.045**
				(2.657)			(2.466)
ln（Recovery）	-0.944***	-1.028***	-0.982***	-1.021***	-0.990***	-0.902***	-0.936***
	(0.261)	(0.251)	(0.270)	(0.268)	(0.213)	(0.225)	(0.224)
ln（Nature）			-1.286	-1.635		-1.953**	-2.173**
			(1.007)	(0.989)		(0.934)	(0.946)
trend	-0.195***	-0.103*	-0.082	-0.015	-0.096*	-0.067	-0.014
	(0.049)	(0.054)	(0.060)	(0.065)	(0.053)	(0.057)	(0.062)
n	611	611	611	611	585	585	585
決定係数（within）	0.27	0.28	0.28	0.29	0.27	0.28	0.28

※***：有意水準1％で有意，**：有意水準5％で有意，*：有意水準10％で有意。
※（　）内は都道府県番号でクラスタリングした不均一分散に頑健な標準誤差を示す。
※定数項の結果は省略している。

Recovery の係数が有意水準1％で負に有意であった。災害の規模の違いを考慮した上で，年少人口比率や災害復旧への行政投資比率が高い地域に加えて，一人当たり総資本ストックが大きい地域でも，被害が有意に小さくなっていることが示された。*Under15*, *Stck* の弾力性が大きいことも分かった。*Under15* が1％ポイント増加すると *Economic_Damage* は約11.6％低下し，*Stck* が1％増加すると *Economic_Damage* は約7.3％低下することが確認された。結果（3）においても，*HQ* の係数は有意水準1％で正に有意であり，*Under15*, *Stck*, *Recovery* の係数は有意水準1％で負に有意であった。これ

第5章　自然災害による直接経済被害と経済・社会的要因との関連性

ら Vulnerability 変数の弾力性も結果（2）と同様の値が得られた。

（C）式に基づき，$Stck$ の代わりに $Pstck$, $Sstck$ を用いた推定が（4）である。結果を観察すると，結果（1）-（3）と同様に，HQ, $Under15$, $Recovery$ の係数が有意であった。さらに，$Pstck$, $Sstck$ の係数がそれぞれ有意水準 10% と 5% で負に有意となる結果が得られた。$Pstck$ が 1% 増加すると，$Economic\_Damage$ が約 4.4% 低下し，$Sstck$ が 1% 増加すると，$Economic\_Damage$ が約 6.3% 低下することが確認された。防災上，社会資本ストックと民間企業資本ストックの両方が効果的であることが示された。

続いて，（5）-（7）の推定結果について観察する。ここでは，大規模自然災害を経験している兵庫県と新潟県のデータを除外して推定を行った。まず，（B）式に基づいて推定を行った（5），（6）の結果について観察する。

結果（5）を観察したところ，ここでも HQ は有意水準 1% で正に有意であった。さらに，推定に使用した Vulnerability 変数である $Under15$, GRP, $Stck$, $Recovery$ の係数が全て負で有意な結果となった。$Under15$ と $Stck$ は有意水準 5% で有意であり，$Recovery$ の係数は有意水準 1% で有意であった。弾力性は $Under15$, $Stck$ が大きく，$Under15$ が 1% ポイント増加すると，$Economic\_Damage$ が約 10.0% 低下し，$Stck$ が 1% 増加すると，$Economic\_Damage$ が約 6.4% 低下することが確認された。年少人口比率や災害復旧への行政投資比率が高く，一人当たり総資本ストックが大きい地域では，被害が小さくなっていることがここでも明らかとなった。加えて，結果（2）とは異なり，GRP の係数が有意水準 10% で負に有意となった。GRP が 1% 増加すると，$Economic\_Damage$ が約 4.0% 低下することが確認された。所得水準の向上が災害被害の抑止に有効であるという結果が示された。

結果（6）では，結果（3）と同様に，HQ, $Under15$, $Stck$, $Recovery$ の係数が有意であった。これらの他，GRP, $Nature$ の係数も有意水準 5% で負に有意であった。所得水準が高い地域ほど，災害被害が軽減されていることが改めて示された。さらに，国土保全のための行政投資がその後の災害被害を軽減していることが確認された。

最後に，(C) 式に基づいて推定を行った結果を (7) に掲載している。ここでも，*HQ* の係数は有意水準1%で正に有意であった。また，結果 (4) とは異なり，*GRP*, *Nature* を含む全ての Vulnerability 変数の係数が負に有意な結果となった。うち，弾力性が大きい変数は，*Under15*, *GRP*, *Pstck*, *Sstck* であった。

以上の推定結果についてまとめると，Hazard 変数である *HQ* の係数はいずれの推定においても有意水準1%で正に有意であった。Vulnerability 変数については，結果 (1)-(4) からは，*Under15*, *Stck*, *Sstck*, *Pstck*, *Recovery* の係数が負に有意であることが分かった。加えて，結果 (1) では，*GRP* の係数も有意水準10%で負に有意であった。そして，兵庫県と新潟県のデータを除外して推定を行った (5)-(7) の結果からは，*Under15*, *GRP*, *Stck*, *Sstck*, *Pstck*, *Recovery*, *Nature* の係数が全て負に有意となる結果が得られた。

弾力性については，いずれの推定結果においても，*Under15* が最も大きかった。本分析の結果，自然災害による経済被害の軽減を考える上で，年少人口比率の重要性が明らかとなった。さらに，*Under15* に次いで弾力性が大きな変数は *Stck*, *Sstck*, *Pstck* であった。防災対策を行う上で社会資本だけでなく民間企業資本の集積も有効であることが分かった。また，*GRP* の弾力性が大きいことも分かった。国際比較研究で示された災害被害の軽減効果が，本分析からも確認されることとなった。そして，弾力性はそれほど大きくないものの，外谷 (2009) の結果と同様に，*Recovery* が有意に災害被害を軽減していることが分かった。この他，*Nature* も防災政策としての効果を持っていることが明らかになった。災害復旧や治山治水への行政投資がその後の災害被害を減らす上で有効であることが示された。

このように，都道府県の固定効果を考慮した推定結果から，事前の予想と整合的な結果が得られた。これら経済・社会的な要因が脆弱である地域では，自然災害による直接経済被害が大きくなっていることが確認された。

5.8 推定結果とその含意

本分析における推定結果をまとめると以下の通りである。(1) 発生した自然災害の規模を示す変数である市区町村数に占める災害対策本部設置団体数の値が大きいほど，自然災害による直接経済被害も有意に大きくなっている。(2) 年少人口比率，一人当たり県内総生産，一人当たり資本ストック（民間企業資本，社会資本），災害復旧や治山治水への行政投資比率といった経済・社会的要因が，被害を有意に軽減している。(3) 特に，年少人口比率，一人当たり資本ストック，一人当たり県内総生産の弾力性が大きい。

従来の防災・減災政策では，人的・経済的被害の抑止のために，予想被害に基づいた防災インフラの整備，頑健な建築物の構築，避難マニュアルの作成等といった，工学的な視点による安全政策が重要であると考えられてきた。しかし，本章の分析結果より，経済・社会的要因と人的被害との関連性について先行研究で指摘されてきたように，直接経済被害は経済・社会的に脆弱な地域ほど大きくなっていることが明らかとなった。特に，年少人口比率，一人当たり資本ストック，一人当たり県内総生産の弾力性が大きい。子育て世代を含む若年人口の集積，民間企業資本や社会資本の蓄積，所得水準の向上を通じて自然災害に対する社会的脆弱性を減じていくことが，防災政策上，重要であることが示された。さらに，災害復旧や治山治水に関する行政投資が被害軽減に有効であることも確認された。

本章で残された課題としては，第一に，社会関係資本と災害被害の関係について更なる分析を行うことが挙げられる。特に，若年人口が多い地域における災害被害の実態についての分析が重要となろう。また，人々の社会的信頼感と災害被害の関連についても研究する必要がある。第二に，災害別の被害分析や，より詳細な地域データを用いた分析が挙げられるが，そのためには災害別・市町村別の被害データが整備される必要がある。

第6章　2011年タイ大洪水による被害と社会的脆弱性[1]

6.1　自然災害による被害と社会的脆弱性

　近年，自然災害による被害の社会的側面に着目した研究が見られるようになってきた。発展の水準が異なる国々の間で災害被害の有り様が異なることから，災害被害と経済・社会的要因の関連性に関する地域間比較分析が行われてきている（Kahn, 2005；Toya and Skidmore, 2007；林, 2014）。一連の実証研究の結果，社会・経済の状態を改善し，社会的脆弱性を減じていくことが，災害被害の軽減を図る上で有効なアプローチであることが分かってきている。

　自然災害に対する社会的脆弱性には，研究者によってその定義は様々であるが，いくつかの分類上の類型があるとされる。Füssel（2007）によれば，気候変動や自然災害に対する脆弱性に関する研究を整理した結果，分析対象やその範囲によって差はあるものの，社会的脆弱性の概念は大きく分けて，災害による被害を受ける地域社会やコミュニティの内側に存在する要因（例：家計所得，社会ネットワーク，情報へのアクセス）と，そうした地域社会やコミュニティの外側に存在する要因（例：国家政策，国際支援，経済のグローバル化）に区別さ

---

[1] 本章の内容は，博士論文「自然災害被害とその社会的要因に関する実証分析―安全安心社会に向けて―」の第4章「経済・社会的側面から見るアジアの自然災害被害：2011年のタイ洪水を事例に」を元に，加筆修正したものである。

れるとしている。また，Weichselgartner (2001) は，脆弱性の定義について，災害が発生する以前から存在する状態と，災害が発生した後に発揮される対応力の両方が含まれると主張している。

つまり，自然災害による被害と社会的脆弱性の関連性を分析する際には，地域社会やコミュニティの内側にある社会・経済的要因だけでなく，その外側にある要因に着目した分析も必要となる。特に，大規模な自然災害の場合，災害発生前の防災対策や国家の制度，災害時の政治体制や経済状態，発災後の政府の緊急対応といった要因がその被害と関係しているのか，両者の関連性についての分析が求められる。

そこで本章では，2011年のタイ大洪水を事例として，社会的脆弱性と災害被害の関連性について既存研究のサーベイを基にケーススタディ分析を行う。同洪水は洪水多発国であるタイにおいても過去70年間で最悪の被害をもたらした自然災害である。その被害の背景として，タイ国の防災政策や政府の緊急対応における問題が指摘されており，被災した地域社会やコミュニティの外側にある要因により被害が拡大した例と言える。

アジアの国々の中には経済開発が十分に進んでいないことから防災対策の水準や災害時の政府の対応力に問題を抱えている地域が少なくない。同地域は世界でも有数の災害多発地域であり，近年だけでも多くの大災害を経験していることを考えると，本分析から得られるインプリケーションは国際的な広がりを有していると考えられる。

分析にあたって，タイの防災政策の柱である (1) チャオプラヤ川上流域に設置された巨大ダムによる治水対策，(2) 同川中下流域における堤防や水門，計画的遊水池（氾濫地域）の設置，(3) 同川下流域の首都圏における洪水対策，に着目した分析を行う。加えて，洪水発生後の政府や軍，バンコク都による緊急対応も分析の対象とする。

本章の構成は以下の通りである。次節では，2011年に発生したタイの大洪水による被害状況について概観する。第3節では，タイの主要河川と地理環境，洪水被害の特徴と主要な洪水対策について紹介する。第4節では，2011年に

発生した大洪水の原因とその発生過程を，タイの防災政策や政府，軍，自治体による緊急対応と関連付けながら観察する。第5節では，社会的脆弱性の観点から2011年洪水後の防災対策に対する政策提言を行う。第6節では結論について述べる。

6.2　2011年のタイ洪水による被害の概要

2011年にタイで発生した洪水の規模は，1942年以来，同国内で発生した水害の中でも，最大のものとなった[2]。Nipon and Pitsom（2013）によれば，洪水は7月下旬から12月中旬まで長期にわたり発生し[3]，全77県のうち実に67県が被害を受けた。特に大きな被害を受けた県は19にも上り，主にバンコク近郊を含むチャオプラヤ川下流域が深刻な被害を受けた。

2011年の洪水による人的被害や経済被害の規模は甚大であった。World Bank（2012）によれば，人的被害は680名[4]，被災者数は約1,357万人にも上る。また，経済被害は約1.43兆バーツ[5]（約465億ドル）であり，このうち約56％が間接被害に由来するとされる（表6-1）。

経済活動への影響も深刻であり，2010年には前年比＋7.5％であったタイの実質経済成長率は，洪水が発生した2011年には同＋0.8％にまで落ち込むこととなった[6]。これはタイ経済の発展を支えてきた製造業が大きな被害を受け

---

2)　同国内では，1942年，1983年，1995年にも大規模洪水が発生している。
3)　今回の洪水の被災地は標高差の小さい平野部分が主であったため，洪水の進行は1日に2-3 km程度と遅かった。突発的な洪水と比較すれば退避や避難のための時間的猶予があったため，財産や土地の被害に比して人命の損失は少ない結果となった。
4)　ただし，World Bankの調査は2011年11月に実施されており，その時点では洪水がまだ終息していなかった点には留意が必要である。実際，2012年1月時点でタイ内務省より報告された人的被害は813名となっている。
5)　2011年11月1日における1タイバーツの参考レートは約2.49円。
6)　加えて，アユタヤ市付近の工業団地が被災したことにより，サプライチェーンを通じて他国の経済活動も大きな影響を受けることとなった（阿部他，2013）。

表 6-1　2011 年タイ洪水による部門別被害額（単位：100 万バーツ）

Sub Sector	Damage	Losses	Total	Public	Private
Infrastructure					
Water Resources Management	8,715	-	8,715	8,715	-
Transport	23,538	6,938	30,476	30,326	150
Telecommunication	1,290	2,558	3,848	1,597	2,251
Electricity	3,186	5,716	8,901	5,385	3,517
Water Supply and Sanitation	3,497	1,984	5,481	5,481	
Production					
Agriculture, Livestock and Fishery	5,666	34,715	40,381	-	40,381
Manufacturing	513,881	493,258	1,007,139	-	1,007,139
Tourism	5,134	89,673	94,808	403	94,405
Finance & Banking	-	115,276	115,276	74,076	41,200
Social					
Health	1,684	2,133	3,817	1,627	2,190
Education	13,051	1,798	14,849	10,614	4,235
Housing	45,908	37,889	83,797	-	83,797
Cultural Heritage	4,429	3,076	7,505	3,041	4,463
Cross Cutting					
Environment	375	176	551	212	339
TOTAL	630,354	795,191	1,425,544	141,477	1,284,066

出典：World Bank（2012），p. 3

たためである。成長率に対する製造業の寄与度は 2010 年のプラスから一転，2011 年にはマイナスとなり，タイの成長率は大きく低下した（図 6-1）。その後，2012 年には成長率が同＋7.2％ と回復したものの，2013 年から 2017 年にかけては同＋2.7％，同＋1.0％，同＋3.1％，同＋3.4％，同＋4.0％ と低調に推移している[7]。この間，インラック政権下では米担保融資制度や最低賃金[8]

---

[7]　このことは先行研究の結果と整合的である。Cavallo et al.（2013）によれば，大災害は被災国の経済成長に対して短期的にも長期的にも負の影響を与えるとしており，この効果は災害後に発生する政変に起因するものであると主張している。実際に，2014 年 5 月 20 日，タクシン派と反タクシン派の対立激化を受け陸軍は戒厳令を発令し，同月 22 日には軍によるクーデターが発生した。その後，2017 年 4 月には新憲法が発布され，2019

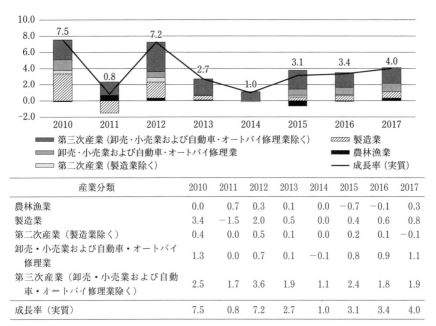

産業分類	2010	2011	2012	2013	2014	2015	2016	2017
農林漁業	0.0	0.7	0.3	0.1	0.0	−0.7	−0.1	0.3
製造業	3.4	−1.5	2.0	0.5	0.0	0.4	0.6	0.8
第二次産業（製造業除く）	0.4	0.0	0.5	0.1	0.0	0.2	0.1	−0.1
卸売・小売業および自動車・オートバイ修理業	1.3	0.0	0.7	0.1	−0.1	0.8	0.9	1.1
第三次産業（卸売・小売業および自動車・オートバイ修理業除く）	2.5	1.7	3.6	1.9	1.1	2.4	1.8	1.9
成長率（実質）	7.5	0.8	7.2	2.7	1.0	3.1	3.4	4.0

図 6-1　タイの経済成長率と産業別の寄与率の推移（％，実質：連鎖方式，2002 年連鎖価格，100 万バーツ）

出典：Office of the National Economic and Social Development Council
注 1：2017 年のデータは速報値。
注 2：第二次産業（製造業除く）には，鉱業・採石業，電気・ガス・蒸気・空調供給業，水供給業・下水処理業および廃棄物管理・浄化活動が含まれる。
注 3：第三次産業（卸売・小売業および自動車・オートバイ修理業除く）には，建設業，運輸・保管業，宿泊・飲食業，情報通信業，金融・保険業，不動産業，専門・科学および技術サービス業，管理・支援サービス業，公務および国防・強制社会保障事業，教育，保健衛生・社会事業，芸術・娯楽・レクリエーション業，その他サービス業，雇主としての世帯活動が含まれる。

年 3 月に民生復帰後初の選挙が実施されたが，同年 6 月にはクーデター時の暫定政権であったプラユット政権が成立することになった。

8）　洪水後，当時のインラック政権は新規自動車購入者向け補助金制度や農家向けの米買取り制度，最低賃金の全国一律日額 300 バーツへの引き上げといった政策を次々に導入した（三菱 UFJ 投信，2014; 熊谷，2019）。

の引き上げといった国内消費の底上げを図る政策を実施してきたが，製造業の寄与度が低下していることもあり，これまでのところタイ経済の成長に向けたモメンタムは被災前に比べて力強さを欠いている。次節では，タイの地理環境と洪水被害の特徴，そして主要な洪水対策について紹介する。

6.3 チャオプラヤ川流域の地理的特性とタイの防災政策

ここでは洪水の発生原因と被害拡大の様子を観察することに先立ち，タイの主要河川であるチャオプラヤ川と洪水災害の特徴，流域における主要な洪水対策について紹介する。

6.3.1 チャオプラヤ川流域の地理的特徴

チャオプラヤ川はタイを縦断する同国最大の河川である（図6-2）。その流域面積は約16万km²であり，国土の約32％を占める。同国の主要都市であるバンコク都，アユタヤ市，ナコンサワン市は同川流域沿いに立地している。チャオプラヤ川流域は，ナコンサワン市を境に上流域と下流域に区別され，上流域にはピン川，ワン川，ヨム川，ヌン川があり，ナコンサワン市周辺で合流している。そして，ナコンサワン市からタイ湾にかけての河川がチャオプラヤ川と呼ばれる。

6.3.2 チャオプラヤ川流域における洪水被害の特徴

これまでタイにおいて発生した洪水は，主にチャオプラヤ川下流域において被害を引き起こしてきた。Komori et al. (2012) によれば，これは同川が標高差の小さい緩流河川であるため[9]，下流域の流下能力[10]が上流域よりも低い

---

9) ナコンサワン市の南に位置するチャオプラヤ大堰付近の標高は15mであるのに対して，アユタヤ市やバンコク都周辺の標高はそれぞれ7m，5mに過ぎない。
10) 河川が許容できる洪水量のことで，流速と河川の断面積の積で計算される（単位は立方メートル（m³）／秒（s））。河川流量がその流下能力を超えると洪水が発生する。

第6章 2011年タイ大洪水による被害と社会的脆弱性

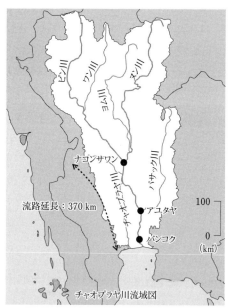

図6-2 タイ国の主要河川，都市，主要ダムの位置関係
出典：沖他（2011），p.5

ことに原因がある[11]。つまり，豪雨が発生した場合，上流域で洪水が発生しなかったとしても，水流が南下すれば下流域で洪水が発生する可能性がある。そのような場合，支流の流量が増加しても本川に洪水を流下できないため，支流沿いに洪水が拡散することになる。

このようなチャオプラヤ川の環境は，一見，洪水に対して脆弱であるように見える。しかし，Komori et al.（2012）によれば，この特徴のためにむしろ洪水被害の軽減が図られているという。下流域で氾濫水域が拡大すれば，河川流量が減少し水位低下が起こる。つまり，氾濫面積の拡大が起きることにより洪水が効果的に蒸発することになる。タイでは，チャオプラヤ川下流域で氾濫水

---
11) タイ王室灌漑局によれば，ナコンサワン市，チャオプラヤ大堰，アユタヤ市周辺の流下能力は，それぞれ 3,590 m³/s，2,840 m³/s，1,155 m³/s となっている。

域が拡大することで，下流域の都市は深刻な洪水被害を免れてきた。

しかし，流域全体の治水機能を上回るような洪水量が発生すれば，広範囲で洪水被害が発生することになる。2011年の大洪水はまさにそのようなケースとなった。

6.3.3 チャオプラヤ川流域における防災政策

タイは世界第7位の洪水発生国であり，他の自然災害と比較しても洪水による被害が最も深刻なものとなっている。また，過去にも1942，1983，1995年に大規模な水害を経験している（World Bank, 2012）。このため，タイにおける災害対策は主として洪水対策を念頭に置いている。

小森他（2013）によれば，チャオプラヤ川流域における洪水対策は以下の三点に集約される。第一に，同川上流域に設置された巨大ダムによる治水対策，第二に，同川中下流域における堤防や水門，計画的遊水池の設置，第三に，同川下流域の首都圏における洪水対策である。

第一の点については，チャオプラヤ川上流にプミポンダム[12]，シリキットダム[13]という巨大ダムが建設されている。これらは王室灌漑局（Royal Irrigation Department, i.e. RID）とタイ電力公社（Electricity Generating Authority of Thailand, i.e. EGAT）により管理されている。これらダムの貯水量の合計は約230億m³であり，これは流域に設置されたダムの総貯水量の約93％にあたる。手計・吉谷（2005）は，プミポンダムおよびシリキットダムの建設前後において，ダム直下の水文観測所における最低流出量の増加と最高流出量の減少があったことを発見している。これはダム建設により，洪水の発生が減少したことを示している。両ダムの運用により下流域の治水対策が可能となった証左と言える。

第二の点については，チャオプラヤ川中下流域に堤防や水門を設置し，左岸側の工業団地への洪水の流入防止を図っている。また，右岸側に計画的遊水池

---

[12] 貯水量は約135億m³。1964年建設。ピン川に設置されている。
[13] 貯水量は約95億m³。1974年建設。ナン川に設置されている。

を設置しており，非居住地域にあえて洪水を流入させることで，氾濫時の河川水位の低下や洪水の効率的な蒸散を促すことを意図している。

　第三の点については，バンコク都の周囲には「キングス・ダイク」と呼ばれる外周堤兼用道路が設置されている。この外周堤は洪水をバンコク都の東地区に誘導する役割も持っている。加えて東地区は「グリーンベルト」と呼ばれ，遊水池として土地利用の規制が行われており，洪水を河川や海に排出させる放水路や運河が設置されている。さらに，首都圏の浸水時に備えて，主にチャオプラヤ川沿いに多数の排水ポンプが設置されている。

　このような洪水対策が行われていたにも関わらず，2011年の洪水では大きな被害が発生した。さらには，政府による緊急対応も洪水被害の拡大を抑止することができなかった。次節では，2011年のタイ洪水の被害拡大の過程と政府による緊急対応について見ていく。

6.4　2011年タイ大洪水の発生過程と被災状況

6.4.1　記録的豪雨の発生

　2011年に発生した大洪水の直接的な原因は，タイの雨季[14]のうち5月から10月にかけて連続して発生した記録的豪雨である。沖（2012）によれば，2011年の雨季におけるチャオプラヤ川流域における平均総降水量は約1,439 mmと過去50年間の記録を更新した。これは1982年から2002年までの平均総降水量の約143%にあたる。特に，7月から9月にかけての平均総降水量は約1,156 mmに上り，1901年の統計記録開始以来の最高値となった。さらに，2011年は豪雨が雨季を通じて発生し続けた。沖他（2011）によれば，2011年5月から10月にかけての月間平均降水量は，1982年から2002年の平均に比して，それぞれ約161%，約134%，約178%，約132%，約144%，約111%といずれの月においても例年以上の降雨が見られた。豪雨が続いた原因は，6月

---

[14]　雨季の終わりは11月30日とされている。なお，乾季は12月1日から4月30日までとされる。

末から10月の始めにかけて5つもの台風が連続的に発生したためである[15]。

このような降水量の増加は河川流量の大幅な増加をもたらす場合がある。Komori (2012) によれば、水の蒸発や植物からの蒸散により河川流量からは一定の水量が失われる。しかし、この蒸散量は洪水の規模に関わらず大きく変化しない。そのため、雨量のわずかな変化が河川流量の大きな変化をもたらす場合がある。Sayama et al. (2015) によれば、シミュレーション分析の結果、タイでは1%の雨量の増加が2.3%の河川流量の増加と4.2%の氾濫水域の拡大につながることを明らかにしている。

2011年に発生した一連の豪雨により、チャオプラヤ川上流域の河川流量は予想を超えて大きく増加した。上流域で発生した洪水は南下し、その後下流域において大規模な氾濫を引き起こすこととなった。

6.4.2 巨大ダムによる洪水対策
(1) 巨大ダムにおける貯水管理

タイにおいて洪水被害の軽減を図るためには、第一に、上流域のダムによる治水対策が重要となる。中でも、プミポンダムとシリキットダムはその要とも言うべき防災施設である。

洪水時にダムがどのような防災上の役割を果たしたのかを分析する場合、ダムにおける貯水量の推移と流入量および放流量の変化を観察する必要がある。豪雨が発生し流入量が増加する時、ダムは放流量のコントロールを通じて貯水量を管理する。放流量の管理はダムの下流域の洪水や氾濫状況に影響を与えるため、防災対策において重要な行為と言える。

Hydro and Agro Informatics Institute (水文・農業情報機構) が提供している2011年のタイの主要なダムにおける水資源管理データを参照し、プミポンダムの貯水量の推移を観察する (図6-3)。これを見ると、同ダムの貯水量は5月初旬頃に下方のルールカーブを上回ってから増加の一途を辿り、8月初旬

---

[15] 6月23〜27日にHaima、7月30〜8月1日にNokten、9月26〜28日にはHai Tang、10月2〜3日にはNesard、10月6〜7日にはNalkaeが襲来した。

第 6 章　2011 年タイ大洪水による被害と社会的脆弱性

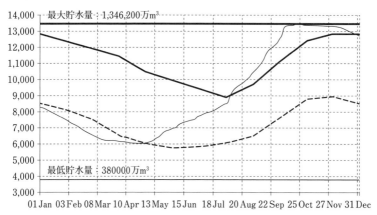

図 6-3　2011 年のプミポンダムのルールカーブと貯水量の推移（百万㎥）
出典：水文・農業情報機構"Thaiwater.net"のHPより得たデータを元に筆者作成

にはルールカーブ[16]の上限を上回った。しかし，その後も貯水量は増加しルールカーブの上限を上回り続け，10月初旬には貯水量は同ダム貯水量の限界に達した。結局，同ダムの貯水量は11月中旬に洪水が収束するまで一度も減少に転じることはなかった。

　貯水量の増加が見られた理由は流入量と放流量の大きな乖離に起因する。プミポンダムではしばしば流入量の急激な拡大が見られ，特に，5月中旬以降の流入量の増加は顕著であった（図6-4）。しかし，5月中旬から7月後半にかけて流入増に対応するような放流量の増加は確認できない（図6-5）。その後，10月初旬に同ダムが満水となったことを受けて急激な放流量の増加が起きている。

　同様の傾向は，シリキットダムの貯水管理においても認められる（図6-6）。同ダムの貯水量は6月下旬に急速に増加を始め，7月上旬にルールカーブの上限を上回った。その後も貯水量は増加を続け，10月までには限界に達した。6

---

16)　ルールカーブ（計画貯水量）とは，ダム貯水量の目標値を示すものであり，上限値と下限値が示される。ダムはその貯水量がこの上下限の帯域に収まるように放流量をコントロールする。

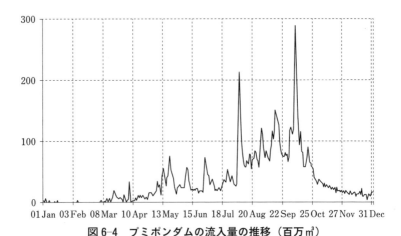

図6-4 プミポンダムの流入量の推移（百万㎥）
出典：水文・農業情報機構 "Thaiwater.net" のHPより得たデータを元に筆者作成

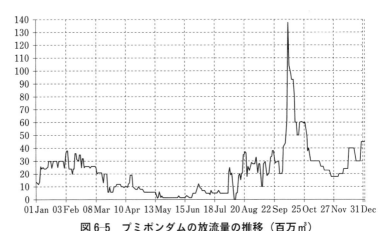

図6-5 プミポンダムの放流量の推移（百万㎥）
出典：水文・農業情報機構 "Thaiwater.net" のHPより得たデータを元に筆者作成

月末以降，同ダムにおける流入量は度々急増していた（図6-7）。しかし，7月中旬までは放流量の増加が見られても，乾季における放流量に満たない水準であった（図6-8）。なお，8月初旬以降，同ダムからの放流量は増加したものの，

第 6 章　2011 年タイ大洪水による被害と社会的脆弱性　　211

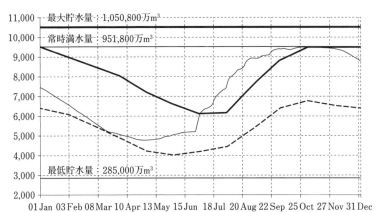

図 6-6　シリキットダムのルールカーブと貯水量の推移（百万㎥）
出典：水文・農業情報機構 "Thaiwater.net" の HP より得たデータを元に筆者作成

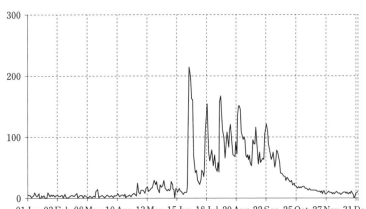

図 6-7　シリキットダムの流入量の推移（百万㎥）
出典：水文・農業情報機構 "Thaiwater.net" の HP より得たデータを元に筆者作成

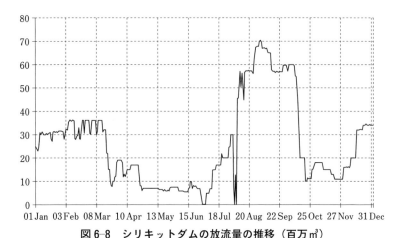

図6-8 シリキットダムの放流量の推移（百万㎥）
出典：水文・農業情報機構 "Thaiwater.net" のHPより得たデータを元に筆者作成

満水に近くなった9月以降に放流量が急激に増加した様子は確認できない。

このように，両ダムでは洪水期間を通して流入量が放流量を上回っていたため貯水が増加し続けた。そして，プミポンダムでは貯水量が限界に達した10月初旬ごろに大幅に放流量を増加させるに至った。次では，こうしたダムによる貯水管理の問題点について考察する。

(2) 巨大ダムの貯水管理における問題点

2011年のタイ洪水においては，巨大ダムの放流が洪水被害を拡大させたという批判が根強い[17]。プミポンダムからの大量の放流は，下流域の洪水被害

---

17) こうした批判に対してEGATは以下のような説明を行っている。(1) 5月の時点では貯水量がルールカーブの下方を下回っており，貯水を優先せざるを得なかった，(2) 6月以降は予期せぬ低気圧の襲来によりチャオプラヤ川上下流域で洪水の発生が始まっていたため，プミポンダムやシリキットダムからの放流量を増やすことができなかった，(3) プミポンダムが10月以降に大量放流を行わなければダムの安全性が確保できなかった，(4) 貯水によりEGATが発電による利益を優先していたという仮説は真実ではない，(5) 10月29日時点でナコンサワンを流れる水量のうち，両ダムからの放流量は約16.7%に

第6章　2011年タイ大洪水による被害と社会的脆弱性　　213

を拡大させたのだろうか。Tebakari and Yoshitani（2012）は，プミポンダムとシリキットダムが建設された後，日次データに基づく分析を行っている。その結果，ナコンサワン市の河川流量の増減とプミポンダムの放流量の増減の周期には類似性があることを発見している。2011年のプミポンダムの放流量の増加が下流域の流量に影響を与えた可能性が示唆される。

　実際，プミポンダムからの放流が急増した時期は洪水被害が深刻化してくる時期と重なっていた。次節で見るように，9月以降，チャオプラヤ川中下流域では既に河川の氾濫が始まっており，バンコク都における大規模な洪水は11月中旬まで続いた。EGATはプミポンダムからの放流が同川下流域に達するまでの期間を約2週間と推定しており，これが正しければ同ダムの放流量が急増した10月初旬以降にダムから放流された洪水は，10月中旬から下旬にかけて同川下流域に到来していたと考えられる。つまり，巨大ダムは同川下流域において洪水被害が深刻化しつつある時に大規模な放流を行い，河川流量を増加させた可能性がある。ただし，同ダムの放流量の急激な増加が2011年の洪水被害をどの程度説明するかは実証分析の進展を待つ必要がある。

　プミポンダムからの急激な放流量の増加を防ぐためには，雨季の急激な流入量の増加に対応できるように，乾季から雨季前半の間に放流量を増加させ貯水量の余力を確保しておくことが必要であった。実は，2011年の同ダムにおける貯水管理は，雨季前半の放流量を例年よりも低い水準に保っており，雨季後半に向けた貯水の余地を十分に確保していたとは言えない。玉田（2012）によれば，2011年のプミポンダムとシリキットダムの累積流入量は6月までに近年で最高の水準を記録していたが，プミポンダムの8月における累積放流量は近年でも最低の水準であり，シリキットダムにおいても累積放流量が例年の水準を上回るのは8月下旬であったという。小森（2012）は，6月末と7月末に放流量を拡大していれば，両ダムでさらに約20億m³の貯水が可能となったと推計しており，沖（2012）も，もし仮に5月初頭の水位を両ダムがその後も維

しか相当しないため，巨大ダムからの放流が2011年の大規模洪水の原因とは言えない。
（出典：Bangkok Post, "Egat chief says dams 'not to blame'," November 3rd, 2011.）

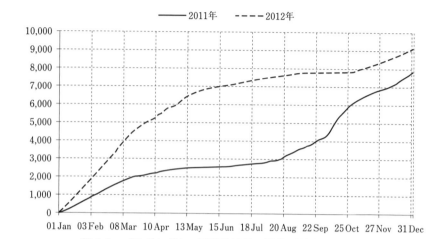

図 6-9　プミボンダムの累積放流量の推移（単位：百万㎥）
出典：水文・農業情報機構 "Thaiwater.net" の HP より得たデータを元に筆者作成

持したとすれば，8月初頭には約 50-60 億㎥の余剰が確保できたと主張している[18]。

　そうした雨季後半の降雨を見越した放流量の増加は難しかったとする分析もある。星川（2013a）は，5月までの貯水量がルールカーブの下限を下回っていたこと，過去のデータから雨季前半の流入量と雨季後半の流入量の間の相関は小さかったこと，4月から7月までの3ヶ月予報はその後の雨量を平年並みか少ないと予測していたことから，乾季から雨季の前半までの間に放流量を増加させて雨季後半に向けて貯水の余力を増しておく判断を行うことは難しかったと指摘している。

　与えられたルールカーブの下の運用では乾季から雨季の前半までに放流量を拡大させることが難しかったとするならば，ルールカーブ自体を引き下げるか，あるいはルールカーブの下限付近の貯水量を容認することはできなかったのだ

18）プミボンダムの現場担当者からは，2011年5月にはチャオプラヤ川下流域で既に洪水が始まっており，放出量の増加は難しい状況であったという声も聞かれる（小松他，2012）

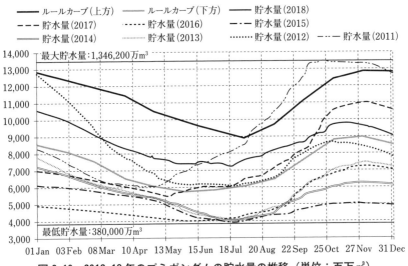

図 6-10　2012–18 年のプミポンダムの貯水量の推移（単位：百万㎥）

出典：水文・農業情報機構 "Thaiwater.net" の HP より得たデータを元に筆者作成
注：2008 年，2009 年のデータは欠損を含む

ろうか。2012 年のプミポンダムの累積放流量を見ると年初から大きく増加しており，雨季の前半にあたる 6 月までに放流量を増加させることは技術的には可能であったと思われる（図6-9）。また，2011 年には乾季の間に貯水量がルールカーブの下限を下回ったことで，3 月から 5 月にかけて放流量の削減を行い利水に配慮した運用がなされた形跡があるが，2012 年から 2018 年までの貯水量を見ると乾季における貯水量が 2011 年の水準を下回っている年も見られる（図6-10）。星川（2013a）によれば，2011 年の洪水後にプミポンダムのルールカーブの見直しが行われ，以前よりも全体的に貯水量が引き下げられている[19]。利水よりも洪水時における貯水余地の確保を優先した管理ルールへの移行を図ったと見られるが，このことは 2011 年においても下方のルールカー

19）　新しいルールカーブの下では，仮に 2011 年と同様の貯水量の変化があった場合，5 月までに放流量を削減し貯水量を増加させる運用を行わないようにすることで，10 月初旬の急激な放流量の増加を避けることができるように調整がなされた。

ブに近い貯水量を維持することで，運用において治水対策を優先する余地があったことを示している。これまでダムに対して治水と利水のバランスを取った貯水管理を求めていたことが，2011年のような例外的な洪水が発生するような年に大胆な洪水対策を実施する余地を少なくしていたと考えられる。次は，プミポンダムの貯水管理の背景について見ていくことにする。

(3) プミポンダムの貯水管理の背景にある社会的要因

2011年の両ダムにおける貯水管理の背景には，EGAT や RID によるダムの貯水管理[20]における技術的要因だけでなく，以下のような社会的要因があると考えられる。

第一に，ダムにおける貯水管理はルールカーブに沿って行われるが，プミポンダムやシリキットダムのルールカーブには，気象予測に関する最新の情報や知見が反映されていなかった。Nipon and Pitsom（2013）は，ルールカーブの設定には季節的な気象予測に関する情報が欠落しており，最新の洪水災害の予測や水質学的知見，今日における下流域の農業活動の実態が反映されていなかったと指摘している[21]。そのようなルールカーブに沿った貯水管理では，雨季全体を見通した降雨予測に基づく貯水管理を実施することは難しかった。星川（2013a）の言うように，ルールカーブに沿った貯水管理を行ったこと自体は責められないものの，ルールカーブの設定に問題があった点は否めない。

第二に，チャオプラヤ川流域の農業セクターに配慮して，ダムに貯水を優先させるような社会的要請があった。農業・協同組合省の大臣であるティーラ・ウォンサムット[22]は，政府がダム下流域の収穫に配慮して巨大ダムからの放

---

20) 玉田（2012）によれば，チャオプラヤ川流域の水資源管理は小委員会で決定される。同委員会では，王室灌漑局長が委員長となり，気象局，水資源局水資源・農業情報研究所，水路局，バンコク都庁排水事務所，災害防止・救済局，国王発案事業調整特別委員会事務所，発電公社の8つの組織が参加し，日々の状況を観察した上でダムから放流すべき量を検討しているという。

21) 降雨量の季節予測は先端研究課題であるため，そのような予測に基づくダムの貯水管理はそもそも難しかったとする意見も見られる（小森，2012; 沖，2012）。

流を遅らせていた事実を認めた[23]。Nipon and Pitsom（2013）は，ナコンサワン市以南の水門操作においても，農家の収穫への配慮を目的とした政治家の圧力が見られたことを，水量データを示しつつ指摘している。タイ国家統計局の労働力調査によれば，2011年の農業セクターに従事する雇用労働者の数は全雇用労働者の約35.6％にも上り，政治的な影響力は無視できない[24]。

　第三に，タイにはチャオプラヤ川流域全体の洪水管理を行う統一的な機関が存在しなかったため，洪水対策において組織間の縦割りによる弊害が現れていた。小森他（2013）によれば，RIDは農業・協同組合省の管轄であり，上流域に設置されたダムや中下流域に設置された堤防や水門の建設目的は農業用水の確保や農業地域の保護にあったという。これに対して，同川流域の市街地や工業団地における洪水対策は周辺自治体がその責任主体とされていた。このように，各組織が自らの組織目的に焦点を合わせた行動を取れば，組織間連携を通じて流域全体を視野に入れながら洪水を管理することは難しい。

　第四に，タイの地理や環境を考えれば，ダムはその貯水管理において矛盾した複数の運用目的を抱えていたことで貯水管理を困難なものにしていた。雨季と乾季が明確に分かれている同国においてダムの運用を考える場合，乾季から雨季前半にかけて放流量を増やし雨季後半に向けて貯水の余地を残しておくような治水対策に重点を置いた貯水管理を行うことは理に適っている。しかし，こうした運用を行えば，流域に立地する農業部門からの要請が強いダムによる利水という機能を縮小せざるを得ない。また，実際の貯水管理にあたって，降雨量が多く大洪水のリスクが高い年には治水を優先し，他方，降雨量が少ない年には利水に配慮するといったように，こうした運用を経験していく中で治水

---

22) ティーラは灌漑局長や農業事務次官を経験した人物であり，連立与党であるタイ国民発展党に所属している。
23) 出典：The Nation, "I ordered a delay in the release of water from dam: Theera", November 11th, 2011.
24) 出典：National Statistical Office, "The Labor Force Survey Whole Kingdom Quarter 1: January-March 2012", 17th September, 2012.

と利水のバランスが取れた運用方法が確立されれば，大洪水を見越して放流量を拡大させておくような貯水管理を行うことは難しい[25]。

　第五に，変容するタイ社会に合わせてダムによる治水対策のあり方を更新することができていなかった。ダムの貯水管理において想定されているタイ社会の現状認識は，その実態との間に乖離が生じていた。洪水発生当時，タイ社会では既に工業化が進展しており，アユタヤ市周辺等において工業団地や外国企業が多く立地し始めていた。チャオプラヤ川流域に設置されたダムや水門，堤防といった公共資本に対する社会的要請も，かつてのような農業用水の確保や農業部門の被害軽減[26]から製造部門における生産活動への影響軽減へと変化していた[27]。しかし，洪水時のダムの貯水管理のあり方には，そうした社会の変化を十分に反映することができていなかった。タイでは洪水災害の発生頻度が多く，その予見性も高いことを考えれば，今後は社会の発展に合わせてダムによる治水対策のあり方を更新できるような制度的構造を確立することが必要である。次に，中下流域に設置された水門や堤防，計画的遊水池が洪水時にどのような役割を果たしたのかを見ていく。

6.4.3　チャオプラヤ川中下流域における洪水対策

　チャオプラヤ川上流域から中下流域に目を転じれば，この地域に設置されていた水門や堤防では洪水の発生を防ぐことができなかった。Komori (2011) は，衛星画像で8月上旬にナン川とヨン川の合流地点付近で既に氾濫が発生し

---

[25]　大災害のような非常時において平時のルールを適用することが政策判断として正当化し得るかについては，別途，議論が必要だろう。

[26]　水上（2013）によれば，従来，タイで洪水が発生した場合には農作物への被害補償等といった農業部門への影響が重視されてきた。しかし，2011年の洪水ではアユタヤ市付近の工業団地や首都圏の富裕層が住む地域が被災する等，従来とは異なる被害の有り様が見られるようになり，社会の現状に合わせた洪水対策のあり方が問われる事態になった。

[27]　世界銀行の統計によれば，タイの国内総生産に占める農業部門の比率は1980年には約23%であったが2011年には約13%にまで落ち込んでいる。これに対して，製造業部門の比率は1980年の約29%から2011年には約43%にまで増加していた。

ていたことを指摘している。ただ，この段階ではまだ大規模な洪水被害の発生は見られない。Komori によれば，9月中旬頃にはナコンサワン市からアユタヤ市にかけて河川流量が流下能力を超え始めており，この頃から中下流域で本格的な氾濫が始まったと考えられる。

9月中旬以降，氾濫の本格化と時を同じくしてチャオプラヤ川中流域に設置された水門や堤防の決壊が始まった。沖他（2011）は，9月14日から24日にかけて，ナコンサワン市[28]からアユタヤ市の間に設置された8カ所の堤防や水門の決壊が始まったことを確認している（図6-11）。また，9月中旬には右岸（西側）の水門が決壊したため，中下流域で大規模な洪水被害が発生し始めた。水門や堤防が決壊した背景には，防災設備の管理主体である地方自治体の脆弱な財政基盤がある。Nipon and Pitson（2013）は，同川流域の自治体により管理されていた水門は適切な維持管理がなされておらず老朽化も進んでいたため，その能力を十分に発揮できる状態になかったと指摘している。

9月下旬には左岸（東側）の堤防が次々に破堤した。想定では右岸側に洪水を誘導するはずだったが，工業団地が多く立地する左岸側にも大量の洪水が流入した。Komori et al.（2012）は流入した洪水の量を約50億m^3と推定しており，これはこの洪水の総氾濫水量の約3分の1に相当する量であった。

6.4.4 アユタヤ市付近の工業団地における浸水被害の拡大

遊水地への洪水の誘導が失敗に終わったことで，多くの工業団地が深刻な被害を受けることになった。9月中旬にチャオプラヤ川中下流域の水門や堤防が破堤した後，洪水はその範囲を拡大させながら南下し，10月初旬にはアユタヤ市付近の工業団地に達した（図6-12）。10月4日には，サハ・ラタナナコン工業団地が浸水し，続いてロジャナ，ハイテク，バンパイン，ファクトリーランド，ナワナコン，バンガティといった工業団地（表6-2）に被害が拡大して

---

[28] ナコンサワン市自身も洪水による被害を受けた。10月21日にボートが緊急対応により作られた砂袋の堤防を破壊し，市内中心地に洪水が流入した。水位は約150 cmにも及んだ。

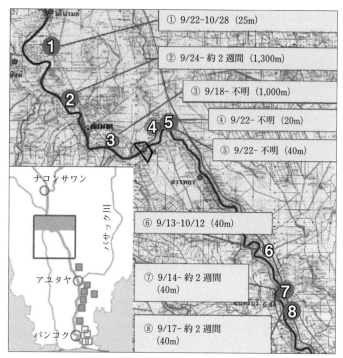

図 6-11 ナコンサワン市からアユタヤ市にかけて決壊した堤防や水門（破堤幅）
出典：沖他（2011），p.13

いった[29]。洪水は 12 月初旬頃まで続き[30]，広範囲の工業団地に浸水被害を生じさせつつさらに南下し，遂にはバンコク都に至ることとなった。

これら工業団地が大きく被災した理由は，チャオプラヤ川中下流域における

---

29) タマサート大学，タイ・サイエンスパーク，アジア工科大学院も洪水により被災した。
30) これら工業団地には，自動車や家電製品を始めとする多くの日本企業の工場や事業所が立地していた。洪水による生産停滞，部品供給の途絶といった影響は，サプライチェーンを通じて国内外に波及することとなった。洪水が企業やサプライチェーンに与えた影

第 6 章　2011 年タイ大洪水による被害と社会的脆弱性

図 6-12　アユタヤ・バンコク近郊の工業団地
出典：国際協力銀行「タイの投資環境」2012 年 10 月，p.197

響については助川 (2013)，阿部他 (2013)，Noy et al. (2019)，Haraguchi and Lall (2015) に詳しい。

表 6-2　タイ洪水により洪水・浸水被害が発生した工業団地の被害状況

工業団地名	被害を受けた企業数	被害発生時期
サハ・ラタナナコン工業団地	42社（うち日系35社）	10月4日～12月4日
ロジャナ工業団地	218社（うち日系147社）	10月9日～11月28日
ハイテク工業団地	143社（うち日系100社）	10月13日～11月25日
バンパイン工業団地	84社（うち日系30社）	10月14日～11月17日
ファクトリーランド工業団地	93社（うち日系7社）	10月15日～11月16日
ナワナコン工業団地	190社（うち日系104社）	10月17日～12月8日
バンガティ工業団地	34社（うち日系28社）	10月20日～12月4日

出典：日本貿易振興機構「日タイ洪水復興セミナー——タイ洪水をめぐる現状と日本企業の経営戦略」

　防災施設が洪水を食い止められなかったことにも原因があるが，タイ社会の工業化の過程で災害に対して脆弱な土地に資本の集積が進んでいたことが指摘されている[31]。アユタヤ市付近の工業団地の立地箇所は後背湿地や潟に位置しており，元々，水害が多い地域であった（玉田，2013a; 小森他，2013; 沖，2012）。さらに，Nipon and Pitsom（2013）によれば，アユタヤ市付近では土地利用に関わる規制が行われていなかったため，洪水多発地域に工業団地や住宅建設が認められていた。加えて，これらの地域は水害が多いことから農業生産性が低く土地価格が安かった。また，同市における減税措置はバンコク都に比べて手厚く，最低賃金も首都圏に比べれば低い水準であった。バンコク周辺の土地価格が上昇したことで新しい立地先を模索していた企業にとって，首都からほど近いアユタヤ市周辺は次の投資先の候補地として魅力的な条件を揃えていた。

6.4.5　政府と軍による初動対応

　9月中旬にチャオプラヤ川中下流域の水門や堤防の決壊が発生して以降，政府は緊急対応に着手し始めることになった。しかし，当初から楽観的な予測を基に行動したため[32]，初動対応の機会を活かすことができなかった[33]（川崎

31）　ただし，玉田（2013a）はトヨタ自動車の工場が被災しなかった例を挙げ，企業の立地行動にも問題があったとしている。

他,2012)。結果,政府の緊急対応の方針は,被害の拡大に合わせて逐次修正を繰り返すこととなった[34]。

実際,政府による初動対応は緩慢なものであった。政府内で洪水被害の深刻な拡大についての懸念が初めて示されたのは9月中旬頃である。沖(2012)によれば,9月中旬にチャオプラヤ川中下流域で破堤が起きたことを受けて,キティラット・ナ・ラノン副首相がある工業団地に赴き,洪水の危険性を指摘した。しかし,2010年の洪水では大きな被害が発生しなかったことを理由に特段の対応はなされなかったという。なお,9月30日にはプロートプラソップ・スラサワディ科学技術大臣が公式に大洪水の危険性を指摘した。しかしこの時も,他の閣僚から無用な混乱を引き起こすべきではないという批判がなされた。なお,10月4日に工業団地で浸水が確認され始めてからは,タイ国軍が洪水被害の拡大を抑えるためにアユタヤ地域に派遣され堤防の補強や洪水の

---

32) 政府の楽観的予測は国際支援の受け入れにも影響した。10月16日,米海軍はシンガポールに駐留していた空母ジョージ・ワシントンと駆逐艦を派遣し緊急支援に当たらせようとした。しかし,タイ政府は受け入れの可否について態度を明確にせず,遂には受け入れを断った。そのため,10月21日に米海軍は1隻とわずかなヘリコプターを残して艦隊を呼び戻した。タイ政府の広報官は,洪水は国際支援が必要な程には深刻化しないためと説明した。(出典:AFP, "Flood-hit Thailand declined offer of help, says US Navy", October 25th, 2011.)

33) 洪水被害がいつまで続くのかという予測については,専門家の間でも最後まで意見が分かれた。11月1日,バンコク都の浸水についてのテレビ討論が実施され,ランシット大学のセーリー・スパラティット准教授は,バンコク中心部のスクンビットやシーロムといった地域も浸水する可能性があると主張した。その上で,水門が洪水により破壊された場合には被害がより大きくなることから,洪水を水門で塞き止めないよう提言した。これに対して,カセサート大学チュキアット・サッファイザル准教授は,土嚢や堤防はバンコク都の浸水を十分に防いでおり,水門の管理が適切になされれば洪水対策は機能すると反論した。(出典:The Asahi Shimbun Asia Japan Watch, "Experts, officials disagree on scope of Bangkok flooding", November 2nd, 2011.)

34) バンコク都の浸水に関しても,政府は直前まで楽観的な予測を発信し続けた。10月21日にタイ政府水害被災者救済センターのプラチャセンター長が首都圏全体の浸水はないと発表した。しかし,同月22日にはチャオプラヤ川沿いの地区で浸水が確認された。(出典:The Nation, "Plans to let capital flood ruled out", October 21th, 2011.)

排水を試みた。しかし，水流の勢いが強かったために十分な効果を上げることができず，作業は断念された[35]。この時，既に洪水の拡大は抑止し得ない状況にあった。

その後，洪水被害が確認され始めたことで，政府も本格的な緊急対応を始めざるを得なくなったものの，閣僚の中には依然として楽観的な見通しを持つ者が見られた。10月13日にはプロートプラソップ大臣がバンコク北部の一部地域の住民に対して避難警報を発令し，タイ政府水害被災者救済センター（The Flood Relief Operations Center, i.e. FROC）の本部が設置されているドン・ムアン空港への避難を呼びかけた。しかし，その後，FROCの責任者であるプラチャ・プロムノック法相が声明を発表し，政府としては公式に警報を発令しておらず，状況はコントロールされていると明言した[36]。

10月17日，洪水は更なる拡大を見せ始め，ナワナコン工業団地の北部にある堤防が破堤し浸水が始まった。インラック・シナワトラ首相[37]は，かねてより同工業団地は安全だと主張してきた[38]。FROCは同工業団地に対して避難勧告を発し[39]，政府は軍を派遣し土嚢を積む等して洪水被害の軽減に努めた。しかし，同月19日には全域が浸水する結果となった。政府はバンガンデ

---

[35] 出典：朝日新聞「タイ，世界遺産浸水 寺院群，洪水で損傷の恐れ」，2011年10月7日

[36] 出典：日本経済新聞「タイ洪水被害，『想定外』に混乱，バンコクに水迫る，インラック政権，防衛に全力」，2011年10月15日。The Nation, "Conflicting updates cause flood of confusion", October 15th, 2011.

[37] 同首相の振る舞いにも批判が集まった。10月28日，今後の洪水対策を指揮するにあたってコメントを求められた際，同首相は涙ながらに声明を発表したと報道され，そのような事実はないと釈明に追われた。また，被害の様子を確認する為に被災地に赴いた際に，高級ブランドの靴を履いていた等として一部の人々の反感を買った。（出典：The Nation, "Yingluck denies she is shedding tears", October 28th, 2011. CNN Travel, "Thai flood fashion face-off: Chanel vs. Burberry rain boots", October 18th, 2011.）

[38] 出典：The Nation, "Government on the back foot", October 18th, 2011.

[39] 出典：産経新聞「タイ洪水 最大の工業団地浸水 全工場に操業停止，避難命令」，2011年10月18日

ィ工業団地に防衛線を後退させたが，同月20日にはここでも浸水が確認された。インラック首相は，同日，バンコク都の一部にも浸水の可能性があることを初めて認めた[40]。

6.4.6　バンコク都への洪水の到来と都の洪水対策

バンコク都には，洪水の侵入を防ぐための外周堤であるキングス・ダイク，遊水池であるグリーンベルト，チャオプラヤ川沿いに設置された排水ポンプの三つの防災施設が備えられていた。しかし，2011年の洪水においては，いずれも効果的な役割を果たすことができなかった（図6-13）。

洪水が到来した際，外周堤は首都圏内への洪水の流入を防ぐことができなかった。小森（2012）によれば，キングス・ダイクはバンコク都北部の一部区間が未整備であったために洪水の侵入を阻止できなかった。10月22日，バンコク都の中心地に近いドゥシット地区等で浸水が確認され，本格的に首都圏に洪水が流入し始めた[41]（図6-14）。その後，FROCが設置されていたドン・ムアン空港も浸水し[42]，同月29日にはFROCはチャトチャック地区への移転を余儀なくされた[43]。結果，バンコクの全50地区のうち30地区が浸水することとなった（図6-17）。

グリーンベルトも遊水池としての機能を十分に果たすことができなかった。Nipon and Pitsom（2013）によれば，(1) 経済界の支援を受けた政治家によ

---

40)　出典：時事通信「就任2カ月で早くも試練＝インラック首相，洪水対策後手に―日本企業も打撃・タイ」，2011年10月20日
41)　出典：共同通信ニュース「タイ，首都中心部で浸水始まる―防水堤壊れ官庁街へ」，2011年10月22日
42)　FROCはその運営能力も疑問視された。ドン・ムアン空港からの本部移転の際，ドン・ムアン空港内のFROCの倉庫には，各国から寄せられた救援物資が手つかずのまま残されていたという。(出典：The Nation, "FROC draws flak as civic network quits; supplies remain untouched", October 26th, 2011.)
43)　出典：The Nation, "FROC forced to move from Don Mueang", October 30th, 2011.

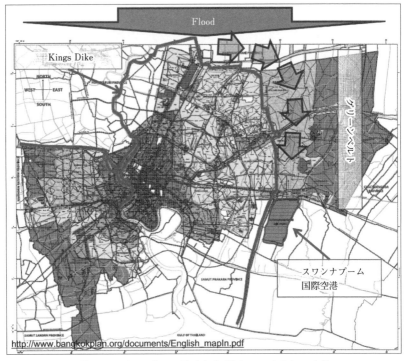

図6-13 キングス・ダイクとグリーンベルトの立地
出典：沖他（2011），p.18

りバンコク都東地区の規制緩和が進められてきた結果，洪水災害に対して脆弱な同地域に住宅や工業団地等が建設されていたこと，(2) 2006年にスワンナプーム国際空港が建設される等，民間資本や公共インフラの蓄積が進んだため，グリーンベルト地区の運河や分水路は寸断されその機能を既に失っていたこと[44]，(3) スプロール現象[45]や不法な土地利用により，多くの運河はその機

---

44) 星川（2013b）によれば，防災設備であるはずのキングス・ダイクも，グリーンベルト地区の水路を分断するように配置されていた。バンコク都における防災政策はそれら自身が互いに整合性を欠いていた。

第 6 章　2011 年タイ大洪水による被害と社会的脆弱性　　227

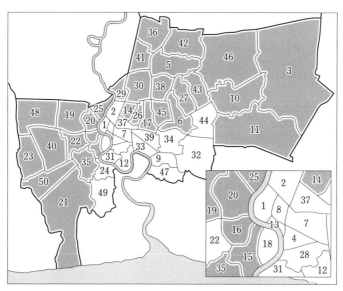

1. プラナコン区	2. ドゥシット区	3. ノンチョク区	4. バンラック区	5. バンケン区
6. バンカピ区	7. パトゥムワン区	8. ポンプラブ区	9. プラカノン区	10. ミンブリ区
11. ラッカバン区	12. ヤンナワ区	13. サムパッタウォン区	14. パヤタイ区	15. トンブリ区
16. バンコクヤイ区	17. フワイクワン区	18. クロンサン区	19. タリンチャン区	20. バンコクノイ区
21. バンクンティアン区	22. パシーチャルン区	23. ノンケム区	24. ラトプラナ区	25. バンプラット区
26. ディンデン区	27. ブンクム区	28. サトーン区	29. バンスー区	30. チャトゥチャック区
31. バンコレーム区	32. プラウェート区	33. クロントゥーイ区	34. スワンルワン区	35. チョムトン区
36. ドン・ムアン区	37. ラチャテウィ区	38. ラートプラオ区	39. ワッタナ区	40. バンケー区
41. ラックシー区	42. サイマイ区	43. カンナヤオ区	44. サパーンスン区	45. ワントンラン区
46. クロンサムワ区	47. バンナー区	48. タウィワッタナ区	49. トゥンクル区	50. バンボン区

図 6-14　バンコク都内の浸水地区

出典：JETRO「特集：タイ洪水復興に関する情報：バンコク都で浸水が発生した区」2011 年 11 月 15 日

---

45)　計画性のない都市地域の拡大・発展を示す現象のこと。

能を喪失していた，といった点に原因があったとしている。

チャオプラヤ川沿いの排水機能も有効に機能しなかった。Komori et al. (2012) によれば，10月14日から31日にかけて，RIDやバンコク都が設置した排水ポンプは，首都圏内の洪水をチャオプラヤ川に流入させることができなかった。同川の水位が既に高くなっていたため，ポンプによる排水は既に難しい状況であった[46]。次では，政府，軍，バンコク都の首都圏における緊急対応について見ていく。

6.4.7　政府とバンコク都による緊急対応

アユタヤ市周辺の工業団地において徐々に浸水被害が拡大していた頃，バンコク都において浸水に備えるための緊急対応の必要性が叫ばれ始めた。しかし，結果から言えば，緊急対応を行う主体である政府，軍，バンコク都は一致して対応することができなかった。

10月19日，ナワナコン工業団地が浸水した頃，スクムパン・ボリパット都知事はバンコク都に洪水の危険が迫っているという声明を発表した[47]。しかし，同月20日，プラチャFROCセンター長が洪水はコントロールされていると発表し[48]，インラック首相も住民がパニックに陥らないように声明を発表し，懸念の打ち消しを図った[49]。バンコク都の洪水対策を巡って，野党である民主党の所属であるスクムパン都知事と与党であるタイ貢献党の政府閣僚と

---

[46]　チャオプラヤ川に洪水を流入させることが難しい場合に備えて，他の河川にも排水用のポンプは設置されていた。しかし，チャオプラヤ川沿いに設置されたポンプの排水能力は左岸側では710 ㎥/s，右岸側では220 ㎥/sであったのに対して，ターチン川に洪水を流入させるためにバンコク西地区に設置されたポンプの排水能力は150 ㎥/s，バンパコン川に洪水を流入させるために設置された東地区のポンプの排水能力は100 ㎥/sに過ぎなかった。

[47]　出典：The Nation, "Seven Bangkok districts at risk of flooding", October 19th, 2011.

[48]　出典：The Nation, "Govt: Situation of Prapa Canal under control", October 20th, 2011.

[49]　出典：The Nation, "Yingluck tells Bangkokians not to panic", October 20th, 2011.

の対立はその後も続くこととなった[50]。

　10月20日，パトゥムタニ県からプラパ運河に洪水の流入が確認された[51]。これにより，政府はバンコク都への洪水流入を防ぐ方針を断念し，代わりにバンコク都内に洪水を流入させる方針を打ち出した[52]。人口や経済機能が密集している都中心部の浸水を回避するため，代わりに東地区の浸水を容認しバンコク湾への洪水の流出を促進する方法を採用することにした[53]。そのために，政府はバンコク都に対して，都内を走るソン・トン・ヌン，センセーブ，プラウェットの三つの運河を使用して洪水を排水するよう要請した。スクムパン都知事は政府の方針には協力するとしつつも，折からの雨の影響もあり，運河の許容量を超える洪水が侵入すればバンコク都内が浸水する可能性があるとして消極的な態度を取った[54]。また，これら運河を開放しなかった場合でも，パトゥムタニ県のランジット運河の洪水については政府が責任を負うべきであると指摘した。スクムパン都知事の関心は，首都圏の防衛に限定されていた[55]。

---

50) 与野党の政争は洪水収束後も続いた。民主党のアピシット前首相はプラチャFROCセンター長に対して，同センターに洪水対策の専門家ではなく身内を配属させる等，汚職や縁故主義，意思疎通の不備を引き起こし，洪水被害を拡大させたと非難した。プラチャはそのような見解を否定し，逆にアピシットが5月に政権の座を降りた後でもダムの貯水量を増加させ続けたと非難した。民主党は7月の選挙で勝つ見込みがないことを知っていたため，ダムの洪水対策機能を低下させたと主張した。アピシットはこのような見解に対して，インラック首相は8月には政権の座に就いていたのだから，不平があるのであれば首相に言うべきだと反論した。アピシットはプラチャの任命責任は首相にあるとして首相退陣を要求した。(出典：The Nation, "Abhisit fires big parting shot", November 28th, 2011.)

51) 出典：Thai Financial Post, "Prapa Canal overflow floods Nonthaburi severely", October 20th, 2011.

52) 出典：Bangkok Post, "Govt sacrifices eastern Bangkok", October 20th, 2011.

53) 民主党やバンコク日本人商工会議所を含む財界は，バンコク都北部の浸水地域の水位を下げるよう政府に要請していた。軍もバンコク都を一部浸水させてでも海に洪水を誘導する施策を支持した。

54) 出典：Bangkok Post, "Battle rages between Froc and City Hall", October 21th, 2011.

10月21日，政府は災害防止軽減法第31条[56]を適用し，バンコク都内の全ての水門を開放して洪水を海に誘導するようバンコク都に指示した[57]。しかし，スクムパン都知事は都にも独自の裁量が与えられていることを理由にこれに従わなかった[58]。結局，同月22日にはチャオプラヤ川の予期せぬ増水に伴い，同川沿いのドゥシット，プラナコン，バンコクノイ，バンプラット，サムパッタウォンの5区で洪水が確認された。その後，同月23日までにはサイマイ，ドン・ムアン，ラックシーの3区でも新たに洪水が確認された[59]。

結局，洪水全体の管理を志向する政府と首都圏の防衛を重視するバンコク都は，一致して洪水対策に当たることができなかった。玉田（2012）はこの背景として，地方自治の不均衡を指摘している。バンコク都以外の県においては内務官僚が知事となるため，こうした首長は政府の意向を重視する傾向がある。加えて，予算や動員できる職員の数も少ない。これに対して，バンコク都の知事は選挙で選ばれており，民意を背景にした政策実行が可能であった上に，自治体の中では豊富な予算と職員を活かした対応が可能であった。このような裁量上の不均衡もあり，バンコク都は政府の意向を忖度せずに首都圏の防災対策を優先させることができたと指摘している。次は，非常事態宣言の発令を巡る政府と軍の齟齬について見ていく。

---

[55] だが政府の要請から数時間後，スクムパン都知事は運河の開放を承認した。これはプラパ運河からラックシー地区に洪水が侵入したため，都がドン・ムアンおよびラックシー地区を浸水危険地域に指定したことを受けての措置であるとされた。（出典：Bangkok Post, "Bangkok districts told to brace," October 22th, 2011.）

[56] これにより政府はバンコク都を含む自治体の災害対策に介入し，政府の指示を優先させることができる。（出典：The Nation, "Powers and limitations of Disaster Act", October 22th, 2011.）

[57] 出典：The Nation, "Disaster warning issued for Bangkok", October 21th, 2011.

[58] 出典：Bangkok Post, "Ground zero shifts to Bangkok", October 22th, 2011. The Nation, "Bangkok water gates not fully opened: Governor", October 23th, 2011.

[59] 出典：Bangkok Post, "Deluge reaches city's north", October 23th, 2011.

6.4.8 非常事態宣言の発令に対する政府と軍の逡巡

　政府はバンコク都との連携に問題を抱える一方で，軍とも十分な協力体制を構築できなかった。政府は2011年の洪水に際して，最後まで軍に権限や指揮権を委譲する非常事態宣言を発令せず，代わりに災害防止軽減法第31条を適用するにとどまった。10月11日，インラック首相は野党である民主党の党首であるアピシット・ウェーチャチーワ前首相と会合を持ち，その場でアピシット前首相から非常事態宣言の発令を提案された。しかし，インラック首相は消極的な姿勢を示し[60]，その後も引き続き非常事態宣言は行わない旨を繰り返し表明した。その理由として，海外投資家からの信頼を低下させる恐れがあると説明した[61]。

　水上（2013）によれば，インラック首相が非常事態宣言を発令しなかった理由は，与党タイ貢献党の支持層である赤シャツ[62]がそれを支持しなかったことに原因があるという。2006年には軍によるクーデターが発生しており[63]，2010年の赤シャツ・デモにおいては，アピシット政権が非常事態宣言を発令し，陸軍による強制排除により多くの死傷者を出した[64]。赤シャツはこのような事態が起こることを懸念していたという[65]。

---

60) 出典：The Nation, "Yingluck, Abhisit discuss Bangkok risk", October 12th, 2011. The Nation, "No holiday and not to declare state of emergency on floods", October 11th, 2011.

61) 出典：The Nation, "Yingluck declines to declare state of emergency for fear of affecting confidence", October 21th, 2011.

62) 脱民主化運動に反発する人々であり，2007年に「反独裁民主戦線」を結成し，赤いシャツを着用して政治運動を始めたことに由来する。なお，2006年にタクシン政権打倒を目的として結成された「民主主義のための国民運動」の参加者は黄色いシャツを着用したことから黄シャツと呼ばれる。玉田（2011）に詳しい。

63) 2006年9月19日，タクシン政権打倒を目的として発生した無血クーデター。後にスラユット内閣が成立した。

64) 2010年4月10日，軍の攻撃により死者24名，負傷者858名を出した事件は，「暗黒の土曜日」と呼ばれ，この後，時のアピシット政権は退陣し，国会は解散となった。

65) 出典：The Nation, "Academics see no basis to Army 'water coup' threat", October 21th, 2011.

軍もまた政府の非常事態宣言の発令には慎重であった[66]。プラユット・チャンオチャ陸軍司令官は，同宣言が発令されていない現状においても，軍には緊急対応や支援に必要な権限が付与されていると説明し，問題は政府やFROC[67]の緊急対応やコーディネーションにもあると指摘した。さらに，プラユット司令は過去に非常事態宣言を発令したことにより多くの逮捕者や訴訟問題が生じたことを指摘した上で，水門や土嚢の破壊行動[68]を取り締まったとしても状況は好転しないと述べた。また，工業団地の浸水防止に失敗して以降，軍は緊急堤防の構築では洪水の拡大を遅らせることはできても被災範囲の拡大を食い止めることはできないと認めていた[69]。水上（2013）は，軍は非常事態宣言の発令後，洪水対策で成果を挙げることができなければ責任問題が生じることを懸念しており，それよりも国民に奉仕する姿を発信することでイメージ・アップを行う方が得策であったと考えたのではないかと推測している。非常事態宣言発令の見送りは，いわばインラック政権と軍の妥協の産物であった。次では，都に洪水が侵入した後でなされた政府や軍，バンコク都による緊急対応により，住民間の対立が勃発した例について見ていく。

---

66) 出典：Bangkok Post, "Prayuth: state of emergency not needed", October 24th, 2011. The Nation, "Army chief cautious on emergency law", October 31th, 2011.

67) FROCは場当たり的な対応を繰り返しただけでなく，情報収集や情報発信においても大きな問題を抱えていた。世論調査によれば90％近い人々がFROCの情報に混乱し，政府の対応を信頼していなかったことが分かっている。政府の情報発信における混乱とFROCの成立経緯については船津（2013）に詳しい。（出典：The Nation, "Aide to Pracha admits lack of planning at FROC", November 20th, 2011. The Nation, "Lack of government leadership to blame", October 20th, 2011. MCOT online news, "Poll: 'Thumbs down' for government's flood centre", October 18th, 2011.）

68) 政府は洪水の流入を食い止めるために「ビッグバッグ」と呼ばれる巨大な土嚢による緊急堤防の構築を行っていた。しかし，これが原因で住民間の対立が起こる例も見られた。

69) 出典：Bangkok Post, "Prayuth admits flood barriers cannot keep Bangkok dry", October 21th, 2011.

6.4.9 洪水時の住民対立とその背景

　洪水による緊急対応がなされたことで，住民同士の対立が喚起される事態も生じた。バンコク都への浸水が確認されて以降，政府だけでなく都にとっても，都中心部を浸水から防ぐことは優先的な課題であった。スクムパン都知事は水門の開放に消極的であっただけでなく[70]，インラック首相も都中心部への浸水防止を重視していた[71]。しかし，このような対応により，水門や緊急堤防の外側には洪水が滞留することとなり，被災地区の住民は悪臭や不衛生な環境での暮らしを強いられることとなった[72]。例えば，ある箇所では洪水の水深は1.2 m にも達したという[73]。そのため，防災設備の外側の住民たちはしばしば被災地区の水位を下げるために，自主的に水門の開放や土嚢の撤去を試みた[74]。しかし，それは浸水被害を受けていない地区に洪水被害が拡大することを意味するため，水門の内側の住民は水門の開放に抵抗を示した[75]。結果として，堤防内外の人々は洪水の管理を巡って対立することとなった。

　このような住民間の対立により問題が生じた最たる例として，サム・ワー水門の事件が挙げられる[76]。同水門の近隣住民は水門の開放を要求し実力行使を行った[77]。これを受けて，インラック首相は住民の要求である1.5 m の引

---

70) 出典：The Nation, "Flood barriers off-limits", October 24th, 2011.
71) 出典：The Nation, "Entire city told to brace", October 27th, 2011.
72) 例えば，10月30日には浄水施設が被災したため，政府は水の供給を1日あたり6時間までに制限せざるを得なくなった。(出典：Bangkok Post, "Khlong Prapa'fixed' by tomorrow", October 30th, 2011.)
73) 出典：The Nation, "Bangkok flood to peak over the weekend", October 28th, 2011.
74) 出典：The Nation, "Govt must talk to public, rights chief advises", October 29th, 2011.
75) 出典：The Nation, "Residents along waterways blocking operations", October 28th, 2011.
76) 出典：The Nation, "Tempers flare at sluice gate", November 1st, 2011. The Nation, "Whole city at risk of flooding after opening of key sluice gate", November 2nd, 2011.
77) 他にも多くの箇所で土嚢の撤去や水門の開放要求が発生した。例えば，10月16日

き上げに対して1mの水門開放を行うことを表明した[78]。だが，水門を80 cm 以上引き上げれば都中心部への浸水可能性が高くなるということが分かっていたため，スクムパン都知事はこの指示に対して消極的な態度を示した。その後，バンチャン工業団地にも洪水が到達したため[79]，水門は再び閉ざされることとなったが[80]，住民は再び水門の解放を求めて声を上げた。このように住民間の対立は，都心部の洪水対策にも大きな影響を与えることとなった。

このような対立が引き起こされた背景には，首都圏における都市化の進展がある。星川（2013b）によれば，バンコク都の夜間光の範囲を二時点間で比較すると，1992年時点ではキングス・ダイクの内側に都市圏が収まる様子が確認できるが，2010年には外周堤の外側にまで都市部が大きく拡張されていることが分かる。首都圏の広がりに伴い，キングス・ダイクの外側やグリーンベルトに居住する人々が増加したことが，首都圏の外側と内側の対立を生み出す温床となっていた。

さらに，このような「洪水に晒される者」と「洪水に晒されない者」の対立は，タイにおける大きな社会問題を浮き彫りにした。人為的に構築された防災設備は，その内側に住み洪水から守られる人々と，外側に住み洪水により被災する人々を区別するように配置されていた[81]。外周堤や水門，土嚢による緊急堤防は，まさに「人々を隔てる壁」となったのである。

こうした防災政策を肯定する声の中には，バンコク都心部は経済活動の中心

にはパトゥムタニ県の住民がドン・ムアン区の土嚢を撤去した他，11月14日には同区の住民が土嚢を撤去し洪水を流入させた。また，11月17日にはブンクワーン水路で開門要求デモが発生した他，サイマイ区で土嚢の補修を行っていた人々に爆発物が投げ込まれた。

78) 出典：The Nation, "Dispute has been resolved: PM", November 1st, 2011.
79) 出典：The Nation, "Floodwater seeps into Bang Chan estate", November 2nd, 2011. Bangkok Post, "Floodwater reaches Bang Chan", November 2nd, 2011.
80) 出典：The Nation, "Sluice gates closed to save Bangchan industrial estate", November 4th, 2011.
81) 玉田（2012）は，このような事態に対して批判の声が上がった背景には，タイの人々の間で平等意識が醸成されてきていることが挙げられるとしている。

地であるため洪水による被害を防ぐ必要があるといったものもあった[82]。しかし，玉田（2013b）はそれに対して，ある記者の発言を引用しつつそうした意見に疑問を投げかけている。それによれば，タイの経済活動の中心部は，首都中心部ではなくアユタヤ市近郊の工業団地やチャオプラヤ川中部の平原地域にある稲作地帯である。バンコク都内の空港や官庁街が浸水してしまった後で都中心部を洪水から守る必要があるとすれば，それは災害による経済被害を抑止するためではなく，富裕層を始めとする都内中心部に住む市民の生活を守るためである。そして，そのような洪水対策を優先することは過去の開発がもたらした格差社会における勝者の威信を守ることに他ならないと指摘している。タイにおけるバンコク都の急速な経済発展は，経済的格差だけでなく，災害による被害の格差[83]を引き起こす要因にもなっていた[84]。

11月上旬以降，洪水は収束の方向に向かい始めた。まずパトゥムタニ県で洪水が沈静化し始めた[85]。その後，浸水地区の洪水は依然として滞留していたものの[86]，バンコク都における洪水は徐々に解消された[87]。チャオプラヤ川の水位が下がり排水処理が機能し始めた。都西地区を中心に浸水が長引く懸念はあったものの[88]，インラック首相も洪水の終結に関する見通しについて

---

82) 出典：The Nation, "Thai Chamber urges Govt to protect Bangkok at any cost", October 27th, 2011.

83) ベック（1998）は「困窮は階級的であるが，スモッグは民主的である（p.51）。」と述べたが，災害はむしろ被災した社会の脆弱性を露にするため，しばしば被害の不平等性が観察される。

84) 玉田（2012）は以下の記事も引用している。The Nation, "Bangkok doesn't deserve its special protection and privilege", November 9th, 2011.

85) 出典：The Nation, "Cleaning begins as floods recede in Uthai Thani and Pathum Thani", November 7th, 2011.

86) 出典：The Nation, "Water receding in 11 districts", November 12th, 2011.

87) 出典：The Nation, "Bangkok inundation lessening: Yongyuth", November 11th, 2011.

88) 出典：The Nation, "Western Bangkok could still be flooded in New Year: Yingluck", November 16th, 2011.

語りだした[89]。11月19日，インラック首相は，都心部は洪水を免れる見通しであると語り安全宣言を行った[90]。12月7日，プラチャFROCセンター長は都における洪水の脅威は去ったと宣言した[91]。次節では，2011年のタイ洪水後の政府による復興政策と洪水対策について見ていく。

6.5 タイ洪水後の復興政策と防災政策

2011年の洪水後，政府によりなされた被災者支援や政策的措置の主要なものは，(1) マスタープランの策定[92]，(2) 2011年の洪水により被災した人々[93]への見舞金や手当の支給[94]，(3) 工業団地に立地していた日本企業への支援[95]，(4) 国家自然災害保険基金（National Catastrophe Insurance Fund, i.e. NCIF）の設立[96]，の4つである。ここでは，発表された復興政策や洪水

---

[89] 出典：The Nation, "Flood situation improving: PM", November 13th, 2011.

[90] 出典：The Nation, "Inner Bangkok will stay dry, PM says", November 20th, 2011.

[91] 出典：Bangkok Post, "Froc: Remaining floodwater no threat to Bangkok", December 7th, 2011.

[92] マスタープランにおける事業項目には短期および長期のアクションプランが含まれており，(a) 上流域における植林と森林保護，(b) 大規模ダム年間水管理計画策定，(c) 破損水利施設の修復・改善，(d) 洪水データ収集，予測，警報システムの構築，(e) 洪水対応システムの構築，(f) 遊水地確保と地権者への補償，(g) 組織・法制度改革（水管理，土地利用，森林，遊水地），(h) 政府が行う洪水対応への市民参加・理解の促進，の8項目からなる（スッチャラット，2013）。

[93] Chomsri and Sherer（2013）は，洪水後に主な支援の対象となったのは工業団地であり，その近郊に住む人々ではないと批判している。

[94] 被災者への一律5,000バーツの見舞金，2003年非常災害被災者手当立替え払い財務省規則に基づく手当の支給，義援金支給が含まれる。

[95] 今回の洪水により最も大きな被害を被った製造部門の担い手は日本企業であることをタイ政府は認識していたため，企業や投資家の信頼回復も考慮して，被災企業と話し合いの場を持ち支援にあたった（助川，2013）。

[96] 2011年の洪水に際して，民間保険会社は巨額の保険金支払いを迫られることとなったため，今後の契約更新時には洪水による被害補償を除外する方針を発表した。これに対

第6章 2011年タイ大洪水による被害と社会的脆弱性

対策が,これまでに見てきたようなタイの社会的脆弱性を減じるような内容になっているのか,(1)を中心に見ていくことにする。

(1)にはハード面とソフト面の対策が含まれており,それぞれに課題が見られるものの,今後の災害対策を考える上ではソフト面の問題が重要である[97]。船津(2013)によれば,洪水終結後,政府により復興戦略委員会(Strategic Committee for Reconstruction and Future Development, i.e. SCRF)[98]と水資源管理戦略委員会(Strategic Committee for Water Resource Management, i.e. SCWRM)[99]が設立された。これにより,タイ全土の国土計画の策定に際して,チャオプラヤ川流域全体の洪水対策についての知見を参照できる体制の構築を目指すこととした。

さらにSCWRMからの提言を受け,政府は「シングル・コマンド・オーソリティ」という水資源管理のための組織および指令系統を構築した。首相を議長とし,閣僚や専門家が最高協議機関として決定を下す利水・治水政策委員会

して,政府は50億バーツの出資を行い,民間保険会社との共同出資に基づき500億バーツのリスクカバーを行う基金を新たに設立した。この基金では洪水の他,地震や風水害等の自然災害による被害補償も行うこととされた。しかし,NCIFのリスクカバー比率が小さいこと,これまでの掛け金と比較して保険支払額が高くなったため企業の加入率が低いことが課題となっている(助川,2013)。

97) 玉田(2013b)によれば,ハード面の対策については以下のような問題が見られる。第一に,チャオプラヤ川中下流域の遊水池所有者に対して,2012年末になっても補償案を提示できていない。説得的な補償案が示されない限り,所有者は洪水の侵入を拒むか,堤防や土嚢の破壊を通じて別の場所に洪水を誘導する可能性がある。第二に,バンコク都は2011年の洪水後も都内の運河や水路を使って洪水を流下させる方針に難色を示している。第三に,工業団地やバンコク都だけでなく周辺の県においても,防水堤のかさ上げや防水壁の設置が行われる等,洪水対策の強化競争の様相を呈している。各地域が互いに洪水を流入させない措置を取れば,それだけ洪水時の水位は上昇し,脆弱な堤防や水門が破壊されることになる。

98) タイ全土の公共インフラや国土計画,経済発展のための投資計画等の策定を目的とした組織。

99) 洪水や水害の専門家や専門機関で構成され,首相・閣僚の要請に応じて技術的なアドバイスや政策提言を行う組織。

（National Water Policy and Flood Committee, i.e. NWPFC）を頂点に，直下に天然資源環境省が管轄する利水・治水政策管理委員会（Water and Flood Management Committee, i.e. WFMC）が設置された。これは，2011年の洪水時に問題となった縦割りの弊害[100]を打破するための措置と言える。

しかし，船津（2013）によれば，こうした新たな対策にも問題が残るという。第一に，WFMCの仕組みは政府内では動き始めているものの，2012年9月の段階では企業や市民に向けた情報発信の体制が整備されていない[101]。また，NWPFCやWFMCのキーパーソンが，2011年の洪水時に見られたような緊急対応におけるミスマネジメントを犯せば，どのような組織体制を築こうと適切な対応は難しい[102]。

このように2011年の大規模洪水の発生以降，タイ政府は復興政策だけでなく新しい防災政策の構築に向けた政策対応を公表している。しかし，タイの経済発展に向けた戦略とチャオプラヤ川流域における洪水対策をどう調和させていくのか，首都圏で見られた住民対立の背景にある格差問題をどのように解消していくのか，政府組織におけるリーダーシップの問題にどう対処するのか，明確な答えがあるとは言えない。タイ社会の災害に対する脆弱性が改善されていくのかは，今後の推移を見守る必要がある。

---

[100] 船津（2013）は，タイ政府では，従来から存在する制度や組織の権限に重ならないように新制度や組織が構築されてきたため，官僚的な縦割り行政が進展し，既得権限を巡る対立が起きているとしている。タイでは組織や制度の統合よりも，分節化による「局支配」が進んでいると言える。

[101] 現プラユット政権においても，マスタープランに記載のあった政策対応の多くが引き継がれてはいるが，ソフト面ではNWPFCに相当する新たな司令塔的な水資源管理組織としてNational Water Resource Commissionが新設された他は，前政権時からの進展はあまり見られない。（出典：Reliefweb, "PM emphasizes Govt's progresses and plans for national water management", 5th June 2018.）

[102] The Nation紙は2011年の洪水に関して以下のような専門家のコメントを引用している。"I'm not so sure that creating a new ministry will solve the problem. The flood crises we have faced were created by government mismanagement."（出典：The Nation, "Commission studies 5 water ministry plans", February 25th, 2013.）

6.6 結　論

　本章では，2011年のタイ大洪水を例に，社会的脆弱性と災害被害の関連性について既存研究のサーベイを基にケーススタディ分析を行ってきた。分析においては，タイの防災政策の柱である（1）チャオプラヤ川上流域に設置された巨大ダムによる治水対策，（2）同川中下流域における堤防や水門，計画的遊水池の設置，（3）同川下流域の首都圏における洪水対策に加えて，（4）洪水発生後に政府や軍，バンコク都によりなされた緊急対応，に着目した。分析の結果，社会的脆弱性の観点から見た2011年のタイ洪水における被害拡大の要因は以下の通りである。

　第一に，変容するタイ社会に合わせてダムによる治水対策のあり方を更新することができていなかった。洪水発生当時，タイ社会では既に工業化が進展しており，チャオプラヤ川流域に設置されたダムや水門，堤防といった公共資本に対する社会的要請は，農業部門向けの利水・治水対策から製造部門の防災対策へと変化していた。ダムのルールカーブの設定や貯水管理にあたって想定されるタイ社会の姿自身が変化してきていた。

　第二に，タイにはチャオプラヤ川流域全体の洪水管理を行う統一的な機関が存在しなかったため，洪水対策において組織間の縦割りによる弊害が現れていた。上流域に設置されたダムや中下流域に設置された堤防や水門の建設目的はあくまで農業向けの利水対策にあり，同川上流域に設置されたダムもその基本的な役割は利水や発電にあった。これに対して，同川流域の市街地や工業団地における洪水対策は周辺自治体がその責任主体とされていた。このように，各組織が自らの組織目的に焦点を合わせた行動を取れば，組織間連携を通じて流域全体を視野に入れながら洪水を管理することは難しかった。

　第三に，タイの地理や環境を考えれば，ダムはその貯水管理において矛盾した複数の運用目的を抱えていたことで貯水管理を困難なものにしていた。洪水が頻発する環境にある同国においてダムの運用を考える場合，乾季から雨季前

半にかけて放流量を増やし雨季後半に向けて貯水の余地を残しておくことは理に適っている。しかし，こうした運用を行えば流域に立地する農業部門からの要請が強いダムによる利水という機能を縮小せざるを得ない。過去の経験に基づいて治水と利水のバランスを取った貯水管理が確立されている状況では，災害リスクに焦点を当てて大洪水の発生を見越した対応を行うことは難しい状態にあった。

第四に，タイは都市部に比して農村地域の経済発展が遅れがちであったため，チャオプラヤ川中下流域の防災設備の機能を維持するために十分な行政投資を行うことができていなかった。同川中下流域の水門や堤防の維持管理は周辺自治体に責任があるとされていたが，自治体の財政基盤は脆弱であり防災設備のために行政投資を行う余力がなかった。

第五に，タイの経済発展に伴い首都中心部から離れた地域に企業の投資が拡大していくにつれて，洪水に対して脆弱な地域に製造業を中心とした資本蓄積が進められていた。工業団地が多く立地するチャオプラヤ川中下流域の左岸側は，以前から洪水多発地域として知られていたが，政府は周辺に土地利用の規制を実施しなかった。また，バンコク都周辺の地価の高騰により新しい立地先を模索していた企業にとって，土地価格や最低賃金が安く税制上の優遇が手厚いアユタヤ市周辺は魅力的な条件を揃えていた。

第六に，バンコク都の防災政策は都市部の経済発展に合わせた更新がなされておらず，有効に機能する状態になかった。バンコク都を洪水から守る外周堤は未完成の区域があった上，その外側にまで市民の居住地域が広がってきていた。結果として，外周堤により洪水の侵入を防ぐということは，その外側に住む人々が浸水することを容認することになっていた。また，洪水の誘導先である東地区のグリーンベルトでは，土地利用規制が緩和されたことで工業団地や住宅，国際空港までもが建設されており，遊水地としての機能が低下していた。また，スプロール現象に伴う都市内部の乱開発により，東地区の運河では不法な土地利用が進んでおり，防災設備として十分な能力を発揮する状態になかった。

第6章　2011年タイ大洪水による被害と社会的脆弱性　　　241

　第七に，都心部における人口増加と居住地域の拡大は，政府とバンコクが一致して緊急対応に当たる上で阻害要因となっただけでなく，住民同士の対立も引き起こすこととなった。首都圏の防衛を優先するバンコク都と洪水の早期収束を志向する政府は，しばしば洪水早期収束に向けた方針を巡って対立した。また，都心部を洪水から守るために水門を閉じ緊急堤防を構築すれば，その外側に住む人々は洪水による被害を受け入れなくてはいけない。このため，浸水地区内外の住民同士が洪水管理の方針を巡って対立し，緊急堤防や土嚢を強制的に撤去する事態が生じた。

　これらの要因をまとめれば，2011年のタイ洪水において被害が拡大した背景には，都市と周辺地域における急速な経済発展と農村地域における経済開発の遅れ，チャオプラヤ川流域における乱開発，災害に対応した都市計画の欠如，組織横断的な洪水管理のための行政組織の欠如，経済発展に合わせた洪水対策の未更新があることが分かる。今後，タイ社会において洪水被害を減じるためには，上記の社会的脆弱性の軽減に向けた政策アプローチが必要となる。

　今後のタイ社会において洪水政策を進めていくためには，第一に，農村地域の経済開発を通じて持続的で包摂的な経済発展を目指すことが必要である。近年，タイ経済の工業化が進展しており，チャオプラヤ川中下流域の工業団地群における洪水政策の必要性は高まってきていた。また，大洪水時に失われる経済的価値を考えれば，同川上流域の巨大ダムにおける貯水管理は，農業用水の確保よりも工業団地における洪水被害の軽減に力点を移す必要があった。しかし，農村地域における農業従事者の数は依然として多く，そうした人々の生業や暮らしを守るためには，一定の政治的配慮が必要となる。今後は，農村地域の開発を進めることで，より付加価値の高い産業への労働移動を促し，合わせて所得水準の向上を図ることで，洪水時の農業セクターへの政治的配慮の必然性を減じていくことが必要である。また，農村地域の経済開発が進めば，チャオプラヤ川中下流域の水門や堤防を維持管理する立地自治体の財政基盤も改善することが期待される。

　第二に，国土開発において自然災害との共生を考慮する必要がある。タイの

地理的特性を考えれば，チャオプラヤ川流域において洪水が発生すれば支流沿いに洪水が拡散し易いため，首都圏から農村部へと開発の軸を移行していく過程で，災害多発地域に資本蓄積が進むことは避けられない。したがって，災害との共生を考慮した土地利用計画，都市計画，地域開発計画を策定する必要がある。

　第三に，チャオプラヤ川上中流域において洪水を管理できなければ，中下流域の都市部や開発地域は被害を免れない。地域社会の人々や企業の手によって個別の洪水対策を講じることは重要ではあるものの[103]，国土全体でどのように洪水を管理し収束させるかという包括的な防災政策が必要となる。その際，災害政策を扱う組織横断的な省庁が必要となるだろう。

　第四に，バンコク都の持続的な発展に向けた都市計画を策定する必要がある。外周堤の外側に居住する人々が増加している事実は，経済発展に伴ってバンコク都の許容量を超えて人口や企業が集積しつつあることを示している。結果として，遊水地への資本蓄積や運河の不法利用が進み，都市の防災政策が機能しない状況に陥っている。農村地域の経済開発を進めることでバンコク都への人口流入を減少させることも必要だが，首都圏の持続可能な発展が可能になるよう，都市の広域化に向けて都市計画を改めて策定する必要がある。その際，都市における貧困層の拡大や災害に対して脆弱な地域への人口密集といった問題が生じないよう，社会保障や住宅政策，教育支援も含めた包括的な政策対応を考慮する必要がある。

　本研究では，タイ洪水後の被災地における復興過程については十分に観察することができなかった。また，タイでは2014年にクーデターが発生する等，

---

103) 経済開発により地域の所得水準が向上すれば，貧困層においても災害準備や災害時の生活再建に向けた原資の確保が進むと考えられる（田平・川崎，2015）。また，Nipon and Pitsom (2013) が主張するように，洪水による被災者の中でも，中高所得者は支出を減らして対応することができるが，貧困層は生活に必要な最低限の支出しか行っていないため，生活再建の上で困難に直面することになる。こうした問題を減じていくためには，地域社会の所得水準の向上に合わせて貧困率を削減することが重要となる。

政治的な変動が起きている。そうした中で，今後のタイの経済開発がどのように進んでいくのか，それを通じて災害に対する社会的脆弱性がどのように減じられていくのか，現地でのフィールド調査に基づく研究が必要となる。

終 章 結　　論

　本書の主張は一言で言えば,「災害復興においては,社会的脆弱性を減じていくような持続的な経済発展が必要である」ということである。本章では,第Ⅰ部と第Ⅱ部における各章の結果を振り返ることで,この主張を裏付けることができたかを検討する。そこで,以下ではその検討に先立って各章の概要と結論について概観する。

1. 第Ⅰ部の概要

1.1 第1章　東日本大震災による直接経済被害の迅速な推計手法の提案

　第1章では,Cavallo et al. (2010) の手法に基づき,都道府県のパネルデータを用いた推計手法により,東日本大震災における直接経済被害額の推計を試みた。推計にあたっては,他の被害情報と比較して速報性の高い人的被害の情報を用いることとした。これまでの災害事例から,発災直後に復興財政の規模を判断するための基礎情報として,直接経済被害額が活用されてきたことが分かっている。円滑に復興政策を推進するために,発災後の情報が限られた中で,直接経済被害額を元に必要な財源の規模が推計されてきた。

　大災害における直接経済被害の推計手法について整理したところ,これまでは実態調査に基づく被害額の集計や,地域社会の資本ストック額を推計した上で仮定された被災率を乗じる手法が広く採用されてきたことが分かった。しか

し，東日本大震災のように被災範囲が広大な場合は迅速に実態調査を実施することは難しい。また，実態調査を行ったとしても，調査主体によって算定基準や被害額の対象範囲が異なるという問題が残る。さらに，資本ストック額を基に被害額を推計する手法では，被害額に算入するストックの種類や乗じる被災率の設定に恣意性が生じやすい。これに対して，Cavallo et al. (2010) の手法は，公開された被害情報を用いて迅速に被害額が推計できる点に特徴がある。

分析の結果，東日本大震災による直接経済被害額は最大で約32兆円と推計された。これは，内閣府が公表している被害額である約16.9兆円という数値を約15兆円も上回っていることが分かった。さらに，推計された被害額と東日本大震災の復興財政の規模を比較してみたところ，2011年度から2020年度にかけて投じられる復興財政の規模は約32兆円となっており，本章の推計値に近い数値となっている。このため，東日本大震災の復興計画[1]に費やされている財政規模は不十分とは言えないことが分かった。

1.2　第2章　東日本大震災による間接経済被害の推計——都道府県別パネルデータを用いたアプローチ

第2章では，東日本大震災による被害が最も大きかった宮城県，岩手県，福島県を対象に，Hsiao et al. (2012) が提案するパネルデータを用いたカウンターファクチュアル分析の手法により，各県の経済的復興の過程を検証した。さらに，各県の震災後の経済動向についてマクロ経済統計を基に分析した。同震災では復興計画に相応の財源が投じられることが明らかになっているが，被災地の経済活動が復興に向かうかは実証的な課題と言える。

---

[1] 東日本大震災では少なくない数の自治体が復興計画を策定している。内閣府によれば，被災地域にある9県227市町村に対して復興計画の策定に関するアンケート調査を実施したところ，回答が得られた8県79市町村のうち，復興計画を既に策定済みとしたものは4県59市町村の約29%，現在策定作業中であるものが8市町村で約4%，今後策定予定であるものが4市町村で約2%，未定・策定しないものが5県135市町村で約65%という結果であった。(出典：内閣府（防災担当）「東日本大震災における被災地方公共団体の復興計画の分析調査報告書」平成24年3月）

終章 結論

　大災害後の経済的復興に関するカウンターファクチュアル分析とは，災害が発生しなかったならば実現していたと考えられるシナリオ（カウンターファクチュアル）を推計し，現実のシナリオと比較することで，震災に起因する地域経済への影響を総合的に抽出しようとするアプローチである。災害に起因する取引機会の逸失，生産能力の滅失，人口の流出といった経済活動に対する負の影響と，復興政策により誘発される住宅や公共資本の再建需要，消費の増加，直接投資の実施，産業構造の転換といった地域経済への正の影響が，「共に反映されていない」被災三県の県内総生産のカウンターファクチュアル値を推計し，県内総生産の実測値との差分を取る。この差分が負である場合は，震災に起因する間接経済被害が復興政策により誘発される経済活性化の影響よりも大きいことから，被災地の経済的復興が順調に進んでいないことを意味する。

　なお，先行研究を見れば，災害による間接経済被害の推計においては，産業連関分析や一般均衡分析を用いたアプローチが主流である。しかし，こうした分析手法では間接経済被害の発生期間を仮定する必要がある他，復興政策が地域経済に与える影響を抽出することが難しい。Hsiao et al.（2012）の手法ではこれらの点を考慮した分析を行うことができる。

　分析の結果，以下の事実が確認される。第一に，岩手県と宮城県の県内総生産には震災に起因する間接経済被害が発生している様子は確認できないものの，福島県の県内総生産には間接経済被害の影響が現れていることが確認された。2015年度までの被災三県における県内総生産の実測値とカウンターファクチュアル値を比較した結果，岩手県と宮城県では実測値がカウンターファクチュアル値を上回っていることが分かった。他方，福島県については県内総生産の実測値がカウンターファクチュアル値を概ね下回っており，間接経済被害が深刻であることが確認された。

　マクロ経済統計を基に各県の経済動向を観察してみたところ，宮城県では建設工事額が大幅に増加している他，大型小売店販売額や鉱工業生産指数が一時期の落ち込みから回復してきており，2015年度までは人口動態も流入超過となっている。宮城県の経済的復興は，復興需要に伴う建設工事の増加に加えて，

好調な生産や消費にも支えられてきたと考えられる。
　岩手県でも建設工事額の顕著な増加が認められるものの，他の多くの経済指標については，震災直後の落ち込みから回復してからは震災前と同様の水準で推移している。ただし，預貸比率は震災後の落ち込みから回復することができておらず，人口流出の傾向も震災前から変化が見られない。岩手県の経済的復興は，主として復興需要に起因する建設工事の動向に支えられてきたと考えられる。
　他方，福島県では電気・ガス・水道・廃棄物処理業の低迷により県内総生産の大幅な減少が起きている。福島第一原発事故に伴う影響により経済活動が停滞している様子が確認できる。他にも，鉱工業生産指数や預貸比率が低迷している他，2011年度，2012年度には大規模な人口流出が起きている。建設工事額は急増しており大型小売店販売額についても増加が認められるものの，上記の震災に起因する影響がこれらの影響を上回っているため経済的復興が停滞していると考えられる。
　第二に，2016年度以降の岩手県，宮城県，福島県の県内総生産の動向については停滞が懸念される。震災後，被災三県の経済活動を支えてきた最も大きな要因は復興需要による建設工事の大幅な増加である。しかし，2016年度以降，いずれの県においても建設工事額の伸びがマイナスに転じており，今後，被災三県の経済活動は停滞する可能性がある。加えて，被災三県の人口動態において流出超過の傾向が強まっている。今後，こうした流出超過の傾向が続けば，内需の縮小や労働供給の減少に伴い，被災地の経済的復興に一層の遅れが生じる可能性がある。
　第三に，宮城県と福島県では経済的復興に向けた新しい動きも見られる。宮城県では製造業の振興に伴い鉱工業生産指数が高い水準で推移している他，預貸比率も改善が続いている。また，福島県では2017年以降，航空機部品や医薬品の生産好調に伴って輸出額が大幅に増加している。こうした動きが本格化し地域経済の牽引役となることができれば，復興需要のピークアウトや人口流出に伴う影響を軽減し，経済的復興が進む可能性がある。

今後,被災三県において経済的復興を進めていくためには,持続的な経済発展を追求する必要がある。岩手県,宮城県,福島県の県内総生産のカウンターファクチュアル値は震災前後を通じておおよそ横ばいであった。このような低成長シナリオに現実の経済動向が追いついたとしても,被災地の経済活動は停滞が続くことになる。生産性の向上,新産業の創造,新しい市場へのアクセスといった課題を克服し,人口や資本の集積[2]が進むような持続的な経済発展による復興を目指す必要がある[3]。

被災三県の復興計画の中には,地域社会の経済発展に向けた新産業の創造に関する案がいくつか挙げられている。宮城県の復興計画では,再生可能エネルギーによる都市基盤の構築,グローバルな産業エリアの創出,クリーンエネルギーや環境・医療産業の集積・振興等が掲げられている[4]。岩手県では,三陸創造プロジェクトにおける再生可能エネルギーを用いたエコタウンの形成,特殊合金新素材や海洋資源の利活用による新産業の創造,三陸ジオパークによる観光振興等が挙げられている[5]。福島県では,イノベーション・コースト構想の中で,ロボットや再生可能エネルギー関連産業等の集積に向けた計画が記載されている[6]。今後は,これら産業が地域経済の発展を先導するような役割を

---

[2] 被災した市町村の中には,復興計画の目的に人口減少や高齢化の克服を挙げているものは少ない。佐藤・今村(2013)によれば,岩手県,宮城県の沿岸部に位置する市町村の中で,その復興計画において「人口減少・高齢化社会に対応する」といった地域社会の脆弱性に言及しているものは2つしかない。

[3] 被災前からの社会的課題である人口減少の下で復興を進めるためには,人口減少に対応した都市構造や産業構造への転換を図ることも検討の必要がある。高齢化に伴って需要が顕在化する医療や介護を含む福祉産業の振興,人口減少により生まれてくる地域社会の空間的余裕を活用したまちづくり,輸出産業の振興や観光客の誘致による外需へのアクセス,移民の受け入れ等が課題となろう。

[4] 出典:宮城県「宮城県震災復興計画〜宮城・東北・日本の絆 再生からさらなる発展へ〜」平成23年10月

[5] 出典:岩手県「岩手県東日本大震災津波復興計画 復興基本計画〜いのちを守り 海と大地と共に生きる ふるさと岩手・三陸の創造〜」平成23年8月

[6] 出典:福島県「福島県復興計画(第3次)〜未来につなげる,うつくしま〜」平成27年12月

果たし，雇用や投資機会の拡大とそれに伴う人口増加を促すことが期待される。

なお，持続的な経済発展に基づいた復興を志向する際には，復興政策の立案・推進の過程に市民社会の参加を促すことが重要である。政府や自治体は復興計画に基づいて地域開発を推進するだけでなく，変化する社会の実態や市民・企業の要望や動きに合わせて復興計画を修正できるように，復興計画の事業内容やそのビジョンに市民の声を反映させる仕組みを確立しておくことが求められる[7]。

また，福島県では原発事故に伴う経済活動や人口動態への影響が十分に低減しなければ復興もままならない。除染活動や風評問題への対処にとどまらず，長期的な視点に立った被災地の将来像や被災者支援のあり方について議論する必要がある。

1.3　第3章　災害復興と経済発展——2013年フィリピン台風「ハイアン」の復興支援における課題

第3章では，2013年11月にフィリピンで歴史的な被害をもたらした超巨大台風「ハイアン（現地名ヨランダ）」を対象に，長期復興の推進に向けた緊急対応と初期復興のあり方に関するケーススタディ分析を行った。台風ハイアンは，フィリピン政府だけでなく，海外から多くの国際組織やNGOが駆けつけた事例である。研究目的は，第一に，大災害後の緊急対応や初期復興の過程において，政府や支援団体によりなされた災害対応がその後の長期復興に与えた影響について明らかにすること。第二に，長期復興に向けて求められる緊急対応や初期復興のあり方について検討すること。第三に，長期復興を推進するために必要な復興政策や支援の内容について明らかにすること，である。

分析にあたって，最も被害の大きかった東ヴィサヤ地域においてフィールド

---

[7]　現実には「まちづくり」に関する復興政策に市民の声を反映させることが難しいという指摘も見られる（金子，2013）。市街地の復興を進める上で，政府の方針と住民の考えの間に齟齬が見られれば，その後の産業復興が遅れることにもなりかねない（金子，2012）。

調査を実施した。同地域はフィリピン国内でも最も所得水準が低い地域の一つであるため，被災後の経済・社会的状況には災害による被害と外部からの支援による影響が現れやすいと考えられる。また，調査時点において既に多くの支援団体が現地から撤退を開始しており，初期復興までの過程で実施された復興政策や支援活動がその後の長期復興に与える影響を分析するには適していると考えた。調査対象者は，東ヴィサヤ地域の自治体職員，市民，企業経営者，住民組織，支援団体の職員である。なお，フィールド調査で聞かれた現地の復興状況と支援活動が現地社会に与えた影響についてはマクロ経済統計を用いて確認した。

分析の結果，以下の結論が得られた。第一に，政府や支援団体による復興支援において，長期復興を推進するための基盤を十分に構築することができていない。フィリピン政府は復興計画であるRAYを立案・推進しているが，特に住宅再建プロジェクトの遅れは深刻であり，その後の被災者の生活再建に対する影響が懸念される。さらに，RAYの事業内容の多くは被災前の社会的状態への回帰を目指す内容が多く，復興を通じて被災者の生活水準の向上や地域社会の経済発展を図るような新産業の創造や産業構造の転換に対応した事業計画が含まれていない。国際組織やNGO等の支援団体についても，住宅や病院の建設にあたってその後の施設の運用や維持管理を考慮していない事例が見られた他，ココナッツ農業の再生に向けた植林事業のように，従来からある生産性の低い産業を復旧させるような活動も見られた。なお，被災地では多様な支援が大規模に展開されたことで，かえって被災者の心理に支援への依存心が生まれているという懸念も聞かれた。

第二に，政府や支援団体により様々な復興支援が行われたが，東ヴィサヤ地域の経済的復興に向けた動きは力強さを欠いている。2014年から2018年までの同地域の成長率を全国平均と比較してみると，2016年を除いて東ヴィサヤ地域の成長率は全国平均を下回っていることが確認される。この間，同地域の経済活動は，復興需要による経済活性化とその後の復興事業のピークアウトに伴う景気の低迷の両方を経験しており，復興政策を短期的に集中して実行すれ

ばこのような景気の変動は避けられない。地域経済の成長を牽引するような産業の登場が見られないことや，2016年までに復興需要が収束したことも考え合わせると，被災地の経済的復興が順調に進んでいるとは言えない。なお，この間，大幅な賃金上昇を経験した時期もあるが，同時に物価の高騰も発生しており，結果的に，一人あたり域内総生産の成長率は不安定となっている。

　第三に，緊急対応や初期復興の過程において長期復興に向けた基盤を構築するためには，被災前の社会的状態への回帰を志向する復旧支援よりも，被災後の現実に立って地域社会の持続的な発展を目指す復興支援が必要となる。東ヴィサヤ地域は被災前から開発の遅れと貧困が主な社会的課題として認識されてきた。台風被害からの復興にあたって被災前の社会的状態への回帰が実現したとしても，被災地は「元の貧困な状態に戻る」他ない。したがって，東ヴィサヤ地域で長期復興を進めるためには，経済開発を通じて所得水準を向上させながら貧困率の削減を図るために，初期復興の段階から社会資本の整備や技術革新の促進に向けた取り組みを実施し，地域社会の経済発展による復興を追求する必要がある。

　第四に，被災後の現実に立って長期復興を進めていくためには，地域社会が中心となった復興計画の推進体制を構築することが必要である。長期復興を推進するためには，被災地の実情に合った復興支援を講じる必要があるが，現状，政府や国際組織，NGOといった支援団体による復興支援においては，供給側の論理に立った支援が行われている様子がうかがえる。政府の復興政策や支援団体の活動計画に，被災地の自治体，経済団体，市民の声を反映する仕組みが欠けているからである。今後，政府が主導する復興政策の計画立案のプロセスに，被災地の自治体や市民が参加できるような体制を確立し，制度化することが必要となる。また，被災地の自治体が中心となって市民や企業の意見を集約し，地域社会の将来像と地域開発の原則を定めた上で，復興計画の全体像の中に支援団体を招き入れるアプローチも有効であると考えられる。

　第五に，今後，被災地において持続的な復興を推進するためには，政府が復興政策において社会資本の整備を行い，新しい市場へのアクセスや新産業の創

造に向けた呼び水とするだけでなく，支援団体が市民や企業に対する技術供与を通じて既存産業の技術革新や生産性の向上を促すことが重要である。東ヴィサヤ地域では沿岸部を活用した養殖漁業やサーフィンを軸にした観光産業に将来性があると考えられており，こうした新産業の創造のためには，輸出港の新設による物流の改善，陸路や空路による交通アクセスの整備，情報通信インフラの普及といった政策対応が求められる。また，基幹産業である農林業・漁業を中心とした第一次産業の高度化に向けて，有機農法や沿岸地域における養殖技術に関する技術移転を進めることも有効である。その際，そうした技術の習得に向けた人的資本投資が重要となる。CFW を通じて被災者に幅広い技能形成の機会を提供することも検討の余地がある。

1.4 第 4 章 2004 年インド洋大津波からの経済的復興——インドネシア・アチェ州の経済発展とその軌跡

第 4 章では，2004 年のインド洋大津波で大きな被害を受けたインドネシアのアチェ州を対象に，Hsiao et al. (2012) の手法によるカウンターファクチュアル分析により経済活動の長期的復興を検証した。インド洋大津波は 21 世紀の中でも最大の被害をもたらした自然災害の一つであり，中でもアチェ州は最も大きな被害が発生した地域である。津波発生から約 15 年が経過しているが，アチェ州の経済的復興の過程について間接経済被害の観点から長期的に分析した研究は少ない。さらに，発災後から現在に至るまでアチェ州の経済状況は停滞が続いており，被災地での質的調査を通じて経済的復興に向けた政策対応のあり方を研究する意義は依然として大きい。

分析の結果，得られた結論は以下の通りである。第一に，2004 年のインド洋大津波の発生以降，アチェ州の実質域内総生産は長期に渡って停滞しており，経済的復興が進んでいるとは言えない状況にあることが分かった。スマトラ島内の他地域と比較してみたところ，1993 年には同州の経済規模はスマトラ島内で第 3 位であったが，2017 年時点では第 7 位にまで落ち込んでいることが確認された。こうした経済的復興の停滞の要因として，一つには天然ガス関連

産業の縮小が進んでいることが挙げられるが，復興政策が終了した後も製造業を始めとする新産業の創出が十分に進まなかったことが主因と考えられる。同州の産業構造の推移を見ると，津波発生後から現在に至るまで第一次産業比率と第三次産業比率が一貫して上昇してきている。

第二に，アチェ州の経済活動には現在に至るまで津波に起因する間接被害が残存していることが分かった。カウンターファクチュアル分析を行った結果，津波発生時点から2017年にかけて，アチェ州の域内総生産の実測値はそのカウンターファクチュアル値を一貫して下回っており，その差は年々拡大してきている。なお，アチェ州では津波の発生後から天然ガス関連産業の縮小が始まっているため，2004年時点の天然ガス関連産業の経済規模がその後も維持されたと仮定して再計算された実測値とカウンターファクチュアル値の比較を行ってみたところ，依然として両者の間には乖離があることが確認された。津波の発生から相応の時間が経過した後も，津波に起因する間接経済被害が存在することが示唆される。

第三に，津波後にアチェ州で実施された復興政策は，その後の経済的復興を促すことができていないことが分かった。マスタープランに基づく復興政策により，アチェ州では道路，港，空港等の公共インフラが整備・拡充された。しかし，こうした社会資本を活用する製造業の振興が進まなかったため，復興に向けた公共投資がその後の地域開発に繋がっていない。ただ近年，アチェ州では水産資源の食品加工業において新産業の萌芽が見られる。今後は同産業の発展に伴い，外需へのアクセス拡大や漁業，水産加工業の振興が進むことで，被災地の経済発展と経済的復興の進展につながることが期待される。

1.5 第Ⅰ部の結論

第Ⅰ部においては，国内外の大災害を事例に，復興政策と経済的復興の関連性に着目した分析を行った。多くの場合，大災害が発生すれば政府や自治体により復興計画が立案され，相応の財政規模を伴って復興政策が推進される。その際，災害直後の情報が限られた中で，復興計画の策定を待たずに必要となる

財政規模を算出することが必要である。加えて、大規模な財源を伴う復興政策を推進した結果、長期的な観点から被災社会の復興が進んでいるのか、とりわけ経済的復興が進展しているのかを継続的に検証することは重要である。

　2011年の東日本大震災、2013年のフィリピン台風ハイアン、2004年のインド洋大津波においては、相応の財源規模を伴って政府による復興政策や国際支援が行われている。インド洋大津波では約44.5億ドルの被害額のうち約6割が直接経済被害額であるとされるが、これに対して政府や国内外の支援団体によって投入された復興資金は約177億ドルに上ることが分かっている。台風ハイアンにおいては、その直接経済被害は約81.3億ドル[8]であったが、措置された復興予算は約32.7億ドルであった。東日本大震災では約35兆円規模と膨大な財政支出を伴う復興政策が推進されている。これは内閣府が公表している被害額である約16.9兆円の倍にあたる数値であり、第1章において推計された直接経済被害額である約32兆円により近い規模と言える。このように、中には復興財政の基礎情報となる直接経済被害額を上回る資金が措置されるケースも見られた。

　このような大規模な財源を伴う復興政策を推進することで、一時的に経済的復興が進展する例も見られた。第2章では、東日本大震災を事例に、カウンターファクチュアル分析により岩手県、宮城県、福島県の経済的復興の過程を分析した。結果、住宅再建や公共インフラの修復といった復興需要が旺盛であったこともあり、2015年度までは岩手県と宮城県の経済的復興は順調に推移している様子が確認された。他方、福島県では、福島第一原発事故に伴う影響もあり、復興需要による経済活動の活性化が起きている中でも、経済的復興は停滞していることが分かった。また、第3章で見たように、台風ハイアンの発生以降、東ヴィサヤ地域では建設業を中心に復興需要が現れている様子が確認されるが、同地域の域内総生産の成長率は全国平均を概ね下回っており、経済的復興が順調に進んでいるとは言えない。さらに、第4章においてカウンターフ

---

8) 執筆時点の2019年6月18日の為替レートである1USD=52.2PHPを基に計算。

ァクチュアル分析によりインド洋大津波後のアチェ州の経済的復興を分析したところ，同州の域内総生産には復興需要による効果は見られず，現在に至るまで津波に起因する間接経済被害が発生していることが確認された。

　ただ，いずれの事例においても，今後，順調に経済的復興が進展するかは予断を許さない。第3章では，フィリピン台風ハイアンを事例に，政府や支援団体が行った復興支援が東ヴィサヤ地域にもたらした影響について調査を行った。分析の結果，政府による復興政策や支援団体による支援活動により建設業の総生産が大きく増加し，同地域の経済的復興を牽引していることが確認された。しかし，被災地の建設動向は2016年以降ピークアウトしている。加えて，台風発生以降の同地域の成長率が全国平均を下回っていること，復興政策の中に新産業の創造に向けた社会資本整備の計画が含まれていないこと，支援活動において既存産業の高度化に向けた技術移転の活動が少ないことを考え合わせると，今後の同地域の経済的復興は停滞する可能性がある。また，第2章で東日本大震災の復興過程を観察したところ，岩手県，宮城県，福島県の建設工事額は2016年にはピークアウトしており，復興需要の減少に伴って被災三県の経済的復興は停滞する可能性がある。さらに，第4章で見たように，インド洋大津波後のアチェ州では製造業を始めとする新産業の振興が進んでおらず，産業構造が第一次産業と第三次産業への依存を高めていることを考えると，経済的復興は今後も困難と考えられる。

　今後は，持続的な経済的復興を進める上で，それぞれの被災地が直面してきた固有の経済・社会的課題を解決することが必要である。第2章で見たように，東北三県は東日本大震災の発生前から人口流出という問題に直面していた。今後も東北三県の人口流出が進展すれば，内需の縮小に伴う消費の停滞に加えて労働供給の縮小による人手不足が進行し，経済的復興が停滞する可能性がある。今後は，人口や資本の集積が進むような持続的な経済発展による復興を目指す必要がある。さらに，第3章のフィールド調査で聞かれたように，東ヴィサヤ地域は被災前から所得水準が低く貧困の問題が深刻であった。これは社会資本整備が遅れているためだけでなく，農業を始めとする生産性の低い産業に依存

した経済構造を有していたからである。被災地において持続的な復興を推進するためには，社会資本の整備による新産業の創造や，支援団体による市民への技術供与を通じた既存産業の高度化を促す必要がある。また，第4章で見たように，アチェ州では復興政策により道路，港，空港等の公共インフラが整備・拡張されたものの，それを活用する新産業の創造が進んでいないため，天然ガス関連産業に依存した産業構造から脱することができていない。近年のアチェ州における水産加工業のように，今後は天然ガス関連産業に代わる新産業の育成を通じて被災地の経済的復興を進めることが重要となる。

　これら大災害からの復興事例から，多額の復興財源により復旧復興を推進するだけでは，その後の経済的復興を進めることが難しいことが分かった。今後，長期的復興を推進していくためには，持続的な経済開発を通じて被災前から見られた社会的脆弱性を減じていくような，被災地の実態に即した復興政策を講じる必要がある。なお，そうした復興政策を策定するためには，被災地のニーズや動向を参照しながら，市民や企業の声に基づいて政府や自治体が推進する復興政策やそのビジョンを逐次修正していくことが重要である。

2. 第Ⅱ部の概要

2.1　第5章　自然災害による直接経済被害と経済・社会的要因との関連性 ——都道府県別パネルデータを用いた実証分析

　第5章では，Kahn（2005）らの手法により，日本の都道府県別パネルデータを用いて自然災害による被害と経済・社会的要因との関連性について実証分析を行った。社会的脆弱性と災害被害の関連性について国際比較研究が進められる一方で，この分野の国内における実証研究は進んでいない。また，社会的脆弱性の定義をめぐっては，研究者の間で合意があるわけではない。したがって，どのような経済・社会的要因が災害に対する社会的脆弱性を表すのかは実証的な問題と言える。

　分析の結果，年少人口比率，一人当たり県内総生産，一人当たり資本ストッ

ク（民間企業資本，社会資本），災害復旧や治山治水への行政投資比率といった経済・社会的要因が，被害を有意に軽減していることが明らかになった。

この分析結果から，地域社会の経済開発を通じて災害被害の軽減を図るアプローチの有効性が示唆される。一人あたり県内総生産を向上させ，資本ストックの蓄積を進め，年少人口比率を引き上げ，治山治水への行政投資を増やしていくことは，地域社会の経済開発のあゆみに他ならない。これは災害被害の軽減に向けた減災対策の基盤が平時の「まちづくり」にあることを示している。

なお，これら経済・社会的要因の改善が災害被害の軽減に有効であるということは，以下のような解釈が可能である。地域社会の所得水準が向上すれば住宅や企業設備の高度化が進むことで物的資本の頑健性が向上する他，市民の間で防災対策に向けた投資が増える可能性がある。また，資本の蓄積が進めば，都市開発の進展や産業構造の高度化に合わせて先進的な防災力を有した都市基盤の構築が進むと考えられる。年少人口比率が高い地域では子供を含む若い家族世帯が多いと考えられるが，そうした地域では祭を始めとする地域活動が盛んな傾向があり，人々は普段の生活から近隣の付き合いや情報交換の機会を多く有している。このように社会関係資本の蓄積が進んでいる地域では，災害発生時に高い防災力を発揮することが知られている。

2.2 第6章 2011年タイ大洪水による被害と社会的脆弱性

第6章では，2011年のタイ大洪水を事例として，社会的脆弱性と災害被害の関連性について既存研究のサーベイを元にケーススタディ分析を行った。同洪水は洪水多発国であるタイにおいて過去70年間で最悪の被害をもたらした災害である。その被害の背景として，タイ国の防災対策や政府の緊急対応における問題が指摘されており，Füssel (2007) にあるように，被災した地域社会やコミュニティの外側にある社会的脆弱性により被害が拡大した例と言える。

分析にあたっては，タイの主要な防災政策を軸に，洪水発生から時系列に沿って被害拡大の様子を整理することとした。ここでは，タイの主要な防災対策である (1) チャオプラヤ川上流域に設置された巨大ダムによる治水対策，(2)

同川中下流域における堤防や水門，計画的遊水池（氾濫地域）の設置，(3) 同川下流域の首都圏における洪水対策，(4) 洪水が発生した際に行われる政府，軍，自治体による緊急対応，に着目して分析を行った。

　分析の結果，社会的脆弱性の観点から見た 2011 年のタイ洪水における被害拡大の要因は以下の通りである。第一に，工業化の進展に合わせて，タイ社会における洪水災害のリスクは増してきていた。洪水発生当時，タイ社会では首都中心部から離れた地域にまで企業の投資が拡大していた。同時に，洪水に対して脆弱な地域に製造業を中心とする資本の蓄積が進んでいた。工業団地が多く立地するチャオプラヤ川中下流域の左岸側は以前から洪水多発地域として知られていたが，政府は周辺に土地利用の規制を実施していなかった。また，土地価格や最低賃金が安く，税制上の優遇が手厚いアユタヤ市周辺は，新しい投資先を探していた企業にとって魅力的な条件を揃えていた。2011 年の洪水ではこうした開発地域が浸水したことで，経済活動への影響を含む被害が甚大なものとなった。

　第二に，変容するタイ社会に合わせて，政府は洪水対策のあり方を更新することができていなかった。工業化の進展を背景に，洪水対策の柱であるチャオプラヤ川流域に設置されたダムや水門，堤防といった公共資本に対する社会的要請は，それまでの農業部門を対象にした利水・治水対策から，製造部門における被害軽減のための防災対策へと変化していた。しかし，同川上流域に設置されたダムには依然として治水と利水のバランスを取った運用が求められており，同中下流域に設置された水門や堤防は，責任主体である周辺自治体の財政基盤が脆弱であったため，十分な投資がなされていなかった。また，同川流域全体を視野に入れて洪水を管理する統一的な行政組織がなかったこともあり，ダムや水門といった防災施設の管理者と流域の周辺自治体との連携を通じて，同川流域全体を視野に入れた洪水管理を行うことは，当時は難しかった。

　第三に，バンコク都の防災政策は都市圏の拡大に合わせた更新がなされておらず，洪水対策が有効に機能する状態になかった。バンコク都を洪水から守る外周堤は未完成の区域があった上，その外側にまで居住地域が広がってきてい

た．洪水の誘導先である東地区のグリーンベルトにおいても，土地利用規制が緩和されたことで工業団地や住宅，国際空港までもが建設されており，遊水地としての機能が低下していた．加えて，スプロール現象に伴う都市内部の乱開発により，東地区の運河では不法な土地利用が進んでおり，防災設備として十分な能力を発揮できる状態になかった．さらに，都心部における人口増加と居住地域の拡大により，政府や自治体による緊急対応も課題を抱えることとなった．外周堤や緊急堤防を活用して首都圏や都心部への洪水の侵入を防ぐということは，その外側に住む人々が浸水することを容認することを意味した．こうしたことを受けて，浸水地区内外の住民同士が洪水管理の方針を巡って対立しただけでなく，洪水の早期収束を志向する政府と首都圏の防衛を優先するバンコク都も，しばしば洪水の収束に向けた方針を巡って対立した．

　これらの要因をまとめれば，2011年のタイ洪水において被害が拡大した要因は，都市とその周辺地域における急速な経済発展と農村地域における経済開発の格差，チャオプラヤ川流域における乱開発，災害に対応した都市計画の欠如，組織横断的な洪水管理のための行政組織の欠如，経済発展に合わせた洪水対策の更新の遅れにあることが分かる．したがって，今後，タイ社会において洪水被害を減じていくためには，これらの制度的，社会的課題の解決を通じて社会的脆弱性の軽減を図る政策アプローチが必要となる．

　今後のタイ社会において洪水対策を進めていくためには，第一に，農村地域の経済開発を通じて持続的で包摂的な経済発展を目指すことが必要である．農村地域の開発を進めることで生産性の高い産業への労働移動を促し，所得水準の向上を図ることで洪水時の農業セクターへの政治的配慮の必然性を減じていくことが必要である．また，農村地域の経済開発が進めば，チャオプラヤ川中下流域の水門や堤防を維持管理する立地自治体の財政基盤も改善することが期待される．

　第二に，国土開発計画において自然災害との共生を考慮する必要がある．タイの地理的特性を考えれば，首都圏から農村部へと開発の軸を移行していく過程で，災害多発地域に資本蓄積が進むことは避けられない．したがって，災害

との共生を考慮した土地利用計画，都市計画，地域開発計画を策定する必要がある。

第三に，国土全体で戦略的に洪水を管理し収束させるための包括的な防災政策が必要となる。タイの地理や環境を考慮すれば，チャオプラヤ川上中流域において洪水を管理できなければ中下流域の都市部や開発地域は被害を免れない。災害政策を扱う組織横断的な省庁も必要となるだろう。

第四に，首都圏の持続的な発展に向けた都市計画を策定する必要がある。外周堤の外側に居住する人々が増加している事実は，バンコク都の許容量を超えて人口や企業が集積しつつあることを示している。結果として，遊水地への資本蓄積や運河の不法利用が進み，都市の防災政策が機能しない状況に陥っている。首都圏の持続可能な発展が可能になるよう，都市の広域化に向けて都市計画を改めて策定する必要がある。その際，都市において災害に対して脆弱な貧困層の拡大や災害リスクの高い地域への人口密集が生じないよう，社会保障，住宅政策，教育支援も含めた包括的な政策対応を考慮する必要がある。

2.3 第Ⅱ部における結論

第Ⅱ部においては，自然災害による被害と社会的脆弱性の関連性について統計分析とケーススタディを基に分析した。統計分析においては，多くの災害が局所的なイベントであることを考慮し，国内の地域間比較分析に基づいて災害被害の軽減に有効な経済・社会的要因を明らかにすることとした。加えて，ケーススタディ分析においては大災害による被害と社会的脆弱性の関連性について取り上げ，政府の防災対策や国家の制度，災害時の政治体制や経済状態，発災後の政府の緊急対応といった地域社会やコミュニティの外側にある要因に着目した分析を行った。

第5章の国内の実証分析からは，自然災害に対する社会的脆弱性を軽減することで，災害被害を有意に減ずることができることが明らかになった。一人あたり県内総生産や年少人口比率の向上を図り，治山治水や災害復旧への行政投資比率を高め，民間企業や公的資本ストックの蓄積を進めることで災害被害を

軽減しようとするアプローチは，地域社会の経済開発を通じた減災対策の推進に他ならない。これは災害被害の軽減に向けた減災対策の基盤が平時からの「まちづくり」にあることを示している。

第6章の2011年に発生したタイ洪水に関するケーススタディ分析からは，今後，タイ社会において洪水対策を進めていくためには，第一に，農村地域の経済開発を通じて都市圏と農村地域の開発格差を是正することが必要であることが分かった。農村地域の産業構造の転換を図り，所得水準を向上させることで農業部門への政治的配慮の必要性を減じることに加えて，都市圏への人口流出を抑止することで，許容範囲を超えて人口が集積する首都の脆弱性を削減することが重要である。また，チャオプラヤ川流域の経済開発が進めば，周辺自治体の財政基盤の充実に合わせて防災対策への投資を行う余力が出てくる可能性がある。

第二に，地方と都市部の格差を是正するような，持続的で包摂的な経済発展に向けた開発計画は，タイ社会の実態を反映し，国土全体を視野に入れた包括的な洪水対策と調和しておくことが重要であることも明らかになった。タイの地理，環境を考慮すれば，今後の経済開発の過程で災害多発地域に資本蓄積が進むことは避けることができない。したがって，災害との共生を考慮した土地利用や都市開発に関わる行政計画の立案が重要となる。他方，洪水のリスクが存在する点についてはバンコク都も同様である。首都圏の持続的な発展に向けた都市計画の策定においては，災害に対して脆弱な貧困層の拡大や災害リスクの高い地域への人口密集が生じないよう，社会保障，住宅政策，教育支援も含めた包括的な政策対応を考慮する必要がある。つまり，地方と都市の開発計画を推進する際には，災害リスクの削減のために，タイ社会の実態を反映し，国土全体を視野に入れた包括的な洪水対策と調和している必要がある。なお，国家全体の開発計画と災害政策とを調和させるにあたっては，組織横断的な省庁を作成し，災害政策と包括的な経済開発計画の双方を立案，推進，監督させることが有効である。

このように，第II部の分析からは，災害に強い社会の構築を図るためには，

経済発展を通じて地域社会の経済・社会的要因を改善し，災害に対する社会的脆弱性を軽減しておくことが重要であることが明らかとなった。したがって，災害管理サイクルに則って地域社会の減災対策を進めていくためには，それに先立って復旧復興の過程から持続的な経済開発に向けた取り組みを進めていくことが重要となる。その際，平時からの「まちづくり」が，復興政策だけでなく減災対策の土台となる必要がある。加えて，そうした地域社会の経済発展に向けた開発計画は社会の実態に合わせて変化していく災害政策と調和している必要がある。国土全体を視野に入れた防災政策と開発計画の調和を図る際には，統一的な行政組織を作成することも一案である。

3. 本書の結論と今後の課題

　第Ⅰ部からは，大災害からの復興事例から，多額の復興財源により復旧復興を推進するだけではその後の経済的復興を進めることが難しいことが分かった。長期復興を推進していくためには，持続的な経済開発を通じて被災前から見られた社会的脆弱性を減じていくような，被災地の実態に即した復興政策を講じる必要があることが分かった。

　第Ⅱ部からは，災害に強い社会の構築を図るためには，経済発展を通じて地域社会の経済・社会的要因を改善し，災害に対する社会的脆弱性を軽減しておくことが重要であることが明らかとなった。したがって，災害管理サイクルに則って地域社会の減災対策を進めていくためには，それに先立って復旧復興の過程から持続的な経済開発に向けた取り組みを進めていくことが重要となることが分かった。

　以上のことから，本書の主張である「災害復興においては，社会的脆弱性を減じていくような持続的な経済発展が必要である」ということは，一定の裏付けを得られたと考えられる。復旧復興の過程から社会的脆弱性を減じるような持続的な経済発展を志向することで，長期的な経済的復興を進めつつ，災害に強い社会の構築を図ることが重要であることが示された。

今後の課題は，第一に，復興政策と被災地における経済動向の関係について世界各国のパネルデータを用いた実証研究を行う必要がある。本書の分析の多くは大災害の事例研究をベースにしている。詳細なデータが得られる大災害の事例は少なく，事例研究に頼らざるを得ないところもあるが，復興政策が経済的復興に与える影響について分析するためには各国のパネルデータを用いた研究を行う必要がある。

　第二に，大災害後に立案される復興政策の政策決定過程やそのガバナンスに関する研究が必要である。被災地ごとに経済開発の水準が異なることから，経済的復興において求められる復興政策のあり方も様々である。さらには，それぞれの被災地には，経済・社会的背景，市民の活力や連帯感，官民の連携のあり方にも個性がある。そうした違いが見られる中で，どのようにすれば復旧復興の過程から持続的な経済開発を進めることができるのか，そうした復興政策を立案・推進する上ではどのような政策決定過程やガバナンスが求められるのか，事例研究を蓄積することが必要となる。

　第三に，本書では，経済的復興を被災者の生活再建や地域社会の再生における基盤と想定した上で分析を進めてきたが，こうした地域社会の経済的復興が被災者の生活再建とどのように関わってくるのかを分析する必要がある。特に，被災者の中には県外避難者となる人々も多いことから，被災地の経済的復興と人口動態との関連性についての研究が求められる。

　第四に，東日本大震災においては原子力発電事故からの復興という問題に取り組む必要があるが，本書の中では明示的にこれを取り上げることができなかった。放射性物質の飛散とそれに伴う除染政策，また安全性をめぐるリスクコミュニケーション等，自然災害からの復興とは異なる論点が多く含まれている問題であり，長期的な復興の観点から研究を行うことは重要である。以上の点については今後の課題としたい。

4. 災害復興とは何か

 最後に, 災害復興とは何か, 筆者なりの見解を示して本書の締めくくりとしたい。一人の市民の立場に立って言えば, 災害復興に向けたあゆみは, 発災後, 命が助かった瞬間から始まることになる。災害直後は, 食料や水といった生活物資, 居住できる住宅や宿泊所の確保, 家族や友人の安否や地域の被害に関する情報といった様々なニーズを充足することが喫緊の課題となる。だが, 学校や仕事, 地域活動や生活文化, 家族や近しい人々とのつながりといった当たり前の日常の喪失という事態を十分に飲み込むことができないまま, 人々は明日からの生活をどのようにして再建していくのかに思考を巡らせることになる。

 筆者の例で言えば, 阪神・淡路大震災が起きた翌日には, 家族全員での県外への避難生活が始まった。勝手を知らない土地で転居先を探すことはままならないことの連続ではあったが, 幸いにも新居を借りることができ, 疎開生活が始まった。その際, 新居の近くに家族ぐるみの付き合いのある知人が引っ越してきたことは, 新生活の不安を和らげる上で大きな出来事だった。ただ, 転校先の学生生活には馴染みにくかった。受け入れ先の学生から同情の眼で見られることには抵抗があった。

 その後, 神戸の自宅が復旧し地元への帰還が可能になったことで, 疎開先の住民になるのか, 神戸市民に戻るのか, 最終的な決断をする必要に迫られたが, これは容易なことではなかった。一時の避難先と思いながらも, 相応の時間を過ごしたことで, 新しい環境や生活に馴染み始めていた頃であった。家族で繰り返し検討を重ねた結果, 神戸に戻ることとなったが, 被災地で再び生活を始めることにはやはり不安があった。

 実際に帰還してみると, 住み慣れた街で元の生活に戻ることができる喜びはあったものの, 見慣れた風景が完全に戻ってきたわけではなかった。破壊と再生が混在する地元の街並みは, かつてのものから一変していた。また元の学校に戻ってみると, 校舎が全壊していたため, 残りの学生生活は仮設校舎で過ご

すこととなった。その後，生活は次第に日常に回帰し，災害復興という文脈から遠ざかっていった。

このように，生活の再建と一言で言っても様々なことに取り組む必要があり，またその内容もそれぞれの被災者の置かれた環境や生活の背景によって異なる[9]。上記は筆者の一例に過ぎないが，被災者一人一人について生活再建の過程を見ていけば，本書では語り尽くせないほど様々な物語がある。したがって，本来，災害に直面した人々がその後の人生をどう生きていくのかということは，被災者の人生におけるごく個人的な出来事である。このため，人々の価値観が各々で異なることも考え合わせれば，災害復興が成ったかという問いに対する答えは被災者の数だけ存在するということになる。

しかし，災害復興について語るとき，それが個人的な出来事であるという側面を認めつつも，被害を受けた街や地域社会の再生が語られなければならない[10]。災害に直面すれば，人は社会との関わりなしには満足な生活を送ることができないという素朴な事実に行き当たる。災害は，人間の生命，身体，財産に対する脅威であるだけでなく，人々から，仕事や学びの場，商取引や頼み事の機会，家族との生活や友人との付き合い，余暇や文化活動の楽しみ，とい

---

[9] 地域社会の再生を考えずとも，県外避難等を通じて被災地の外で新しい暮らしを始めることができれば，生活再建が果たせるという意見もある。確かに，災害により住まいを失った人々が生活再建のために県外に転居する例が少なくないことは事実だが，他方で，高齢者や経済・社会的弱者，親類縁者や知己との繋がりが薄い人々の中には被災地での生活を余儀なくされる場合もある。また，被災地外で生活再建に取り組むにしても，疎開先での職場や学校，新しい生活環境への移行には，経済的負担は勿論のこと，摩擦や心理的負担が伴う上，こうした面での行政の支援は手薄である。災害を機に住み慣れた街を離れ，新しい生活を築くことは容易なことではない。

[10] 被災地を離れた人々にとっても，被害を受けた街の現状やその将来像，知人の暮らし向きやその先行きは重要な関心事である。これは，被災地に親類や知人，自宅や土地等の財産，学校や職場，取引先等が残されているといった生活上の要請に基づく場合もあるが，被害を受けた地元の現状や動向に対する共感が高まるためでもある。実際，被災前には地域のコミュニティに関心を寄せることもなかった人々が，日々に地域社会の将来や復興に向けた政策のあり方について議論を始めることは珍しくない。災害は，自身が暮らす地域社会の現実や将来を考えるきっかけとなる場合がある。

った日々の営みを奪ってしまう。そして，被災者としての生活を経験すると，人々の日常的な生活は，その基盤となる人々のつながり，企業や組織の集積，地域の風土や生活文化，都市構造や社会資本，地域社会の暮らしの水準によって支えられていたことを痛感することになる。つまり，一人一人の被災者が生活再建を進めるためには，その歩みに合わせて，社会生活の基礎となる構造を再構築する必要があり，そのためには公共インフラや都市基盤のような物的資本の再建にとどまらず，人々や企業のつながりといった社会的ネットワークの再生，環境や景観の回復，生活文化の振興等も合わせて取り組む必要がある[11]。

このように，災害復興は個々の被災者の生活再建といったミクロの事象と，地域社会の再生といったマクロの事象の両方を包含した社会的課題であるが，現状，研究者や実務家の間で災害復興という概念については明確な定義が共有されておらず，その基本的な方針や哲学についても様々な議論がある（永松，2011）。例えば，宮原（2011）は，全国の自治体を対象にしたアンケート調査の結果から，都市インフラや公共施設といったハード面の充実だけでなく，産業振興や生活再建，福祉・文化の向上といった地域社会を支えるソフト面の再生・再興が，復興における重要な課題として認識されていることを明らかにしている。室崎（2011）は，大災害を機にその原因を反省することで，人々の社会生活上の価値観が大きく変化するような「軸ずらし」が発生するとした上で，そうした新しい価値を追求していく過程が災害復興であると指摘している。関西学院大学復興制度研究所（2010）は，復興を目指す上では「被災地の自決

---

[11] 以下の小森（2011）の指摘がこのことを正確に表現している。「行政の場合，……『まち』をつくるのは基本的には道路や建物など都市活動の容器であるとのパラダイムがある。……（コミュニティベースのまちづくりを進める上では）『まち』をつくっているのはそこに住み，働き，学ぶ人びとの相互のつながり，地域の記憶やモニュメントであり，こうしたつながりが幾重にも織り込まれた多重ネットワークがまちの個性や生活基盤を形成しているので，まちの復興とは長い歳月をかけ，さまざまな構成要素が洗練，淘汰されてできあがったネットワークの再生に重点をおくべきだということになる。」（小森，2011, p.63）

権」「復興の個別性」「法的弱者の救済」「コミュニティの継続性」「一歩後退の復興」「多様な復興指標」といった要因に配慮することが必要であると主張している。

　こうした復興の概念やその目的に関する議論には，主として二つの軸が存在すると考えられる。山中（2015）は政策手法と統治主体の二つの観点から災害復興の類型を分類している。政策手法の観点から見れば，復興の分類には空間復興，人間復興，創造的復興の三つがある[12]。復興手法の選択にあたっては，住宅，公共インフラ，民間企業資本等といったハードの構築と，地域社会や都市基盤の上で展開される人々の生活，企業や組織による活動を再生させるためのソフト面でのアプローチのどちらを優先するのか，両者の比重や関連性をどのように考えるのかといったことが問題となる。また，統治主体の観点からは，政府や自治体といった行政が進める統治的復興と，市民が主体となる市民的復興があるとされる[13]。ここでは，災害復興の事業や計画を立案・推進する上で，自治体や政府を始めとする行政か，市民や企業といった民間セクターのどちらが主導的な役割を果たすのか，復興計画のガバナンスにおける両者の位置付けをどう考えるのかといったことが議論の対象となる。

　様々な復興に向けた考え方や手法がある中で，実際に災害復興を進める上では，それぞれの被災地において目指す災害復興の概念や目的の整理を行い，行政，市民，企業の間で統治主体のあり方に関する合意を経た上で，上記の災害復興の類型の中から適切な政策手法を選択することが，本来は望ましい。しかし，大災害後のような，時間的制約が厳しく市民との対話もままならない状況

---

[12]　空間復興では，災害を機に行政が主体となって都市空間や街並み，公共インフラを再生・整備することで復興を進めようとする。これに対して人間復興では，復興の目的が被災者の生存機会の回復に置かれ，それに資するような政策が展開される。また，創造的復興では，災害を機に都市や地域社会における経済・社会的構造の転換に向けて大胆な政策手法が志向される他，災害で失った資本や技術，文化の中から将来に有用なものを創り出していく創造的復旧という手法が採られることもある。

[13]　統治的復興には空間復興型，創造的復興型があり，市民的復興には地域再生型，個人復興型が含まれる。

下では，こうした合意形成は難しい。また，仮にそうした合意を得ずに行政が主導する形で空間復興を進めれば，山中（2015）が指摘するように，復興に向けた制度や計画の対象からこぼれ落ちる人々が出てくることになり，場合によっては，復興政策を進めることでかえって生活再建が困難となる人々が出てくる[14]。

そこで，災害復興に関する議論は平時から整理しておくことが望ましいという考え方が出てくることになる。中林（1999）はそうした考え方を事前復興と呼び，その概念の重要性について，「災害復興といえども災害の発生まで何もせずに待つのではなく，『都市復興計画の計画的概念とそれに基づく策定方法を「事前」に考え，準備し，共有化し，実践しておくことは，事後の都市復興における迅速性・即効性を確保するとともに，事前の住民の主体的な参加に基づく防災都市づくり・防災まちづくりを促進し，復興まちづくりの実施をより実効性のあるものとする』のではないかという考え方である」（中林，1999, p.145）と説明している。

つまり復興政策とは，平時からの総合的な地域開発計画をベースに，被災後の実態や市民のニーズを踏まえて策定されるものである。また，復興政策を迅速に決定・推進する上では市民の参加や理解が欠かせないが，そのためには復興政策の基礎となる地域開発計画が市民からの幅広い支持を得ていることが肝要である。したがって，地域の実態に合った復興政策の立案・推進のためには，その基礎となる地域開発計画が平時から市民の批判に基づき逐次修正されていなければならない。

平時から災害復興に向けた地域開発計画を策定するにあたって，林（2011b, 2011c）が紹介しているグリーン・リカバリーに関する議論は有用な視点を提供している。グリーン・リカバリーによる復興とは，自然環境の劣化が災害の発現やその被害を拡大する点に着目し，持続可能な自然環境および生物環境の

---

[14] 例えば，土地区画整理事業の実施にあたって減歩が行われれば，中小零細企業の中には事業所や店舗に必要な設備を導入する空間を取得できず，事業再開が困難となる例がある。

実現を図りつつ,自然環境の持つ防災機能の強化を図るという考え方である。
　林(2011b)によれば,現在の日本の制度では災害復興においてグリーン・リカバリーを追求する上で課題があるという。日本の災害法制においては,災害により被害を受けた公共インフラの復旧を行う際に,原形復旧を行うか,それが困難な場合は従前の効用を回復させる場合にその事業において国費が投じられることになる[15]。しかし,この考え方では,阪神・淡路大震災からの復興における災害公園の設置のような事業は実施困難である[16]。また,河川の公共インフラについて公費負担による災害復旧を図れば,従来から生物多様性や自然環境の保全に適さない構造を有していた河川では,その状態が再現されてしまう[17]。この他,日本の環境政策の基本的な方向性を定めた「21世紀環境立国戦略」の中には災害復旧に関する記述が存在しないため,災害後に自然環境との関連性が強い公共インフラを復旧させても,環境政策との整合性が担保されないだけでなく,災害を機に新しい環境技術や自然環境の管理手法,都市計画を積極的に導入することができない。
　このように,日本の制度においてグリーン・リカバリーの追求が困難である理由は,グリーンリカバリーに向けた復興政策,災害復旧に関する災害法制,環境政策,科学技術政策といった諸政策が各々の目的に沿って決定され,整合性を持たないまま個別に推進された結果,相互矛盾に陥っている点にある[18]。

---

[15] 改良復旧が認められる事業も存在するが,その範囲は限定的である。
[16] 阪神・淡路大震災においては,公園を含むオープンスペースが避難所や物資の供給拠点として活用されたことから,その復興過程において防災拠点として災害公園が各地に設置されることとなった。こうした事業を実施することによって,結果的に,被災地は都市の各所に水や緑を取り入れることに成功した。なお,こうした事業は,兵庫県の阪神・淡路震災復興計画における「多核・ネットワーク型都市圏の形成」の一環として実施され,神戸市内に小田南公園,津門中央公園,十六名公園,新池公園,金ヶ崎公園,御崎公園,海浜公園,三木市には三木総合防災公園,伊丹市・川西市には西猪名川公園,淡路島には淡路島公園,国営明石海峡公園等が整備された。
[17] 林(2011b)によれば,日本の河川管理においては,1997年に河川法の改正が行われたことで,全ての河川で「多自然型川づくり」が進められることになった。
[18] 林(2011b)は,阪神・淡路大震災からの復興において阪神高速道路の地下化が頓

林（2011c）は，災害復興においてグリーン・リカバリーを推進するためには，グリーン・リカバリーの原則を確立し，こうした政策間の相互矛盾を軽減することが重要であると指摘している[19]。

こうしたグリーン・リカバリーの追求に向けた制度的課題は，平時の開発計画を基礎として復興政策を立案する際の問題と重なっている。本書の主張は，林（2011c）のグリーン・リカバリーの追求に向けた考え方を，人口減少[20]や高齢化，経済格差や貧困の拡大，産業構造の高度化や技術革新が進む現代社会における災害復興のあり方に応用したものと言える。つまり，災害復興を機に地域社会の脆弱性を減じていくような持続的な経済発展を進めるためには，平時から社会の持続性や脆弱性に配慮した地域開発計画を準備しておくことが必要である。発災後，地方自治体はこうした地域開発計画を基礎として，災害復興に向けた原則を確立した上で，最新の科学技術政策や技術革新の動向を参照しながら，復興の実現に向けた具体的なビジョンや復興計画を立案しなくてはならない。さらに，復興の推進に向けてこうした復興計画に対する市民からの支持を得るためには，平時からその基礎となる地域開発計画の政策決定過程に

挫した例が，まさにそうした相互矛盾が見られた例だと指摘している。

[19] 林（2011c）は，例えば，災害時の公費負担による公共インフラの原形復旧の原則を緩和し，災害復興の理念や方針，事業内容の決定に際して平時の環境政策や科学技術政策を参照した上で，その実施にあたって公費の投入を可能にするような制度設計が必要であるとしている。他にも，復興政策の政策決定過程や管轄官庁の縦割りを排することも重要であるとしている。

[20] 人口減少が進み地域が縮退していく過程において，経済発展による災害復興を目指すことは困難であるという意見には，一定の説得力がある。しかし，災害復興の過程においては，経済成長率の高低や経済規模の大小を追求することだけが問題となるわけではない。経済発展による災害復興の追求の過程を通じて産業構造が転換し，市民の生活水準が改善し，ライフスタイルや生活文化が多様化し，市民の心身の健康状態や生活満足，幸福といった状態が高次のレベルに達していくダイナミズムを生み出せるかが課題となる。例えば，林（2011）は被災前から人口減少の傾向が見られた東北地方の復興に向けて，積極的な移民の受け入れの他，人口減少に伴う空間的余裕の拡大を活かした大胆な都市環境の整備，企業のグローバル化戦略の推進による海外経済とのリンケージの強化，基幹産業の発展・転換に向けた公共インフラの整備等が必要であるとしている。

おいて透明性を確保しつつ，市民や企業からの批判により計画を逐次修正することで幅広い合意を得ておくことが欠かせない。政府はこうした地域社会による復興計画の立案・推進を支援するために，原形復旧による災害復旧の原則を緩和し，柔軟で裁量性の高い公的資金を準備すると共に，省庁間の縦割りを排しながら，規制緩和も含む革新的な行政手法を提案する責任を負うことになる。

災害復旧ではなく，災害復興がなぜ必要であるのか。よく挙げられる理由の一つは，災害復旧を行ってもそれが意図した結果を実現することが難しいということである。大災害により地域社会が大きな被害を受ければ，一人一人の被災者の生活，企業活動，地域の社会活動の前提となる所与の条件が大きく変更されてしまう。そのような中で，被災前の状態への回帰を目指すことは合理的ではない上，現実的でもない。こうしたことから，大災害から立ち上がるためには復興しかあり得ないという考え方が示されてきている（林，2011）[21]。

市民の目線に立って言えば，大災害後の現実と向き合って生きていくためには自由と希望が必要である。大災害に直面した人々が思い思いに希望を描き，その実現に向かって進むためには，被災前の状態への回帰に制約されない中で，新しい生活を築いていくために復興を目指す他ない。そして，日々，目の前の現実と格闘しながら新しい生活の実現に向かって進むためには，十分な行動や選択の自由が担保されていなくてはならない。復興政策や復興計画はそうした市民や企業の希望を表現し，その実現に向けた資源の確保や投資を可能にするものでなければならない。そして，一人ひとりの市民が復興に向けたあゆみを進めていく中で，自らの生活が落ち着きを取り戻し，災害の記憶や生活の不安

---

[21] 林（2011）は次のように説明している。「しかし，亡くなった人は帰らない。体の傷も心の傷も，癒えるときがくるかもしれないが，それには時間がかかる。失った住宅も，工場も，従業員も，取引先も，待っていて元に帰るわけではない。要するに，災害の発生後は個人も，企業も，自治体も，すべてが新しい現実から再出発しなければならない。だから，被災地には「復興」しかあり得ない。その復興とは，新たな地域の歴史を作る営みである。公共部門の役割は，その復興の営みをサポートすることであって，道路や漁港を元通りに直せばよいというものではない。その意味で，復興事業に投じる公的資金は，将来の被災地の幸福を生み出すための「投資」なのである。」（林，2011，p.203）

が薄れ，災害による被害を乗り越えて自分たちが暮らす街が発展し，新しい景観や生活文化を手に入れ，地域社会が新しい個性を表現できるようになって，初めて人々は復興を実感することができる。このような復興の実現に向けて被災地が高次の社会へと進んでいくためには，経済発展に基づいて災害復興を進めていくことが必要なのである。

後　記

　振り返ってみれば，本書執筆の始まりは東日本大震災だった。2011年3月11日，言葉にならないような津波の映像を見ながら，自らが体験した阪神・淡路大震災を思い返していた。そんな矢先，林敏彦元同志社大学教授から連絡を受けた。被災地の復興に向けた政策研究が必要ではないか――。そのとき様々に議論した中から得られたアイディアが，一連の研究の出発点となった。

　とはいえ，災害研究を始めることは簡単ではなかった。さしあたって，自分がそれまで積み重ねてきた研究領域を大きく変える必要があった。当時，博士論文に向けた研究が行き詰まる中，ここでまったく新しい研究を始めることは自身の将来を考えても不安だった。それでも，災害復興の政策研究を始めることに決めたのは，被災者だった頃の自分に聞いてみれば，そうする方が良いと答えるに違いないと考えたからだった。

　こうして始めた研究が基になって，博士論文を執筆し，さらには本書の出版が叶うまでになったのは，研究生活の中で交流した方々から様々な学びと経験の機会を与えていただいたからに他ならない。筆者の努力と能力だけではとても成し得ないことだった。全ての方々のお名前を挙げられないことが心苦しいが，可能な限りここに記して感謝したい。

　東日本大震災復興構想会議の検討部会委員であった玄田有史先生（東京大学教授）からは，阪神・淡路大震災の復興について改めて学ぶ機会をいただいた。同震災直後に「阪神・淡路大震災の被災地を見たい」という申し出をいただき，

神戸の被災地訪問に同行したことが大きなきっかけとなった。

　河田惠昭先生（関西大学特別任命教授）からは，筆者がひょうご震災記念21世紀研究機構（HEM21）に研究員として勤務していた頃，災害時に市民の「共助」が果たす役割について示唆に富んだコメントをいただいた。そこから得た着想は，本書の第2章に反映されている。

　他にも，HEM21の同僚であった桜井靖久先生（阪南大学准教授），阿部真大先生（甲南大学准教授），久保田裕之先生（日本大学教授），楠綾子先生（国際日本文化研究センター准教授），城田千枝子氏（元・同研究機構研究員），稙原雅人氏（元・同研究機構研究員），大床太郎先生（獨協大学准教授），永田夏来先生（兵庫教育大学講師），山崎亮先生（Studio-L代表・東北芸術工科大学客員教授），石田祐先生（宮城大学准教授），野々山久也先生（甲南大学名誉教授），加藤惠正先生（兵庫県立大学教授），安藤文暁氏（神戸新聞記者），磯辺康子氏（元・神戸新聞記者），岸本達也氏（神戸新聞論説委員），斎藤悠実氏（同研究機構研究会委員）から，職場の中でそれぞれの専門性や経験に基づいた話がうかがえたことは，大きな刺激となった。何より，同機構の貝原俊民理事長から，折に触れて震災時の話題や現代社会で求められる政策に関するご意見を聞けたことは貴重な経験だった。

　筆者が（一財）アジア太平洋研究所の研究員（APIR）であった時にも，様々な方々から学ぶ機会をいただくことができた。Cheng Hsiao先生（南カリフォルニア大学教授）から，パネルデータを用いたカウンターファクチュアル分析の手法についてご指導いただいたことは目の覚めるような経験だった。外谷英樹先生（名古屋市立大学教授）からは，災害における社会的脆弱性や社会関係資本の役割について刺激的な講義を拝聴した。鈴木洋太郎先生（大阪市立大学教授）から2011年のタイ洪水に関する分析を始める機会をいただかなければ，本書第6章の執筆はなかった。阿部茂行先生（同志社大学名誉教授）には，研究会の中でアジア経済の実態や同洪水の影響について教えていただいた。稲田義久先生（甲南大学教授）に日本経済や関西経済の現状分析とその手法について丁寧なご指導をいただいたことは，本書第2章における東北地域のマクロ経

済分析の基礎となった。研究所長の宮原秀夫先生（大阪大学名誉教授）には研究員の機会を与えていただいたことを，この場を借りて御礼申し上げたい。

また，APIR での調査研究において交流した方々からも様々なことを教えていただいた。とりわけ，Jose Opalalic Tiusonco II 氏（元・APIR インターン）と Mizan Bustanul Fuady Bisri 氏（国連大学博士研究員）に感謝したい。Jose 氏には，台風ハイアンによって大きな被害を受けた，ご自身の出身地でもある東ヴィサヤ地域への調査旅行を実施する機会を作っていただいただけでなく，フィリピン社会の現状やその行政システムについて様々なことをご教示いただいた。また，Mizan 氏には，インドネシアのアチェ州への訪問を始め，同国における災害研究や災害政策の現状に関するインタビュー調査を計画していただいた。災害時の緊急支援の重要性を教えていただいたことも大きな学びとなった。なお，両氏と同行したフィリピン調査旅行は，印象深い旅の思い出にもなった。

また，本書に掲載することはできなかったが，東北三県におけるインタビュー調査において震災時の貴重なお話を聞かせていただいた被災企業の方々に対しては感謝しかない。調査の性質上，お名前を挙げることはできない点は何卒ご容赦願いたい。同調査に同行してくださった村上一真先生（滋賀県立大学准教授）や橋本嘉之氏（元・APIR 職員），また調査活動を支援していただいた仲川洋子氏（関西経済連合会職員）と様々な議論をさせていただいたことも貴重な経験だった。

APIR の職場の中でも学ぶ機会は多々あった。後藤健太先生（関西大学教授）や松林洋一先生（神戸大学教授）は，研究プロジェクトが忙しい中でも，筆者の研究に関するディスカッションのために時間を割いて下さった。APIR の同僚であった劉洋氏（RIETI 研究員），岡野光洋先生（大阪学院大学准教授），James Brady 氏（元・APIR 研究員），木下祐輔氏（APIR 研究員），Cao Thi Khanh Nguyet 先生（関西学院大学教員），生田祐介先生（大阪産業大学講師），王天荷氏（元・APIR インターン），金賢九氏（元・APIR インターン），Miles Neale 氏（元・APIR インターン），野村亮輔氏（APIR インターン），入江啓彰

先生（近畿大学准教授）と過ごした研究員としての日々は，大変なこともあったが楽しいものだった。

　また，研究所外での交流からも学ぶことは多くあった。永松伸吾先生（関西大学教授）には，折に触れて研究会にお誘いいただく等，災害研究における先端の議論に触れる機会をいただいた。Linda Grove 先生（元・上智大学教授）には，筆者が参加した New Voices from Japan プログラムにおいて，ニューオーリンズでの復興調査を実施する機会を作っていただいた他，論文執筆の相談にも乗っていただいた。米国務省主催による International Visitors Leadership Program に参加した際には，世界各国の災害実務の専門家の方々と災害政策について議論し学び合う機会を得ることができた。

　様々に交流させていただいた方々の中でも，とりわけ新川達郎先生（同志社大学教授）に対しては感謝の念に堪えない。新川先生に博士論文の審査を担当していただいたことで，大学教員としての道が開かれ，現在も研究者としての生活を送ることができている。

　こうした全ての方々との出会いがなければ，本書を執筆することはできなかった。改めてここに感謝申し上げたい。

　また，本書の出版にあたっては，KDDI総合研究所様から多大なご支援を頂戴した。編集にあたっては，勁草書房の永田悠一様に大変お世話になった。心から御礼申し上げたい。

　最後に，家族に謝意を表して締めくくりとしたい。結婚する前から本の執筆が続いていたこともあり，妻である千乃には様々な負担を掛けた。それでも，傍らで最後まで支えてくれたことには感謝の言葉もない。

　そして何よりも，筆者の両親である父・林敏彦と母・せつに感謝したい。現在の筆者があるのは，子供の頃に愛情に満ちた家庭生活を送ることができたおかげである。そんな家庭の雰囲気は，阪神・淡路大震災を経験した後でも全く変わりがなかった。加えて，2017年に逝去した父・林敏彦からは，阪神・淡路大震災の後，日々の生活の中で神戸の復興に関して様々に話してもらう機会があった。本書の問題意識はそうした会話の中から培われてきたと言って良い。

後 記

さらに，筆者がひょうご震災記念21世紀研究機構，およびアジア太平洋研究所の研究員であった時代には，研究所の上司として，亡くなる直前まで約10年にわたって，研究者，教育者，職業人，家庭人，よき市民としての振る舞い教えてもらうことができた。筆者が研究者としての自信を失った時には，度々，「専門家とは，人より多くのことを知っている人。学者とは，人よりも知らないことが沢山ある人のこと」「一つの分野を究めようとする研究者よりも，分野を変えながら一連の研究を進めていく人の方が面白い」「学者は，正しいことを言っていたとしても，面白くないと言われては仕方がない」などと言って励ましてくれたことが，大きな助けとなった。本音を言えば，本書は誰よりも父に読んでもらいたかったが，出版の知らせを父が聞いたらどんな表情をしたか，想像がつく気もする。筆者の研究者としての可能性を信じてくれた父のこれまでの教えに，少しでも報いることができたならば幸いである。

2019年10月30日　神戸の自宅より

林　万平

参 考 文 献

序 章

貝原俊民(2009)『兵庫県知事の阪神・淡路大震災15年の記録』丸善
林敏彦(2011)『大災害の経済学』PHP新書
林敏彦(2005)「検証テーマ『復興資金―復興財源の確保』」『復興10年総括検証・提言報告』兵庫県, 2005, 第2編, 372-445
松岡由季(2015)「兵庫行動枠組みと国際防災分野の発展」『翔べフェニックスⅡ―防災減災社会の構築』第6章, 163-190
Downton, W. M., and R. A. Pielke, Jr. (2005) "How Accurate are Disaster Loss Data? The Case of U.S. Flood Damage," *Natural Hazards*, 35, 211-228.
Dupont, W. and I. Noy (2012) "What Happened to Kobe? A Reassessment of the Impact of the 1995 Earthquake in Japan," *University of Hawaii at Manoa Department of Economics Working Paper Series*, No.12-4, 1-23.
Fujiki, H. and C. Hsiao (2012) "Disentangling the Effects of Multiple Treatments-Measuring the Net Economic Impact of the 1995 Great Hanshin-Awaji Earthquake," *IMES Discussion Paper Series, Institute for Monetary and Economic Studies Bank of Japan*, 2012, No.2013-E-3.
Hallegatte, S. and P. Dumas (2009) "Can Natural Disasters have Positive Consequences? Investigating the Role of Embodied Technical Change," *Ecological Economics*, 68, 777-786.
Hsiao, C., Ching, H. S., and S. K. Wan (2012) "A Panel Data Approach for Program Evaluation — Measuring the Benefits of Political and Economic Integration of Hong Kong with Mainland China," *Journal of Applied Econometrics*, 2012, Vol. 27, Issue 5, 705-740.

第1章

稲田義久・入江啓彰・島章弘・戸泉巧（2011）「東日本大震災による被害のマクロ経済に対する影響—地震、津波、原発の複合被害—」『KISER REPORT』第6号、1-9

岩城秀裕・是川夕・権田直・増田幹人・伊東久仁良（2011）「東日本大震災によるストック毀損額の推計方法について」『経済財政分析ディスカッションペーパー』DP/11-01

岩手県（2011）「岩手県東日本大震災津波復興計画　復興基本計画～いのちを守り海と大地と共に生きるふるさと岩手・三陸の創造～」2011年8月、https://www.pref.iwate.jp/_res/projects/default_project/_page_/001/002/589/kihonkeikaku.pdf

上野山智也・荒井信幸（2007）「巨大災害による経済被害をどう見るか—阪神・淡路大震災、9/11テロ、ハリケーン・カトリーナを例として—」『ESRI Discussion Paper Series』No.177, 1-22

計盛哲夫（2005）「阪神・淡路震災復興計画」阪神・淡路大震災記念協会編『阪神・淡路大震災10年　翔べフェニックス創造的復興の群像』第一章、13-37

河田恵昭・柄谷友香（2000）「大規模な人命の損失に伴う社会的価値の損失の評価」『土木計画学研究・論文集』No.17, 393-400

大和総研（2011）「第169回日本経済予測（改訂版）—日本経済は当面下振れ圧力が強いが、2011年度下期以降持ち直しへ—」2011年6月9日、https://www.dir.co.jp/report/research/economics/outlook/11060901outlook.html

豊田利久（1996）「阪神大震災の経済的諸問題」『国民経済雑誌』173 (5), 1-11

豊田利久・河内朗（1997）「阪神・淡路大震災による産業被害の推定」『国民経済雑誌』176 (2), 1-15

豊田利久（2006）「大災害からの経済復興—財源問題と提案—」『経済科学研究』10 (1), 95-110

内閣府（2011a）「月例経済報告等に関する関係閣僚会議震災対応特別会合資料—東北地方太平洋沖地震のマクロ経済的影響の分析—」2011年3月23日、https://www5.cao.go.jp/keizai/bousai/pdf/keizaitekieikyou.pdf

内閣府（2011b）「東日本大震災における被害額の推計について」2011年6月24日、http://www.bousai.go.jp/oshirase/h23/110624-1kisya.pdf

永松伸吾・林敏彦（2003）「間接被害概念を用いた復興政策評価指標の開発」『地域安全学会梗概集』No.13, 89-90

日本政策投資銀行（2011）「東日本大震災資本ストック被害金額推計について～エリア別（県別／内陸・沿岸別）に推計～」2011年7月21日、http://www.esri.go.jp/jp/workshop/forum/110623/gijishidai47_2.pdf

林敏彦（2005）「検証テーマ『復興資金—復興財源の確保』」『復興10年総括検証・提言報告』兵庫県、2005、第2編、372-445

林敏彦（2011）『大災害の経済学』PHP新書

福島県（2011）「福島県復興ビジョン」2011年8月、https://www.pref.fukushima.lg.jp/

download/1/fukkouvision.pdf
復興庁（2013）「今後の復旧・復興事業の規模と財源について（平成 25 年 1 月 29 日復興推進会議決定）」2013 年 1 月 29 日，http://www.reconstruction.go.jp/topics/20130129_fukkouzaigen.pdf
三菱総合研究所（2011）「2010～2012 年度の内外景気見通し（東日本大震災後の改定値）」2011 年 4 月 18 日，https://www.mri.co.jp/knowledge/insight/ecooutlook/2014/uploadfiles/pr20110418_pec02.pdf
三菱東京 UFJ 銀行（2011）「東日本大震災の経済的影響について～その 1：生産サイドからの分析 経済レビュー」2011 年 4 月 20 日，https://www.bk.mufg.jp/report/ecorevi2011/review110420.pdf
宮城県（2014）「東日本大震災の地震被害等状況及び避難状況について 東日本大震災による被害額（平成 26 年 6 月 10 日現在）」2014 年 6 月 10 日，https://www.pref.miyagi.jp/uploaded/attachment/214595.pdf
Cavallo, E., Powell, A. and O. Becerra (2010) "Estimating the direct economic damage of the earthquake in Haiti," *The Economic Journal*, vol.120, No.546, F298–F3123.
Cochrane, H. (2004) "Economic loss: myth and measurement," *Disaster Prevention and Management*, vol.13, No.4, 290–296.
Downton, W, M. and R. A. Pielke, Jr. (2005) "How Accurate are Disaster Loss Data? The Case of U.S. Flood Damage," *Natural Hazards*, 35, 211–228.
Mechler, R. and J. Weichselgartner (2003) "Disaster Loss Financing in Germany – The Case of the Elbe River Floods 2002," *IIASA Interim Report*, IR-03-021.

第 2 章
芦谷恒憲・地主敏樹（2001）「震災と被災地産業構造の変化：被災地域産業連関表の推定と応用」『国民経済雑誌』183（1），79-97
小川亮・稲田義久（2013）「速報性と正確性が両立する県内 GDP 早期推計の開発」『APIR Discussion Paper Series』No.33, 3-17
柄谷友香・林春男・河田恵昭（2000）「神戸市社会統計を利用した阪神・淡路大震災後の生活再建指標（RI）の提案」『地域安全学会論文集』No.2, 213-222
柄谷友香・林春男（2002）「地方自治体における財政分析を用いた復興過程把握手法の提案」『地域安全学会論文集』No.4, 315-324
柄谷友香・林春男・髙島正典（2006）「時系列分析に基づく被災地の復興過程の定量的評価に関する考察」『地域安全学会論文集』No.8, 1-10
柄谷友香・林春男・髙島正典（2004）「復旧投資戦略に着目した経済被害推定モデルの構築」『地域安全学会論文集』No.6, 323-332
黒宮亜希子・立木茂雄・林春男・野田隆・田村圭子・木村怜欧（2005）「パネルデータからみる阪神・淡路大震災被災者の復興-2001 年・2003 年兵庫県生活復興パネル調査結果を

もとに-」『地域安全学会論集』(7), 375-383
神戸商工会議所（1995）「阪神大震災に関する被害及び今後の神戸経済に関する調査結果」
神戸商工会議所（1996）「阪神大震災による経営への影響及び神戸の復興に関する調査結果」
産業復興会議（1996）「産業復興計画」
総合研究開発機構（2013）「東日本大震災復旧・復興インデックス─データが語る被災3県の現状と課題」
高島正典・林春男（1999）「電力消費量時系列データを利用した復旧・復興状況の定量的把握手法─阪神・淡路大震災への適用─」『自然災害科学』18（3), 355-367
高橋顕博・安藤朝夫・文世一（1997）「阪神・淡路大震災による経済被害推計」『土木計画学研究・論文集』No.14, 149-156
多々納裕一・梶谷義雄・土屋哲（2005）「新潟中越地震の社会経済的影響」『京都大学防災研究所年報』第48号 A, 191-201
陳光輝（1996）「阪神大震災による神戸市の事業所被害：メッシュデータによる推計」『国民経済雑誌』174（4), 89-96
土屋哲・多々納裕一・岡田憲夫（2008）「地震災害時のライフライン途絶が及ぼす経済被害の計量化に関する研究」『地域安全学会論文集』No.10, 355-364
豊田利久（1996）「阪神大震災の経済的諸問題」『国民経済雑誌』1996, 173（5), 1-11
豊田利久・河内朗（1997）「阪神・淡路大震災による産業被害の推定」『国民経済雑誌』176（2), 1-15
永松伸吾・林敏彦（2003）「間接被害概念を用いた復興政策評価指標の開発」『地域安全学会梗概集』No.13, 89-90
西山慎一・増田聡・大澤理沙（2013）「被災企業の基本情報と被災状況」東北大学大学院経済学研究科地域産業復興調査研究プロジェクト編『東日本大震災復興研究Ⅱ東北地域の産業・社会の復興と再生への提言─復興過程の現実に向き合い、地域の可能性を探る』河北新報出版センター, 19-35
西山慎一・増田聡・大澤理沙（2014）「被災地企業の復興状況」東北大学大学院経済学研究科地域産業復興調査研究プロジェクト編『東日本大震災復興研究Ⅲ震災復興政策の検証と新産業創出への提言─広域的かつ多様な課題を見据えながら「新たな地域モデル」を目指す─』河北新報出版センター, 16-32
萩原泰治（1998）「阪神・淡路大震災の経済的損失と政策効果の評価のための神戸 CGE モデルの開発」『国民経済雑誌』177（3), 61-72
萩原泰治（2001）「神戸 CGE モデルによる阪神・淡路大震災の影響に関する分析」『国民経済雑誌』183（1), 71-78
林敏彦（2011）『大災害の経済学』PHP 新書
林敏彦（2005）「検証テーマ『復興資金─復興財源の確保』」『復興10年総括検証・提言報告』兵庫県, 第2編, 372-445
阪神・淡路産業復興推進機構（1996）「阪神・淡路地域における産業復興の実態に関するア

ンケート調査結果」
増田聡・和田賢一（2014）「産業再生と地域経済復興に関わる幾つかの論点」東北大学大学院経済学研究科地域産業復興調査研究プロジェクト編『震災復興政策の検証と新産業創出への提言―広域的かつ多様な課題を見据えながら「東日本大震災復興研究Ⅲ新たな地域モデル」を目指す―』河北新報出版センター, 1-15
山中茂樹（2015）「復興の定義と指標」河田恵昭編『災害対策全書別冊「国難」となる巨大災害に備える～東日本大震災から得た教訓と知見』ぎょうせい, 366-369
山野紀彦・梶谷義雄・朱牟田善治（2005）「自然災害による経済被害の推計モデルの開発―経済メッシュデータと地域管産業連関モデルを用いた被害推計―」『電力経済研究』(53), 11-20
Abadie, A., Diamond, A. and J. Hainmueller (2010) "Synthetic Control Methods for Comparative Case Studies: Estimating the Effect of California's Tobacco Control Program," *Journal of the American Statistical Association*, Vol.105, No.490, 493-505.
Aldrich, D. P. (2012) *Building Resilience: Social Capital in Post-Disaster Recovery*, University of Chicago Press.
Cochrane, H. (2004) "Economic loss: myth and measurement," *Disaster Prevention and Management*, vol.13, No.4, 290-296.
Dupont, W. and I. Noy (2012) "What Happened to Kobe? A Reassessment of the Impact of the 1995 Earthquake in Japan," *University of Hawaii at Manoa Department of Economics Working Paper Series*, No.12-4, 1-23.
Fujiki, H. and C. Hsiao (2012) "Disentangling the Effects of Multiple Treatments-Measuring the Net Economic Impact of the 1995 Great Hanshin-Awaji Earthquake," *IMES Discussion Paper Series, Institute for Monetary and Economic Studies Bank of Japan*, No.2013-E-3.
Hallegatte, S. (2008) "An Adaptive Regional Input-Output Model and its Application to the Assessment of the Economic Cost of Katrina," *Risk Analysis*, 28, 779-799.
Hallegatte, S. and V. Przyluski (2010) "The Economics of Natural Disasters Concepts and Methods," *The World Bank Policy Research Working Paper Series*, 5507.
Hsiao, C., Ching, H. S., and S. K. Wan (2012) "A Panel Data Approach for Program Evaluation — Measuring the Benefits of Political and Economic Integration of Hong Kong with Mainland China," *Journal of Applied Econometrics*, Vol. 27, Issue 5, 705-740.
Horwich, G. (2000) "Economic Lessons of the Kobe Earthquake," *Economic Development and Cultural Change*, Vol.48, No.3, 521-542.
Rose, A. (2004) "Economic Principles, Issues, and Research Priorities of Natural Hazard Loss Estimation," in: Okuyama, Y. and S. E. Chang (eds.), *Modeling of Spatial*

Economic Impacts of Natural Hazards, Heidelberg: Springer, 13–36.

Tatsuki, S. and H. Hayashi (2002) "Seven Critical Element Model of Life Recovery: General Linear Model Analyses of the 2001 Kobe Panel Survey Data," *Paper presented at The 2nd Workshop for Comparative Study on Urban Earthquake Disaster Mitigation*, Kobe, February 14–15.

第 3 章

Belasen, A., and S. Polachek (2009) "How Disasters Affect Local Labor Markets: The Effects of Hurricanes in Florida," *Journal of Human Resources*, 44 (1), 251–76.

Comfort, L. K., Birkland, T. A., Cigler A. B., and E. Nance (2010) "Retrospectives and prospective on Hurricane Katrina: five years and counting," *Public Administration Review*, 70 (5), 669–678.

Doocy, S., Gabriel, M., Collins, S., Robinson, C., and P. Stevenson (2006) "Implementing Cash For Work Programmes in Post-Tsunami Aceh: Experience and Lessons Learned," *Disaster*, 30 (3), 277–96.

Downton, W. M., and R. A. Pielke, Jr. (2005) "How Accurate are Disaster Loss Data? The Case of U.S. Flood Damage," *Natural Hazards*, 35, 211–28.

Fink, G., and S. Redaell (2010) "Determinants of International Emergency Aid: Humanitarian Need Only?" *World Development*, 39 (5), 741–75.

Harvey, P. (2005) "Cash and Vouchers in Emergencies," *An HPG Discussion Paper. London*, Overseas Development Institute.

Jayasuriya, S., and P. McCawley (2010) *The Asian Tsunami: Aid and Reconstruction After a Disaster*, Cheltenham: Edward Elger.

Kahn, M. E. (2005) "The Death Toll from Natural Disasters: The Role of Income, Geography and Institutions," *The Review of Economics and Statistics*, 87 (2), 271–84.

Kapucu, N. (2014) "Collaborative Governance and Disaster Recovery: The National Disaster Recovery Framework (NDRF) in the U.S." In: R. Shaw (ed.), *Disaster Recovery: Used or Misused Development Opportunity*, Springer, Japan, Chapter 3, 41–59.

Mas, E., Bricker, J., Kure, S., Adriano, B., Yi, C., Suppasri, A., and S. Koshimura (2015) "Field Survey Report and Satellite Image Interpretation of the 2013 Super Typhoon Haiyan in the Philippines," *Natural Hazards and Earth System Sciences*, 15, 805–16.

McCawley, P. (2014) "Aceh's economy: Prospects for revival after disaster and war," In: Hal Hill (ed.), *Regional Dynamics in a Decentralized Indonesia*, Institute of Southeast Asian Studies, Singapore, Chapter 20, 482–508.

Mulligan, M., and Y. Nadarajah (2012) "Rebuilding Community in the Wake of Disaster: Lessons from the Recovery from the 2004 Tsunami in Sri Lanka and India," *Community Development Journal*, 47, 353–68.

Older, M. (2015) "When Is Too Much Money Worse Than Too Little? Giving, Aid, and Impact After the Indian Ocean Tsunami of 2004," In: R. Shaw (ed.), *Recovery from the Indian Ocean Tsunami: A Ten-Year Journey* Springer, Japan, Chapter 9, 121–37.

Reigner, P., Bruno, N., Stefania, S., M. Stefano (2008) "From Emergency Relief to Livelihood Recovery: Lessons Learned from Post-Tsunami Experience in Indonesia and India," *Disaster Prevention and Management*, 17 (3), 410–29.

Resosdarmo, B., P., Sugiyanto, C., and A. Kuncoro (2012) "Livelihood Recovery after Natural Disasters and the Role of Aid: The Case of the 2006 Yogyakarta Earthquake," *Asian Economic Journal*, 26 (3), 233–59.

Rubin, C. B. (2009) "Long Term Recovery from Disasters – The Neglected Component of Emergency Management," *Journal of Homeland Security and Emergency Management*, 6 (1), 46.

Strömberg, D. (2007) "Natural Disasters, Economic Development, and Humanitarian," *Aid Journal of Economic Perspectives*, 21 (3), 199–222.

Tafti, M. T., and R. Tomlinson (2015) "Best Practice Post-Disaster Housing and Livelihood Recovery Interventions: Winners and Losers," *International Development Planning Review*, 37 (2), 165–85.

Takahashi, M., Tanaka, S., Kimura, R., Umitsu, M., Tabuchi, R., Kuroda, T., Ando, M., and F. Kimata (2007) "Restoration after the Sumatra Earthquake Tsunami in Banda Aceh: Based on the Results of Interdisciplinary Researches by Nagoya University," *Journal of Natural Disaster Science*, 29 (2), 53–61.

Tajima, Y., Yasuda, T., Pacheco, B. M., Cruz, E. C., Kawasaki, K., Nobuoka, H., Miyamoto, M., Asano, Y., Arikawa, T., Ortigas, N. M., Aquino, R., Mata, W., Valdez, J., and F. Briones (2014) "Initial Report of JSCE-PIECE Joint Survey on the Storm Surge Disaster Caused by Typhoon Haiyan," *Coastal Engineering Journal*, 56 (1), 1450006-1–1450006-12.

Telford, J., and J. Cosgrave (2007) "The International Humanitarian System and the 2004 Indian Ocean Earthquake and Tsunamis," *Disasters*, 31 (1), 1–28.

Thevenaz, C. and S. L. Resodihardjo (2010) "All the best Laid Plan and Conditions Impeding Proper Emergency Response," *International Journal of Production Economics*, 126, 7–21.

Tierney, K., J. (2007) "Business and Disasters: Vulnerability, Impacts, and Recovery," In: Rodríguez, H., Quarantelli, E., L., and R. R. Dynes (eds.), *Handbook of Disaster Research*, Springer, New York, Chapter 16, 275–96.

Toya, H., and M. Skidmore (2007) "Economic Development and the Impacts of Natural Disasters," *Economic Letters*, 94 20-5.

Waugh, W., L., Jr., and B. R. Smith (2006) "Economic Development and Reconstruction on the Gulf after Katrina," *Economic Development Quarterly*, 20 (3), 211-8.

Waugh, W., L., and G. Streib (2006) "Collaboration and leadership for effective emergency management," *Public Administration Review*, 66 (s1), 131-40.

Wisner B., and J. Adams (2002) *Environmental health in emergencies and disasters: A practical guide*, World Health Organization, Geneva.

第 4 章

坂本茂樹 (2006)「インドネシアの LNG とガス産業：なぜ低迷に至ったのか、そして復興には何が必要か」『石油・天然ガスレビュー』vol.40, No.6, 15-27

佐藤百合 (2008)「インドネシアの石油産業―産油国から消費国へ、国家独占から市場競争へ」坂口安紀編『『発展途上国における石油産業の政治経済学的分析―資料集―』調査研究報告書』アジア経済研究所、第 4 章、2008, 107-144

朱徳峰 (2010)「自然災害は経済成長を促進するのか？中国のケースに基づいて」『オイコノミカ』第 46 巻、第 4 号、2010, 119-136

森津秀夫 (2005)「検証テーマ『道路、港湾、鉄道、空港の整備に向けた取り組み』」『復興 10 年総括検証・提言報告』兵庫県、第 3 編、412-474

林敏彦 (2005)「検証テーマ『復興資金―復興財源の確保』」『復興 10 年総括検証・提言報告』兵庫県、第 2 編、372-445

松岡由季 (2015)「兵庫行動枠組みと国際防災分野の発展」『翔べフェニックスⅡ―防災減災社会の構築』第 6 章、163-190

山本博之・西芳実・篠崎香織編 (2015)『CIAS discussion paper No.54：2004 年スマトラ沖地震・津波復興史Ⅰ』京都大学地域研究統合情報センター

Abadie A. D., and A. J. Hainmueller (2010) "Synthetic control methods for comparative case studies: Estimating the effect of California's tobacco control program," *Journal of the American Statistical Association*, 105 (490), 493-505.

Albala-Bertrand, J. M. (1993) *Political economy of large natural disasters*, Clarendon Press, Oxford, United Kingdom.

Benson, C. and E. Clay (2004) "Understanding the Economic and Financial Impacts of Natural Disasters," *Disaster Risk Management working paper series No. 4*, World Bank, Washington, D. C.

Chang, S. E., and A.Z. Rose (2012) "Toward a Theory of Economic Recovery from Disasters," *International Journal of Mass Emergencies and Disasters*, 30 (2), 171-181.

Cavallo, E., and Sebastián, G., Noy, I. and J. Pantano, (2013) "Catastrophic Natural Disasters and Economic Growth," *The Review of Economics and Statistics*, Vol. 95,

No. 5, 1549-1561.
Dacy, D. C., and H.C. Kunreuther (1969) *The Economics of Natural Disasters: Implications for Federal Policy*, The Free Press, New York, United States.
Fisker, P. S. (2012) "Earthquake and Economic Growth," *Institute for Advanced Development Studies Working paper*, No.01/2012.
Fujiki, H. and C. Hsiao (2012) "Disentangling the Effects of Multiple Treatments-Measuring the Net Economic Impact of the 1995 Great Hanshin-Awaji Earthquake," *IMES Discussion Paper Series, Institute for Monetary and Economic Studies Bank of Japan*, No.2013-E-3.
Hallegatte, S. and P. Dumas (2009) "Can Natural Disasters have Positive Consequences? Investigating the Role of Embodied Technical Change," *Ecological Economics*, 68, 777-786.
Hsiao, C., Ching, H. S., and S. K. Wan (2012) "A Panel Data Approach for Program Evaluation — Measuring the Benefits of Political and Economic Integration of Hong Kong with Mainland China," *Journal of Applied Econometrics*, Vol. 27, Issue 5, 705-740.
Jaramillo, C. R. (200) "Do natural disasters have long-term effects on growth?" *Documento CEDE*, No.2009-24.
Jayasuriya, S., and P. McCawley (2010) *The Asian Tsunami: Aid and Reconstruction After a Disaster*, Cheltenham: Edward Elger.
Loayza, N. E., Olaberria, J. Rigolini, and L. Christiansen (2009) "Natural Disasters and Growth-Going Beyond the Averages," *World Bank Policy Research Working Paper Series 4980*, The World Bank.
McCawley, P. (2014) "Aceh's economy: Prospects for revival after disaster and war," In: Hal Hill (ed.), *Regional Dynamics in a Decentralized Indonesia*, Institute of Southeast Asian Studies, Singapore, Chapter 20, 482-508.
McDermott, T. K. J., F. Barry, and R. S. J. Tol (2011) "Disasters and development: Natural disasters, credit constraints and economic Growth," *ESRI Working Paper*, #411.
McDermott, T. K. J. (2012) "The Effects of Natural Disasters on Human Capital Accumulation," *Institute for International Integration Studies discussion paper No. 391*, Trinity College Dublin.
Toya, H. and M. Skidmore (2002) "Do Natural Disasters Promote Long-run Growth?" *Economic Inquiry*, 40, 664-687.

第 5 章
芦谷恒憲・地主敏樹 (2001)「震災と被災地産業構造の変化：被災地域産業連関表の推定と

応用」『国民経済雑誌』183 (1), 79-97
河田恵昭 (1997)「大規模地震災害による人的被害の予測」『自然災害科学』16-1, 3-13
髙坂健二・石田淳 (2005)「災害とヴァルネラビリティ」『災害復興―阪神・淡路大震災から10年』関西学院大学出版会, 167-182
高島正典・林春男 (1999)「電力消費量時系列データを利用した復旧・復興状況の定量的把握手法―阪神・淡路大震災への適用―」『自然災害科学』18 (3), 355-367
高橋顕博・安藤朝夫・文世一 (1997)「阪神・淡路大震災による経済被害推計」『土木計画学研究・論文集』No.14, 149-156
土屋哲・多々納裕一・岡田憲夫 (2008)「地震災害時のライフライン途絶が及ぼす経済被害の計量化に関する研究」『地域安全学会論文集』No.10, 355-364
豊田利久 (1996)「阪神大震災の経済的諸問題」『国民経済雑誌』173 (5), 1-11
豊田利久・河内朗 (1997)「阪神・淡路大震災による産業被害の推定」『国民経済雑誌』176 (2), 1-15
外谷英樹 (2009)「防災政策による災害被害の軽減効果：都道府県別データを用いたパネル分析」『経済学的視点を導入した災害政策体系のあり方に関する研究』内閣府経済社会総合研究所, 67-89
内閣府 (2011)「東日本大震災における被害額の推定について」2011年6月24日, http://www.bousai.go.jp/oshirase/h23/110624-1kisya.pdf
萩原泰治 (1998)「阪神・淡路大震災の経済的損失と政策効果の評価のための神戸CGEモデルの開発」『国民経済雑誌』177 (3), 61-72
林敏彦 (2005)「検証テーマ『復興資金―復興財源の確保』」『復興10年総括検証・提言報告』兵庫県, 第2編, 372-445
宮原浩二郎・森真一 (1998)「震度7の社会空間―芦屋市の場合」『社会学評論』49 (1), 2-20
Aldrich, P. D. (2012) *Building Resilience: Social Capital in Post-Disaster Recovery*, University of Chicago Press.
Kahn, M.E. (2005) "The Death Toll from Natural Disasters: The Role of Income, Geography, and Institutions," *The Review of Economics and Statistics*, 87 (2), 271-284.
Kellenberg, D.K. and A.M. Mobarak (2008) "Does rising income increase or decrease damage risk from natural disasters?" *Journal of Urban Economics*, vol.63, issue 3, 788-802.
Padli, J. and M.S. Habibullah (2009) "Natural Disaster Death and Sosio-Economic Factors in Selected Countries: A Panel Analysis," *Asian Social Science*, vol.5, no.4, 65-71.
Schmidtlein, C. M., Shafer, M. J., Berry, M. and L. S. Cutter (2011) "Modeled earthquake losses and social vulnerability in Charleston, South Carolina," *Applied Geography*, 31, 269-281.

Toya, H. and M. Skidmore (2007) "Economic Development and the Impacts of Natural Disasters," *Economic Letters*, 94, 20-25.
United Nations Development Program (2004) *Reducing Disaster Risk: A Challenge for Development*.
Weichselgartner, J. (2001) "Disaster mitigation: the concept of vulnerability revisited," *Disaster Prevention and Management*, Volume10, 85-94.

第6章
阿部茂行・上田曜子・Ramstetter, D., E., ・久保彰宏・後藤健太・阿部良太 (2013)「関西企業とアジアの経済統合研究会報告書「タイ大洪水から見るアジアのサプライチェーン」」アジア太平洋研究所
相沢伸広 (2013)「バンコク二空港とタイ 2011 年大洪水」『タイ 2011 年大洪水―その記録と教訓―』アジア経済研究所, 97-122
ウルリッヒ・ベック (1998)『危険社会―新しい近代への道』法政大学出版局
沖大幹 (2012)「チャオプラヤ川における 2011 年の大洪水とタイの水害」『予防時報』vol.250, 18-23
沖大幹・小森大輔・中村晋一郎・沖一雄・木口雅司・西島亜佐子・山崎大・Jeanne Fernandez・梯滋郎・Cherry Mateo・岡根谷実里・恒川貴弘・川崎昭如・湯谷啓明 (2011)「2011 年タイ国水害調査結果 (第 4 報)」東京大学生産技術研究所沖研究室, 2011 年 11 月 25 日, http://hydro.iis.u-tokyo.ac.jp/Mulabo/news/2011/111130_4th_report.pdf
川崎昭如・小森大輔・中村晋一郎・木口雅司・西島亜佐子・沖一雄・沖大幹・目黒公郎 (2012)「2011 年タイ王国チャオプラヤ川洪水における緊急災害対応―政府機関の組織間連携と情報共有に着目して―」『地域安全学会論文集』17 巻, 109-117
熊谷章太郎 (2019)「軍政の総括と民政復帰後のタイ経済の行方―新政権に引き継がれる課題は何か―」『RIM 環太平洋ビジネス情報』日本総研, Vol.19, No.73, 139-166
小松利光・押川英夫・矢野真一郎・田井明 (2012)「2011 年タイ北部洪水とダムによる洪水制御について」『WESTERN JAPAN NDIC ニュース』九州大学西部地区自然災害資料センター, No.46, 4-8
小森大輔 (2012)「2011 年タイ国チャオプラヤ川大洪水はなぜ起こったか」『盤谷日本人商工会議所所報』2 月号, 2-10
小森大輔・木口雅司・中村晋一郎 (2013)「タイ 2011 年大洪水の実態」『タイ 2011 年大洪水―その記録と教訓―』アジア経済研究所, 13-42
助川成也 (2013)「タイ 2011 年大洪水の産業・企業への影響とその対応」『タイ 2011 年大洪水―その記録と教訓―』アジア経済研究所, 73-96
スッチャリット・クーンタナクンラウォン (2013)「タイ 2011 年大洪水後の短期治水対策」『タイ 2011 年大洪水―その記録と教訓―』アジア経済研究所, 181-201

田平由希子・川崎昭如（2015）「洪水常襲地帯における貧困と洪水の関係についての一考察―2011年タイ大洪水の影響と農村貧困層の非移動性に着目して」『地域安全学会論文集』No.27, 167-177

玉田芳史（2013a）「2011年洪水とタイ政府」『CIAS Discussion Paper No.31：東南アジア学会関西例会ワークショップ報告書 洪水が映すタイ社会 災害対応から考える社会のかたち』京都大学地域研究統合情報センター，42-44

玉田芳史（2013b）「洪水をめぐる対立と政治」『タイ2011年大洪水―その記録と教訓―』アジア経済研究所，123-160

玉田芳史（2012）「洪水をめぐるタイ政治」『国際情勢紀要』2月号，82号，241-263

玉田芳史（2011）「タイ政治における黄シャツと赤シャツ：誰、なぜ、どこへ」『国際情勢紀要』2月号，81号，143-159

手計太一・吉谷純一（2005）「大ダム建設が流況に与えた影響―タイ王国・Chao Phraya川流域を対象として―」『水文・水資源学会誌』vol.18, No.3, 281-292

林敏彦（2005）「検証テーマ『復興資金―復興財源の確保』」『復興10年総括検証・提言報告』兵庫県，第2編，372-445

林万平（2014）「「自然災害による直接経済被害と経済・社会的要因との関連性：都道府県別パネルデータを用いた実証分析」」『経済論争』第188巻，第2号，79-91.

船津鶴代（2013）「2011年タイ大洪水―民主政治下の制度再編をめざして―」『経済開発過程における資源環境管理政策・制度の形成調査研究報告書』アジア経済研究所，86-100

星川圭介（2013a）「タイ2011年大洪水時のプーミポン・ダム操作」『タイ2011年大洪水―その記録と教訓―』アジア経済研究所，43-72

星川圭介（2013b）「工学的見地から考察する2011年洪水と政策対応」『CIAS Discussion Paper No.31：東南アジア学会関西例会ワークショップ報告書 洪水が映すタイ社会 災害対応から考える社会のかたち』京都大学地域研究統合情報センター，12-22

水上祐二（2013）「大洪水下のタイ政治」『CIAS Discussion Paper No.31：東南アジア学会関西例会ワークショップ報告書 洪水が映すタイ社会 災害対応から考える社会のかたち』京都大学地域研究統合情報センター，45-55

三菱UFJ投信（2014）「タイの政治情勢について」『Strategy Report』2014年5月8日，https://www.am.mufg.jp/text/20140508rinji.pdf

Cavallo, E., and Sebastián, G., Noy, I. and J. Pantano, (2013) "Catastrophic Natural Disasters and Economic Growth," *The Review of Economics and Statistics*, Vol. 95, No. 5, 1549-1561.

Chomsri J, and P. Sherer (2013) "Social Vulnerability and Suffering of Flood-Affected People: Case Study of 2011 Mega Flood in Thailand", *Kasetsart Journal (Social Sciences)*, 491-499.

Füssel, H. M. (2007) "Vulnerability: A generally applicable conceptual framework for climate change research," *Global Environmental Change*, 17 (2), 155-167.

Haraguchi, M., and U. Lall (2015) "Flood risks and impacts: A case study of Thailand's floods in 2011 and research questions for supply chain decision making," *International Journal of Disaster Risk Reduction*, Vol.14 (3), 256-27.

Kahn, M.E. (2005) "The Death Toll from Natural Disasters: The Role of Income, Geography, and Institutions," *The Review of Economics and Statistics*, 87 (2), 271-284.

Komori, D., Nakamura, S., Kiguchi, M., Nishijima, A., Yamazaki, D., Suzuki, S., Kawasaki, A., Oki, K., and T. Oki (2012) "Characteristics of the 2011 Chao Phraya River Flood in Central Thailand," *Hydrological Research Letters*, 6, 41-46.

Nipon, P., and M. Pitsom (2013) "Impact of the 2011 Floods, and Flood Management in Thailand," *ERIA Discussion Paper Series*, ERIA-DP-2013-34.

Noy, I., Nguyen, C., and P. Patel (2019) "Floods and spillovers: house-holds after the 2011 great flood in Thailand," *CESifo Working Papers*, Working Paper No. 7644.

Sayama, Y. Tatebe, Y. Iwami, and S. Tanaka (2015) "Hydrologic sensitivity of flood runoff and inundation: 2011 Thailand floods in the Chao Phraya River basin," *Natural Hazards and Earth System Sciences*, 15, 1617-1630.

Tebakari, T., and J. Yoshitani (2012) "Impact of large-scale reservoir operation on flow regime in the Chao Phraya River basin, Thailand," *Hydrological Processes*, Vol.26, Issue 16, 2411-2420.

Toya, H. and M. Skidmore (2007) "Economic Development and the Impacts of Natural Disasters," *Economic Letters*, 94, 20-25.

United Nations Development Program (2004) *Reducing Disaster Risk: A Challenge for Development*.

Weichselgartner, J. (2001) "Disaster mitigation: the concept of vulnerability revisited," *Disaster Prevention and Management*, Volume10, 85-94.

World Bank (2012) *Thai Flood 2011. Rapid Assessment for Resilient Recovery and Reconstruction Planning*.

終 章

Cavallo, E., Powell, A. and O. Becerra (2010) "Estimating the direct economic damage of the earthquake in Haiti," *The Economic Journal*, vol.120, No.546, F298-F3123.

Füssel, H. M. (2007) "Vulnerability: A generally applicable conceptual framework for climate change research," *Global Environmental Change*, 17 (2), 155-167.

Hsiao, C., Ching, H. S., and S. K. Wan (2012) "A Panel Data Approach for Program Evaluation — Measuring the Benefits of Political and Economic Integration of Hong Kong with Mainland China," *Journal of Applied Econometrics*, Vol. 27, Issue 5, 705-740.

Kahn, M.E. (2005) "The Death Toll from Natural Disasters: The Role of Income, Geog-

raphy, and Institutions," *The Review of Economics and Statistics*, 87（2）, 271-284.
United Nations Development Program（2004）*Reducing Disaster Risk: A Challenge for Development*.
Wisner B., and J. Adams（2002）*Environmental health in emergencies and disasters: A practical guide*, World Health Organization, Geneva.
金子由芳（2012）「産業経済復興と生業支援」『日本災害復興学会誌・復興・通巻』第5号（Vol.4 No.1), 29-36
─── (2013)「被災者に届かぬ復興予算―「人間の復興」の阻害構造」『日本災害復興学会誌・復興・通巻』第6号（Vol.4 No.2), 9-16.
関西学院大学災害復興制度研究所（2010）「災害復興基本法試案」『災害復興研究』vol.2, 5-59
小森星児（2011）「被災者・市民による計画作成」林敏彦編『災害対策全書（3）：復旧・復興』ぎょうせい, 60-63
佐藤翔輔・今村文彦（2013）「東日本大震災における震災復興計画の巨視的分析―岩手県・宮城県の沿岸市町村を対象にして―」『自然災害科学』Vol. 31, No. 4, 305-315
中林一樹（1999）「都市の地震災害に対する事前復興計画の考察―東京都の震災復興戦略と事前準備の考え方を事例に―」『総合都市研究』第68号, 141-164
永松伸吾（2011）「概説―災害復興とは何か」林敏彦編『災害対策全書（3）：復旧・復興』ぎょうせい, pp.2-5
林敏彦（2011）『大災害の経済学』PHP新書
─── (2011b)「インフラ復興とグリーンリカバリー」林敏彦編『災害対策全書（3）：復旧・復興』ぎょうせい, 504-505
─── (2011c)「河川改修からグリーン・イノベーションへ」林敏彦編『災害対策全書（3）：復旧・復興』ぎょうせい, 506-507
宮原浩二郎（2011）「復旧と復興」林敏彦編『災害対策全書（3）：復旧・復興』ぎょうせい, 10-11.
室崎益輝（2011）「被災からの回復と再生」『災害対策全書（3）：復旧・復興』ぎょうせい, 20-23.
山中茂樹（2015）「復興の定義と指標」河田恵昭編『災害対策全書別冊「国難」となる巨大災害に備える～東日本大震災から得た教訓と知見』ぎょうせい, 366-369

索　引

■アルファベット
ADB　107
AfD　108
AIC　59, 159
BAKORNAS　156, 169
BAPPEDA Aceh　169, 170
BAPPEDA Banda Aceh　169, 170
BAPPENAS　155, 157, 169, 170
BBB　147–149
BIC　59, 63, 159, 160
BNPB　169
BRR　156, 157, 165, 170
Build Back Better　147
Cash For Work　108, 109
CFW　108, 109, 120, 125, 126, 130–132, 136, 140, 143
COA　118
CRED　177
DBM　106
Disaster Risk Reduction　147
DPWH　106
DRR　146, 147
DSWD　106, 122
DTI　106
EGAT　206, 212, 213, 216
EM-DAT　27, 34, 177
FROC　224, 225, 232, 236
GAM　157, 158
GIZ　108
HAT 神戸　6
HUDCC　106
IoM　108
JICA　6, 108, 139
NDRRMC　103, 105
NEDA　104, 106, 107, 118
NGO　18, 121, 146, 148, 158, 250–252
No Build Zone　116
NWPFC　238
OPARR　105–108, 118, 133
PDNA　106
PDP　105, 119, 137
RAY　49, 104–107, 118, 120, 130, 132, 133, 137, 140, 251, 252
RID　206, 216, 217, 228
SCRF　237
SCWRM　237
Social Vulnerability　179
USAID　108, 154
WB　107
WFMC　238

■ア　行
赤シャツ　231
アチェ州　18, 150, 151, 153, 154, 158, 160–172, 253, 254, 256, 257
アチェ州地方開発企画局　169
アユタヤ市　204, 218, 219, 222, 228, 235, 259
一般均衡分析　17, 50–53, 55, 247
イノベーション・コースト構想　249
インドネシア・アチェ・ニアス復興庁　49, 156
インド洋大津波　18, 49, 146, 150, 151, 153–155, 157–160, 163, 171, 253, 255, 256
インフレーション　109, 125, 133
インラック・シナワトラ首相　224, 225, 228, 231, 233, 235, 236
インラック政権　202, 203, 232
雨季　207, 213–217, 239

エンタープライズゾーン構想　14, 43
王室灌漑局　206
王室灌漑局長　216
大型小売店販売額　72, 73, 83, 86, 91, 247
オルモック市　122

■カ 行

会計検査院　41
カウンターファクチュアル　50, 51, 54–58, 65, 70, 71, 160–162
カウンターファクチュアル値　96, 97, 168, 172, 247, 249, 254
カウンターファクチュアル分析　18, 96, 150, 151, 153, 158, 171, 172, 247, 253–256
駆け込み需要　72
河川流量　205, 208, 213, 219
ガバナンス　264, 268
乾季　207, 213–215, 217, 239
間接経済被害　17, 18, 25, 26, 49–58, 70, 96, 150, 151, 153, 159, 162, 179, 247, 253, 254
行政の非効率性　118, 138
ギワン町　112–114, 116, 119–123, 125, 126, 139
緊急対応　16, 18, 19, 99–101, 104, 107, 108, 111, 112, 114, 115, 133, 136, 140, 141, 146–149, 155, 156, 189, 200, 223, 228, 232, 233, 239, 241, 250, 252, 258, 260, 261
キングス・ダイク　207, 225, 226, 234
クーデター　203, 231, 242
クラスター・アプローチ　105
グリーンベルト　207, 225, 226, 234, 240, 260
グリーン・リカバリー　269, 270
グループ補助金　117
経済的復興　11, 16–18, 47–50, 57, 70, 71, 96, 97, 101, 104, 110, 111, 127, 133–136, 140, 141, 149–151, 153, 163, 169, 171, 172, 247, 248, 251–257, 263, 264
経済発展　5, 14–16, 18, 43, 70, 97, 99, 100, 135, 137–139, 142, 146, 149, 151, 152, 157, 163, 170, 172, 182, 235, 238, 240–242, 245, 249,

251, 252, 254, 256, 260, 263, 271, 273
計量経済　50, 51
ケーススタディ分析　200, 239, 250, 258, 261, 262
原形復旧　44, 270–272
減災対策　99, 100, 148, 149, 262, 263
建設工事額　72–74, 83, 87, 96, 247, 248
建築物滅失統計調査　186
公共工事受注額　74, 83
鉱工業生産指数　71, 72, 83, 91, 97, 247, 248
神戸医療産業都市　8
神戸空港　5, 6
神戸港　5, 8, 13, 43
神戸ルミナリエ　7, 8
コールド・サプライ・チェーン　171
国際機関　107, 108, 126, 146
国際人道支援　108
国際組織　18, 99, 101, 112, 116, 120, 122–124, 130, 131, 133, 137–140, 142, 148, 158, 169, 250–252
国際防災の10年　145
国連防災世界会議　10, 145–147
ココナッツ農業　124, 134, 141, 251
国家開発計画庁　155
国家災害対策本部　156, 169
国家自然災害保険基金　236
国家防災庁　169
固定基準年方式　62
固定効果　184, 192, 196
固定効果推定　190, 193

■サ 行

災害疫学研究センター　177
災害管理サイクル　100, 108, 110, 111, 148, 263
災害対策本部　187, 192
災害復興　99, 263
災害報告取扱要領　35, 185
災害防止軽減法第31条　230, 231
再取得価格　26, 45, 49

索　引

再生可能エネルギー　249
サハ・ラタナナコン工業団地　219
産業連関分析　17, 50-53, 55, 247
三陸創造プロジェクト　249
地震保険　78
事前復興　269
失業率　80, 82, 83, 86, 91
社会関係資本　188, 197, 258
社会資本ストック　189, 192
社会・人口統計体系　187, 189, 190
社会制度の質　182
社会的脆弱性　15, 17, 19, 104, 178, 179, 183, 184, 188, 197, 199-201, 239, 243, 245, 257-261, 263
ジャカルタ首都特別州　169
自由アチェ運動　157
住宅再建　4, 12
住宅着工戸数　74, 83
集中復興期間　40, 41
消防白書　34, 185, 186
初期復興　18, 100-102, 105, 108-111, 114, 115, 118, 120, 123, 126, 133, 136, 137, 140-143, 148, 149, 156, 250, 252
シリキットダム　206, 208, 209, 212, 213, 216
新規求職者数　79
新規求人数　80
シングル・コマンド・オーソリティ　237
人口動態　47, 55, 76, 77, 83, 86, 91, 94, 96, 247, 248
震災前，震災後　2
新設住宅着工数　75
水資源管理戦略委員会　237
水文・農業情報機構　208
スクムパン・ボリパット　228-230, 233, 234
スプロール現象　226, 240, 260
スワンナプーム国際空港　226
政策決定過程　264, 271
仙台防災枠組　147
創造的復興　43, 268

■タ　行

タイ貢献党　231
タイ政府水害被災者救済センター　224
タイ電力公社　206
高潮　103, 113, 114, 123
タクロバン市　112-116, 119, 121-123, 126, 127, 139
タナウアン町　112, 113, 121
治山治水　189, 190
治水政策管理委員会　238
チャオプラヤ川　201, 204-207, 212, 216-220, 222, 225, 228, 230, 235, 237-240, 242, 258-261
中越沖地震　36, 186, 192
中越地震　36, 52, 53, 186, 192, 193
長期復興　100, 101, 105, 109-113, 120, 123-126, 133, 134, 136-138, 140-143, 148-150, 156, 250-253, 263
直接経済被害　17, 19, 25, 27, 49, 179, 181, 184, 185, 196, 197, 245, 255
直接経済被害額　13, 17, 24, 25, 27, 29, 30, 34, 35, 38-40, 45, 106, 181, 185-188, 190, 245, 255
貯水管理　209, 212, 216-218, 241
貯水量　208
土地区画整理　6
ドン・ムアン空港　225

■ナ　行

ナコンサワン市　204, 213, 217, 219
ナワナコン　219, 224, 228
二重ローン　2, 4
二段階復興　42, 43, 48
農業・協同組合省　216, 217

■ハ　行

ハイアン　18, 49, 101-103, 106, 107, 115, 116, 123, 124, 140, 143, 250, 257, 264
ハイテク　219
パネルデータ　17-19, 50, 54, 56, 152, 178, 183,

184, 245, 246, 258, 265
バランガイ　112, 122
バランカヤン町　112, 113
バンガティ　219
バンコク都　200, 204, 213, 220, 222, 225, 226, 228-230, 232-235, 237, 239, 241, 259, 261
阪神・淡路大震災　1, 3, 4, 11-16, 25-29, 35, 41-43, 47-53, 55, 111, 138, 146, 150, 153, 178, 181, 184, 185, 190, 192, 265, 270
バンダ・アチェ市　169, 170
バンドゥン市　169
バンパイン　219
東ヴィサヤ地域　18, 102-104, 111, 113, 116, 124, 126-129, 131-135, 139-143, 250-253, 255, 256
東サマール地域　113, 120
東日本大震災　16-18, 23, 24, 27, 28, 32, 34, 37, 38, 40, 41, 50, 56, 58, 62, 65, 71, 117, 146, 178, 181, 185, 245, 246, 255, 256, 264
非常事態宣言　230-232
非政府組織（NGO）　99, 101, 107, 108, 112, 116, 120-123, 126, 130, 131, 133, 137-140, 142
人と防災未来センター　6, 10
兵庫行動枠組　10, 146, 147
ファクトリーランド　219
フィールド調査　18, 101, 102, 111, 126, 136, 140, 143, 150, 171, 243, 250, 251
福島第一原子力発電所　16, 40
福島第一原発事故　30, 41, 70, 77, 78, 90, 248, 255
復旧　26, 42-44, 48, 57, 94, 133, 134, 136, 141, 148, 156, 179, 182, 189, 251, 270
復旧需要　55, 57, 58, 71, 80, 94, 95, 97, 109
復旧政策　14
復旧復興　18, 50, 99, 100, 104, 105, 108, 112, 146, 148-150, 155, 181, 257, 263, 264
復興　2, 3, 6, 11, 13-16, 18, 23, 42-45, 47, 48, 57, 70, 71, 109, 112, 123, 137, 141, 149, 172, 251, 252, 254, 257, 267, 271, 272

復興財政　23, 24, 26, 29, 30, 40-42, 44, 245, 246
復興需要　12, 57, 65, 70, 80, 96, 97, 126, 130, 134, 135, 141, 170, 172, 247, 248, 251, 252, 255, 256
復興政策　13, 14, 16, 17, 42, 44, 48, 49, 55, 97, 111, 126, 133, 135, 137-139, 141, 142, 156, 170, 172, 173, 238, 247, 250-252, 254-257, 263, 269, 270
復興戦略委員会　237
プミポンダム　206, 208, 209, 212-216
平成の大合併　187
貿易動向　74
防災　10, 34
防災政策　201, 238, 239, 242, 258, 261
防潮堤　123, 124, 137
放流量　208-210, 212-215, 240
ボロンガン市　112, 113, 121, 124

■マ 行
マスタープラン　18, 155-157, 169, 172, 236, 238, 254
まちづくり　250, 258, 262, 263, 269
民間企業資本ストック　189, 192
無担保融資　117
メイドロン町　112, 113

■ヤ 行
有機農法　124, 140, 142, 253
有効求人倍率　80-83, 86, 91
横浜戦略　145, 146
預貸比率　77, 78, 83, 86, 90, 97, 248

■ラ 行
利水・治水政策委員会　237
略奪行為　115-117, 126, 130, 134
流下能力　204, 219
流入量　208, 209, 212, 213
ルールカーブ　208, 209, 212, 214, 215
レイテ島　113, 114

連鎖方式　62	■ワ　行
ロジャナ　219	和食ブーム　171

著者略歴

大阪大学大学院国際公共政策研究科博士後期課程単位取得満期退学。博士（政策科学）。公益財団法人ひょうご震災記念21世紀研究機構研究員、一般財団法人アジア太平洋研究所研究員、関西大学非常勤講師、甲南大学非常勤講師を経て、現在は関西国際大学経営学部講師。専門は災害の経済分析、住宅価格のマクロ計量分析、安全安心社会の研究。災害研究の専門家として、2017年に米国社会科学研究評議会（SSRC）が実施する New Voices from Japan 米国派遣プログラム、2019年に米国務省が主催する International Visitors Leadership Program に参加。

KDDI総合研究所叢書9
災害復興の経済分析
持続的な地域開発と社会的脆弱性

2019年12月20日　第1版第1刷発行

著　者　林　　万　平

発行者　井　村　寿　人

発行所　株式会社　勁草書房
112-0005　東京都文京区水道 2-1-1　振替 00150-2-175253
（編集）電話 03-3815-5277／FAX 03-3814-6968
（営業）電話 03-3814-6861／FAX 03-3814-6854
理想社・牧製本

©HAYASHI Mampei　2019

ISBN978-4-326-50467-1　Printed in Japan

JCOPY ＜出版者著作権管理機構　委託出版物＞
本書の無断複製は著作権法上での例外を除き禁じられています。
複製される場合は、そのつど事前に、出版者著作権管理機構
（電話 03-5244-5088、FAX 03-5244-5089、e-mail: info@jcopy.or.jp）
の許諾を得てください。

＊落丁本・乱丁本はお取替いたします。
http://www.keisoshobo.co.jp

KDDI総合研究所叢書

高口鉄平
パーソナルデータの経済分析
A5判　3,400円　ISBN978-4-326-50415-2

鷲田祐一
未来洞察のための思考法
シナリオによる問題解決
A5判　3,200円　ISBN978-4-326-50424-4

原田峻平
競争促進のためのインセンティブ設計
ヤードスティック規制と入札制度の理論と実証
A5判　3,200円　ISBN978-4-326-50428-2

寺田麻佑
EUとドイツの情報通信法制
技術発展に即応した規制と制度の展開
A5判　3,500円　ISBN978-4-326-40330-1

実積寿也・春日教測・宍倉　学・中村彰宏・高口鉄平
OTT産業をめぐる政策分析
ネット中立性、個人情報、メディア
A5判　3,500円　ISBN978-4-326-50443-5

岡本　正
災害復興法学の体系
リーガル・ニーズと復興政策の軌跡
A5判　4,500円　ISBN978-4-326-40351-6

中野邦彦
地域SNSによるガバナンスの検証
情報通信技術を活用した住民参加
A5判 3,700円　ISBN978-4-326-30278-9

＊表示価格は2019年12月現在。消費税は含まれておりません。